翻轉學

翻轉學

艾瑞克·奎爾曼 Erik Qualman——著 閻蕙群——譯

最有專注力的一年

在斜槓時代，把每件重要的事做得又快又好，
讓你一心不亂的高效提案

THE FOCUS PROJECT：THE NOT SO SIMPLE ART OF DOING LESS

謹將本書獻給我的太太與兩名女兒，
妳們是照亮我生命的光。

目 錄

1月　每天花 2 小時提升業績　　65

要懂得適時放手

生活中要避開「選擇超載」

縮小考慮範圍

問對問題，才能解決難題

好問題，是搭起好關係的橋梁

1 月重點　每天花 2 小時提升業績

2月　少做瑣事，打理好環境和行程　　93

整理人生從鋪床做起

不專心令我心煩意亂

朝向目標穩步邁進

牛仔排程法：行事曆區分空地區和柵欄區

殺死時間吸血鬼

殺死數位化的時間吸血鬼

多工其實只是瞎忙

擬定勿做事項清單更重要

| 3 月 | **別剝奪陪家人和朋友的時間** | 131 |

 # 目 錄

目　錄

 目　錄

好評推薦

「成功的重點在於完成很多重要的事，而不是完成很多事，所以想要更專注就要學會說『不』，不用討好全世界，只需要為更好的自己做足準備！」

—— 小人物職場，軟體產品經理、職場內容創作者

「專注就是一次只做一件事。雖然一心多用的能力讓人羨慕，但實際很難練成，認清自己容易分心的現實，才能夠把眼前的事情做好。本書設定 12 個專注目標，一個月鍛鍊一項，幫助你用一年時間脫胎換骨，推薦你專注來閱讀。」

—— 鄭俊德，閱讀人社群主編

「手機、電腦、FB、IG……在這個注意力稀缺的時代，無論是專職工作，或擁有斜槓身分、自由工作者，每天都被過量的資訊和任務包圍。什麼都重要，那就什麼都不重要了。專注最重要的事，才能一件一件地完成目標，前往真正想去的地方。」

—— 盧美妏，人生設計心理諮商所共同創辦人、
諮商心理師

關於本書
幫你終結瞎忙，完成很多重要的事

不論你是個電腦工程師、母親、主管、老師或企業家，**如果你有下列情況，請務必閱讀本書……**

1. 因為想做的事情太多而感到分身乏術。
2. 忙到沒時間放鬆或認真思考。
3. 忙著完成數以千計的任務，卻沒能實現自己的目標。

歡迎你來讀這本書！**本書提供一些實用的方法與建議，告訴大家如何在這個很難專心的世界做到一心不亂**。作者結合在地智慧與嚴謹的科學研究，親自實踐一整年的專注計畫。深有感悟的他歸結出務實的建議，強調專心做好重要的事，別為一堆瑣事瞎忙。

就像「休息是為了走更長遠的路」，本書主張「少做瑣事是為了做更多重要的事」──公私兩方面皆是如此。我們終將明白，過度忙碌的生活並非一種明智的選擇；每天馬不停蹄趕行程非但不值得自誇，更應不惜一切代價避免，我們應該選擇專心做好最重要的事。

選擇專心，才能帶給我們成功、快樂、健康與成就感。幸福的成功人士都明白一個道理：**重點不是完成很多事，而是完**

成很多重要的事。

　　「少做」其實是門深奧的藝術，本書的內容將幫助各位學會它真正的精髓。

　　如果各位已經準備好要開始專注活出最精采的人生，就請你繼續讀下去……

作者的話
你的一生，你要如何定義？

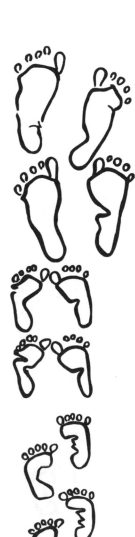

年少不懂計畫的我，
常被父親問道：
「你想在沙灘留下怎樣的足跡？」

當時，我不明其意，
但隨著時間推移，
它成了我努力的動機。

倘若我命真由我定，
最終，我會留下什麼足跡？
我想留下的遺緒，
看似那樣遙不可及。

畢竟說到底，
我如此平凡，
害羞，就是我的印記。

但我赫然想起，
我的遺緒，其實由我決定。

我的子子孫孫，
會如何憶起我，
還有我留下的那些東西？

他們會看到我為夢想披荊斬棘，
還是經常半途放棄？
我這一生是歡喜做著自己，
還是隨便將就漫無目的？

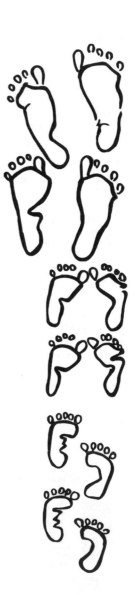

足印無法抹去，
莫為罪過終生引泣。
什麼罪讓人追悔莫及？
就是虛度光陰不懂珍惜。

在大限來臨之際，
我將一無所懼，
因為我為逐夢堅持到底。

雖然夢想高掛天際，
但有朝一日我終將觸及，
狂喜的眼淚灑落一地。

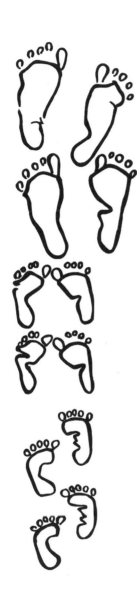

快樂的眼淚並不可惜，

因為我無愧天地，

每日都為明天奮起不已。

你已見證我的足跡

確實由我決定。

看完我的分析，

現在，換我問你，

你的一生，你要如何定義？

專注力實驗：一心不亂的高效提案

　　在完成全國糖果商大會的數位領導力專題演講後，我照例前往雞尾酒會會場，跟聽講來賓寒暄致意。今天這場派對非比尋常，來者非富即貴，皆是美國知名食品大廠的業主或執行長，不是姓瑪爾斯（Mars）就是姓吉百利（Cadbury），而且大都住在赫爾希鎮（Hershey）*。現場的氣勢真的十分驚人，我趕緊去拿杯加了 3 顆橄欖的馬丁尼，隨即展開我的取經行動。

　　我立刻就見到糖果王國的某位家族創辦人，在孩子們手提的萬聖節糖果籃上，常會見到她的大名。我當即向她請教她的家族事業能永續成功的關鍵，她毫不遲疑地回答我：**專注**。

　　這太有意思了，接著我問她經營事業的最大挑戰是什麼？她的答案是「**保持專注**」，旁邊的人紛紛點頭表示認同。我感覺她說的「專注」、「保持專注」，似乎一直迴盪在我耳邊。

　　隔天，我搭飛機前往印度，擔任谷歌（Google）活動的主講人。現場每個人，從實習生到高級主管，對於我的提問，也都給出相同的回答：專注。不論我前去拜訪的客戶是臉書

---

* 「Mars」為美國食品加工大企業瑪氏食品公司、「Cadbury」為英國糖果大廠吉百利股份有限公司、「Hershey」為美國大型巧克力製造商好時公司，總部設在同樣名為「Hershey」的賓夕法尼亞州赫爾希鎮。故此處意指食品界重量級人物齊聚一堂。

（Facebook）、IBM、華為還是三星，情況皆是如此，努力保持專注始終是科技業面臨的最大挑戰。然而不僅科技公司有此困擾，就連家長、老師、中小企業主、金融機構、慈善單位、全職爸爸、律師、醫護人員、消費者、政府官員，甚至是大企業的老闆，同樣都為保持專注所苦，我本人也不例外。這令我頓悟到：**在這個愈來愈難專心的數位時代裡，唯有那些能保持專注的人，才得以在當下與未來數十年中脫穎而出；哪怕身處於不斷變化的環境中，贏家就是能一心不亂地保持專注。**

　　既然保持專注這麼重要，大家不免要問：專注是可以學會的嗎？專注是跟肌肉一樣可以愈鍛鍊就愈厲害嗎？專注能成為一種習慣嗎？我打算利用接下來的 12 個月，努力找出這些問題的答案，我將親自測試、發現並揭曉答案。

　　未來這一年我會努力踐行「少，但是更好」的精神。

　　我的假設是：**全心全意追求專注，就能獲得成功與快樂。**我將跟大家分享相關的科學研究與在地智慧，讓我們攜手邁向一個更充實的人生 —— 而且是從今天開始。

專注＝成就＝快樂＝心滿意足

　　不論你是一位電腦工程師、母親、主管、老師或是企業家，如果你有以下情況，請務必閱讀本書：

* 想做的事情太多，令你感到分身乏術。

- 你的身心都很疲累。
- 你與家人親友相處的時間愈來愈少。
- 你沒時間放鬆或認真思考。
- 你的公司或組織每天都為了應付日常需求而疲於奔命。
- 整天忙碌不堪，但感覺像是在跑步機上原地打轉。
- 你覺得無法戰勝電子郵件、工作任務、競爭對手……還有「生活」。
- 你感覺自己一直在後頭苦苦追趕。
- 你的生活就像一張永遠做不完的待辦事項清單。
- 你忙得半死，但一事無成。
- 你忙於完成數以千計的任務，卻無法達成你的目標。

　　歡迎來到專注計畫，這是一趟為期 12 個月的旅程，目的是要消滅一種橫掃全球的疾病；它不是黑死病，也不是西班牙流感、SARS、MERS 或新冠病毒，但它的確是一種病。

　　它耗盡了我們的精力和態度，對我們的健康、工作、家庭與整體福祉造成負面的影響。這個病悄無聲息所以令人毫無戒心，受害者多達數百萬人，但醫界卻未公開認證它是疾病。如果任其發展，它會偷走一個人數年或甚至數十年的光陰，這麼可怕的病究竟是什麼？這個病的名字是：無法專心完成最重要的事。

　　這個沉默的殺手很像溫水煮青蛙的寓言故事：青蛙快樂地坐在一鍋冷水裡，渾然不覺水溫在緩慢升高。如果青蛙是掉進

一鍋滾水裡，牠會立即感知到危險並奮力跳出；但如果鍋裡的水溫跟室溫一樣，而且緩慢升溫至沸騰，等青蛙察覺到危險想逃命時已經來不及了。

我們的目標是 ── 確保自己絕不會落得溫水煮青蛙的下場；我們的目標是 ── 立即從滾水中脫逃，並且邁向成功。

我們有多少次這樣想著：從明天開始我要運動；從明天開始我要多陪陪孩子；從明天開始我要提筆創作劇本；從明天開始我要成立一家服飾公司；從明天開始我要少花錢多存錢；明天我就去見老闆請他幫我加薪；明天我就去找份新工作；明天我就完成這份報告；明天我要做得更好。

親愛的朋友們，這就叫溫水煮青蛙！我們其實身處險境而不自知，拚命揮霍自己最珍貴的商品 ── 我們的人生。

我很幸運，大半輩子都在做自己喜愛的事，也就是到全球各地演講。這份工作讓我能遇見不同文化背景的各行各業人

士，並透過演講娛樂他們。**我發現我們雖然在很多方面都不一樣，但每天要面對的挑戰卻是一模一樣 ── 專心做好最重要的事。當我們找不到想要追求的人生目標，就會像無頭蒼蠅一樣瞎忙，而這種情況會**

令我們充滿挫折感。

　　本書並未提供一日速成的特效藥，但只要各位願意付出時間、耐心與堅持，最終必能獲得顯著的進步。本書會提供一些解決方法，幫助你面對以下挑戰：

　　1. 專注於最重要的事情。

　　2. 在愈來愈難專心的世界中保持專注。

　　3. 成為一名專注忍者。

　　我把我的發現和建議，彙整成摘要的格式，讓各位讀者能依據自身的需求，直接選讀感興趣的內容。雖然很多人習慣從頭到尾依序閱讀一本書，但也有些人偏好自由翻閱，直接略過沒興趣的章節，並希望能隨手回顧他們感覺有共鳴的故事。歡迎各位把本書當成有趣的劇本，而非充斥著教條與規則的教科書，盡情選擇你們覺得最有用的內容來讀就行了。

　　如果各位看過我在舞台上的演出，必定聽過我的建議：**「目的地要堅定不移，但路線可以有彈性。」**生活及其解方並非線性的，本書當然也不是線性的，各位讀者大可依你個人的喜好使用它。

　　「為了獲得更多成就，必須追求『更少』。」這句話是引導我們走上個人發展道路的指南。選擇過著極度忙碌的生活並非明智之舉，行程滿檔更不值得誇耀，你應該不計一切代價全力避免。

　　我們應該選擇專注於最重要的事情，這樣的選擇才能為我們帶來成功、幸福和成就感。

預想自己的訃聞，思考最重要的事

　　19 世紀後期，有個瑞典人意外獲得一份大禮：在活著的時候就讀到自己的訃聞。小鎮報紙犯下的一個嚴重錯誤，卻讓這個幸運的男人成就了名留青史的偉業。

　　那時有一對名叫路維（Ludwig）與阿佛烈德（Alfred）的兄弟，明明是身為兄長的路維過世了，但報社卻搞烏龍報導成是弟弟阿佛烈德往生了。

　　阿佛烈德看到自己的死訊時大吃一驚，隨著愈來愈多的內容映入眼簾，他的心情也由震驚轉變為恐懼，他被那些描述他生平事蹟的內容嚇壞了。

　　當時阿佛烈德已經是位事業相當成功的企業家，靠著厲害的發明成為非常有錢的富豪，他發明了什麼呢？答案是「炸藥」。所以訃聞標題理所當然寫著「炸藥大王去世」，文中還稱他為「死亡販子」（merchant of death）。

　　阿佛烈德對「死亡販子」一詞感到非常不悅，於是決定改變作風，希望能扭轉他遺留在世間的名聲。他立刻草擬一份遺囑，決定捐出大部分的個人財產，成立一個公益機構。

　　當阿佛烈德真的離開人世時，他的訃聞內容已經完全改

變。由於及時改變他的人生焦點，他成功扭轉自己遺留在世間的形象。阿佛烈德‧諾貝爾對世界造成廣大的正面影響，即便今天許多人並不清楚他的成就，但肯定聽過他設立的諾貝爾獎。在此順便一提，史上第一座諾貝爾和平獎於1901年頒給了成立紅十字會（Red Cross）的亨利‧杜南（Henry Dunant）。

被訃聞內容嚇到的阿佛烈德，及時改變他的人生目標。如今世人眼中的阿佛烈德不再是「死亡販子」，而是成立基金會的大慈善家，專門頒獎表揚在醫學、文學、化學、物理學、經濟學等領域成就非凡的人，這些獎項全都以他的姓氏諾貝爾命名。阿佛烈德‧諾貝爾有幸在活著的時候，就領悟了那個神奇的力量：人生應專注於最重要的事情。

預想自己的訃聞內容，或許能激勵我們每個人認真思考，如何善用每一天的1,440分鐘或8萬6,400秒。我想請各位接受一項挑戰：請找到一篇追悼文，且這篇文章是在歌頌死者生前各於抽出時間陪伴家人，但時時刻刻瘋狂工作，從不怠慢任何一封電郵，總在3秒內立即回覆，而且此人一生最得意的事就是買下天價豪宅。

阿佛烈德‧諾貝爾改變了他的人生目標，也改變了他遺留在世間的名聲。各位千萬別在讀到自己的訃聞後，才決定專注於最重要的事情。你死後會被人懷念嗎？誰會對你念念不忘？有多少人會來參加你的葬禮？有多少人曾被你感動？

如果你已經準備好往後只專注於最重要的事，在公私兩方

面都活出最精采的人生，就請你繼續讀下去，而且幫助他人過好他們的人生，我們的人生就沒白活。

> 「偉大通常成就於決定『不做』某些事。」

在各位即將展開成為專注忍者的旅程之際，我特別提供自己的專注計畫摘要給大家做個參考（見下頁圖）。

想要擬定個人專注計畫的朋友，此圖應能提供有用的資源。歡迎各位到你最喜愛的社群媒體平台（輸入 @equalman 可以找到我），或是傳電郵到 equalman@equalman.com，跟大家分享你的想法。

決定開始專心的頓悟語錄

1. 專注於今天很難……真的很難，但這是可以學習的，而且能成為習慣。
2. 想要達成目標，與其單憑意志力苦撐，不如建立一套可靠的系統、標準作業程序與例行常規。
3. 有時候放手才是上策，而非一意孤行。
4. 擬定「勿做事項清單」，比擬定待辦事項清單更重要。
5. 知識會增事，智慧能省事。

6. 普通成功者與非常成功者的差別在於，後者幾乎對所有事情都說「不」。

7. 如果你試圖幫助每個人，最後恐怕幫不到任何人。

8. 首位登上月球的太空人阿姆斯壯（Neil Armstrong）說對了……一步一腳印，最終成就大躍進。

9. 經常問自己：我現在在做什麼？我為什麼做這件事？我真正該做什麼事？

10. 專心做好重要的事而非眼前的事。

11. 不是你的事就別多管閒事。

12. 每件事都想做到最好，肯定沒一件事能做到最好。

13. 從簡單的事著手。

14. 短期靠堅持，長期靠耐心。

15. 看我們怎麼過每一天，就知道我們會如何度過此生。

專注人生的 99 個小提點

1. 專注於實現你的夢想，而非實現你的恐懼。

2. 「會」提問是建立良好人際關係的基石。

3. 「不論你認為自己做得到，還是做不到……你都說中了。」──亨利・福特（Henry Ford），美國福特汽車（Ford）創辦人。

4. 努力工作必有所成。

5. 不必當個完美無瑕的人。

6. 你又不是阿特拉斯（Atlas）*，沒必要扛起整個世界。

7. 沒人在意你不擅跳舞，站起身去跳就對了。

8. 不懼速敗，雖敗猶進，敗得漂亮（Fail fast, fail forward, fail better）。

9. 說話別太尖酸刻薄，搞不好有一天你得吞下它們。

10. 睡飽覺的人是戰士而非懦夫。

11. 人生苦短，時間要用來陪伴喜歡的人、做喜歡的事。

12. 如果做某件事令我不開心，那我為什麼要做？

13. 給我看看你的行事曆跟銀行戶頭，我就能指點你該優先做什麼。

14. 不管別人說什麼，也不管你對自己說什麼，你其實已經夠好了。

15.「事情在完成之前都看似無望。」——納爾遜・曼德拉（Nelson Mandela），反種族隔離革命家、南非前總統。

16. 人生中最重要的道理，我們在幼兒園裡就學到了。

17. 你必須懂得何時乘勝追擊、何時見好就收。

18. 權力愈大責任也愈大。

19. 服務他人是最好的藥。

20. 我們說的話孩子未必會聽從，但他們一直在觀察我們的

---

* 阿特拉斯為希臘神話中的擎天巨神，傳說是受到宙斯的懲罰而用雙肩支撐著蒼天。

作為。

21. 創新其實只是一連串的失敗。

22.「走路的時候認真走路，吃飯的時候專心吃飯。」──
禪語。

23. 與已知真理完全相反的事物通常也是真的。

24. 所謂充實的人生，就是按照你認為有意義的方式過活，
並幫助別人按照他們認為有意義的方式過活。

25. 日子很長，但歲月很短。

26. 提早到代表尊重對方。

27. 愈懂得感恩，貴人就愈多。

28. 懷抱感恩之心。

29. 管好自己好處多多。

30. 物質並非人生中最重要的東西。

31. 如果你借給某人 100 美元後他就人間蒸發了，這錢或許
花得不冤枉。

32. 魯蛇總是成天瞎忙。

33. 預先做好規劃，就能自在從容，不會手忙腳亂。

34. 做那些沒有挑戰性的事，是無法改變你的。

35. 要做出真正的改變真的很難。

36. 尊重能力，尤其是你自己的能力。

37. 懂得感恩的人絕不會懷憂喪志。

38. 對每個人都有求必應，其實形同對每個人說「不」。

39. 付出其實是禮物。

40. 少，但是更好。

41. 從與我們相處時間最長的 5 個人身上，即可看出我們的為人。

42. 與其悔不當初，何不專注當下。

43. 何妨充當《白雪公主》（*Snow White*）裡的魔鏡，讓你身邊的人都覺得自己是世界上最美的人。

44. 塞車很糟，但搶快出車禍更糟。

45. 只讀能讓你死得體面的內容。

46. 今天就開始盡力往前跑吧，因為沒人知道終點線何時會出現。

47. 最重要的是——平衡。

48. 我們可以從蠟筆學到一些道理：儘管它們顏色各異，或亮或暗或美或怪，仍可以待在同一個盒子裡相安無事。

49. 不預做計畫注定會失敗。

50. 世上最有生產力的工具就是「不」這個字。

51. 說來可笑，回覆所有電郵得到的禮物就是更多的電郵。

52. 衡量成功就看看是哪些人來參加你的葬禮。

53. 雖然老師的薪資過低，但他們卻是最富足的一群人。

54. 我曾為腳上穿著破鞋感到丟臉，後來我遇到一個連腳都沒有的人，令我羞愧不已。

55. 旅程樂團（Journey）說得沒錯——「不要停止相信！」

56.「別放棄！找到出路。」——黛安娜·耐德（Diana Nyad），作家暨長泳好手。

57. 活著並不費錢,但炫富可就花錢了。

58.「我沒時間給你寫一封短信,所以我寫了一封長信。」
　　── 馬克・吐溫(Mark Twain),美國作家。

59. 只要現身露面,人生就成功一半了。

60. 愛孩子就要花時間陪伴他們。

61. 真正快樂的人,即使被迫繞路改道也能平靜享受沿途的
　　景致。

62. 如果你從未偏離軌道,何來重回正軌之說?開闢一條新
　　路徑吧。

63. 若你想拉下某人,那意味著你覺得自己屈居那人之下。

64. 當你縱身一躍,救生網就會出現。

65. 所謂仁慈,就是讓一個結巴的人好好說完他想說的話。

66.「勿忘人終將一死(Memento Mori)。」── 古拉丁
　　格言。

67. 今天就是一份禮物,記得要打開哦。

68.「要努力當個有價值的人而非成功者。」── 愛因斯坦
　　(Albert Einstein),物理學家。

69. 對小事自動說「不」,你才能成就大事。

70. 單槍匹馬走得快,結伴同行走得遠。

71. 成功是個選擇。

72. 幫助別人達成他們的目標,你也會達成自己的目標。

73. 人生是個旅程,有時它會逼你走上一條可怕的路,只因
　　為它想讓你到達一個更棒的目的地。

74. 「敢於做夢，你就能做到。」──華特‧迪士尼（Walt Disney），迪士尼公司共同創辦人。

75. 英明的領導者會號召大家「開始行動吧」而非「開始準備吧」。

76. 最美的景致總要經過艱辛的攀爬才能看到。

77. 風水真的輪流轉：有時你是在雕像上拉屎的鴿子，有時你是雕像。

78. 先驅者往往曲高和寡，但那也是你正在開拓某個新領域的一個象徵。

79. 別把自己太當回事，因為根本沒人在意你。

80. 你的腦袋就像一台電視機，裡頭有好頻道也有爛頻道，重點是別忘了你有遙控器。

81. 當個仁慈的人。

82. 人們不會在乎你知道些什麼，直到他們知道你在乎。

83. 別光為了履歷表打拚，也要為你的悼詞努力。

84. 這件事要是簡單，別人早就把它完成了。

85. 杯子是半滿還是半空？管它呢，反正杯裡全是好東西：一半是氧氣、一半是水。

86. 你能擁有一切，只是不會一次到位。

87. 聽話要快（免得漏聽），說話宜慢（免得失言）。

88. 追求完美難成偉業。

89. 當你教導某個人，兩個人都在學習。

90. 「缺的是方向而非時間，每個人的一天都是 24 小時。」

──吉格‧吉格拉（Zig Ziglar），勵志演說家。

91. 陽光未經過聚焦之前不會燃燒。

92.「成功的戰士其實是擁有雷射光束般超強專注力的普通人。」──李小龍，武術家及演員。

93. 生活很艱難，但你也不是好惹的。

94. 找不到陽光時，就自己充當吧。

95. 最重要的事就是只做最重要的事。

96. 累了該休息，而不是放棄。

97. 成功人士專注於目標而非阻礙。

98. 人生就像一卷衛生紙：愈接近紙芯，用得愈快。

99. 歡喜自在、幫助別人。

「我想成為的那個人……今天會如何行事？」

甜甜圈人生，讓各方面亂了套

美國著名「鄧肯甜甜圈食品公司」（Dunkin' Donuts）*曾推出一個非常轟動的電視廣告，由於效果太好，該公司續拍了100 個內容大同小異的版本。廣告裡的角色一早起床就會向他的室友或配偶說出他的招牌台詞，後來該公司的創辦人甚至拿

---

* 現除甜甜圈，亦有多樣商品，故公司名稱已改為「鄧肯食品公司」（Dunkin'）。

這個廣告金句當成自傳的書名。

「鄧肯甜甜圈」廣告的主角是「烘焙師傅佛雷德」（Fred the Baker），由演員麥克‧維爾（Michael Vale）飾演。烘焙師傅佛雷德深受大眾喜愛，以至於維爾決定退休時，市調研究顯示大眾非常捨不得讓烘焙師傅佛雷德退場。

為了感謝大家的支持，該公司在波士頓為佛雷德舉辦了一場盛大的遊行和退休派對，並免費送出將近 600 萬個甜甜圈。[1*]

活動辦得非常成功，甚至讓大家接受了甜甜圈的英文拼法從「doughnuts」變成「donuts」。

在那一百多支廣告片中，疲憊不堪的烘焙師傅佛雷德都會說出家喻戶曉的那句台詞：「該去做甜甜圈嘍。」早上他從前門離家時，會口齒不清地說著：「該去做甜甜圈嘍。」晚上回到家時會說：「我做了甜甜圈嘍。」每次門打開的時間和天氣都不一樣，黎明、黃昏、半夜、晴天、雨天、刮風、下雪，什麼都阻止不了佛雷德去做甜甜圈。

在佛雷德無數次出門、進門後，結尾的順序便亂了套。畫面顯示要出門的佛雷德，撞到了要進門的他，導致「該去做甜甜圈嘍」跟「我做了甜甜圈嘍」這兩句台詞也撞在一起，他的世界被搞得天翻地覆！他搞不清楚自己是要出門還是進門，是要去做甜甜圈，還是已經做了甜甜圈？

觀眾很容易對烘焙師傅佛雷德的情況產生共鳴，因為他們

---

* 本書以 123 標示者為參考文獻，置於全書末，見 P.401。

能在自己的生活中看到佛雷德的身影。

大家都明白佛雷德的情況，但**我們並不喜歡這種忙到暈頭轉向的日常生活，忙到分不清東南西北並不是件開心的事**。我是要去做甜甜圈？還是已經做了呢？我昨天明明已經回覆了一百多封郵件，怎麼今天郵件反倒變多了？我沒有回覆完嗎?!

我們當中有許多人似乎日復一日、年復一年過著「烘焙師傅佛雷德」式的生活。**我們不應對生活逆來順受，而應堅持守護某些事情，把它們列為「沒有商量的餘地」**。曾有人認為 T 恤上印的「把握今天！人生無法重來」是陳腔濫調，但我卻覺得這句話真是一針見血。

我和許多人一樣，並未把自己的生活列為第一優先。但是美國前第一夫人蜜雪兒・歐巴馬（Michelle Obama）與股神巴菲特（Warren Buffett）這些大人物，很早就發現了：**如果不把時間用來優先處理自己的事務，別人會很樂意占用你的時間來替自己謀福利**。

> 「要麼你自己掌控一天該怎麼過，不然就由時間掌控你。」
> ──吉米・羅恩（Jim Rohn），美國作家

我的生活也跟烘焙師傅佛雷德的世界一樣顛倒了；我不知道自己是要去做甜甜圈還是已經做了，我的工作、家庭、信仰、健康──全都亂了套。

各位的「甜甜圈人生」可能像這樣：

1. 今天早上你起晚了，因為昨天晚上你遲睡了，你那時忙著回覆最後一封電子郵件。

2. 因為起晚了，你沒時間上健身房。

3. 兒子把廚房弄得一團糟，女兒找不到她的鞋子；10 分鐘後，你發現女兒的鞋子留在後廊上，被昨晚的雨淋溼了，你瘋狂用吹風機吹乾它們，然後開始清理廚房。你比預定時間晚了 15 分鐘出門，結果陷在尖峰時段的車陣裡，需要花兩倍的時間才能抵達辦公室。

4. 你抵達公司的時間比預期的更晚。

5. 你原以為在第一場會議開始之前，會有時間搞定你需要解決的問題，但因為你遲到了，只好直接衝進會議室。

6. 你今天的行程表被臨時插進兩場會議。

7. 你從上午 9:00 便馬不停蹄地開會到下午 3:45。

8. 下午 3:46，一位同事過來請你幫個忙。

9. 你在下午 4:26 打發同事離開你的辦公室，並開始瘋狂處理堆積如山的電子郵件。

10. 你已經筋疲力盡，但還是趕去觀看孩子的足球比賽，不過你遲到了。

11. 晚飯後你繼續工作，再過一會兒要哄孩子睡覺。

12. 等你的頭終於能碰到枕頭時，時間已經很晚了，這瘋狂、忙碌、糟糕的一天總算結束了。

13. 你起床沐浴、洗漱，在新的一天重複昨天的狀況。

> 「服務他人是我們住在地球上應付的租金。」
>
> ——阿里（Muhammad Ali），美國拳王

除了烘焙師傅佛雷德，我們也可能像電影《今天暫時停止》（*Groundhog Day*）裡的男主角比爾‧墨瑞（Bill Murray）一樣，身陷另一種不愉快的生活模式。在《今天暫時停止》這部電影裡，比爾‧墨瑞飾演的氣象主播發現自己置身於一個平行宇宙，不斷重複過著同一天。很多人同樣非自願地處在「今天暫時停止」的狀態，怎樣才能擺脫這可怕的自循環？答案是「專注」。這兩個字看似簡單，但並不容易做到，要在這個很難專心的世界裡保持專注幾乎是不可能的。

就讓我們看看後續的內容，弄清楚怎樣才能保持專注。

少，但是更好

德國設計師迪特‧拉姆斯（Dieter Rams）被認為是 20 世紀最優秀的工業設計師之一。他曾擔任家電用品商百靈歐樂 B（Oral-B）的首席設計師，帶領團隊設計出許多經典產品，例如咖啡機、計算機、家用音響設備與辦公產品等。許多後輩

深受他的設計理念所啟發，蘋果電腦（Apple）首席設計師強尼‧艾夫（Jony Ive）即是一例。

拉姆斯成功的祕訣是什麼？拉姆斯用德語「Weniger, aber besser」描述他的方法：「少，但是更好。」拉姆斯的意圖是——設計一種簡單而輕鬆的使用體驗。[2]

想像我們也採用這種「少，但是更好」的思維來設計我們的人生。請注意它的雙重含義：**當我們少做點事，就有時間和精力來提升自己。少做，反倒讓我們擁有更多。**每當我被忙碌的生活搞到暈頭轉向時，我就會想起拉姆斯提倡的「少，但是更好」哲學。

我很幸運擁有現代社會公認的成功職業。當然，這份成功有一部分要歸功於我比大多數人更能專注。話雖如此，我對於自己的專注能力只會給 D⁻ 的評分。想像一下，要是我的專注力從 D⁻ 提高到 B⁺ 或 A⁻，甚至到 A⁺，那我的人生會變得多麼充實和快樂？

我早就明白這個道理，畢竟我讀過那麼多講述專注重要性的書籍和文章，那我為什麼沒有每天實踐專注呢？你為什麼也無法專注呢？

專注說穿了就是讓自己進入更好的狀態。而且我們不專注的癥結並非缺乏資訊，如同大家早就知道一個簡單的公式：注重飲食＋運動＝更健康的生活。可惜我們空有知識，卻不去做，這就是俗話說的「知易行難」。大多數成功企業家和一般人的最大差別也在於此，兩者皆想追求成功，只不過前者真

的去做了。**因為成功與否，不能單憑意志力，關鍵在於養成習慣、日復一日做該做的事。**

我的思緒不停繞著這些想法打轉，最後突然靈光乍現，令我捨不得放開它。幾週以來，這個想法一直反覆出現在我腦海裡，但它看似一個不切實際的幻想，根本不可能實現。

我在想：要是我每個月瘋狂專注於生活中的某一個面向，一年後會產生什麼結果？未來一年我不想再「日理萬機」，忙得人仰馬翻卻看不到什麼成果；我可以只專注於一件事嗎？這想法看似簡單，但以我現在行程滿檔的情況而言，恐怕不可能辦到。

> 「與其悔不當初，何不專注當下。」

各位拿起這本書時，心裡可能想著：「我哪有時間讀這個？」但是這樣的你正是我這本書的目標讀者 —— 那些覺得自己忙到沒時間讀書的人！

我在簽書會與成千上萬的讀者交談後發現，我並非唯一陷入無法專注困境的人；雖然你我穿越森林的路徑不同，但是我們要穿越的確實是同一座森林。

我相信我們正以各自的方式努力保持專注，我也相信不是人人都適合讀這本書；它是為了像你這樣已經非常努力的人寫的，因為你雖然很努力，卻把力氣用錯了地方，有點愈努力愈

心酸的感覺。成功就快到手了，但你知道你還能取得更大的成功與更高的成就感。你早就擁有行動的力量，根本不需要這本書在旁邊搖旗吶喊，告訴你該如何度過忙碌和充實的一天。

我知道你一直忙得不可開交，重複做著單調而乏味的事。我也明白你在「做了甜甜圈」之後筋疲力盡。雖然我們做的甜甜圈看起來和嘗起來都不一樣，但它們都是甜甜圈。

你們當中有些人在《財星》全球五百大企業（Fortune 500 companies）裡工作，卻還兼做一份副業，堪稱是蠟燭兩頭燒。或者，你是一家小公司的老闆，家裡有兩個正在蹣跚學步的小小孩，你老是盼著小傢伙們玩累了趕緊去睡覺。還有些人是大公司裡的高階主管，覺得公司裡每個人都想占用你的時間，你發現爬到組織高層並不如想像中那般迷人，反而有點「高處不勝寒」。

你們當中有許多人是全職爸媽，你們本以為比起朝九晚五的傳統工作，它的工時應該比較短且壓力比較小，可惜大錯特錯！全職爸媽整天不得閒，少有自己的時間，生怕一不注意，孩子就把沙發給燒了或把家給拆了。

你們當中還有一些人，白天做著全職工作，下班後繼續進修深造。

所以我這本書並不是寫給那些不想努力的懶人看的勵志書，而是獻給那些想要活得更快樂的成功人士，你明白雖然自己已經擊出了全壘打，但你還可以向大滿貫邁進；你雖然已經登上許多高山，但你知道這世上還有一座擁有絕美景致的峰頂

等你到訪，那是你今生注定要看到的景色。

這個「高峰」可能是創辦自己的公司、做你夢寐以求的工作、寫本小說，或是在巴黎璀璨的燈光下巡遊塞納河（Seine River）。

但無論那高峰是什麼，如果不能專注，我們就無法看到它；**若不特意選擇只做重要的事，我們將極難獲得重大勝利，從現在開始，該專注於最重要的事情了。**

大多數人都高估了我們在一小時內能做的事，卻低估了我們在一個月內、一年或一生中能做多少事。只要我們日日練習不輟，最終一定能學會只專心做好最重要的事。以寫作為例，我先從每天寫 1 分鐘開始，進步到每天寫 5 分鐘，然後是 15 分鐘，最後我終於足夠自律並養成習慣：我每天從早上 8:00 到 9:35 專心寫這本書，有時還能找出空檔再多寫一點。

這個專注計畫包含一系列的小步驟。想實現我的登月長期計畫，並活得更快樂、更充實，我每天要採取哪些小步驟呢？

我希望每天早上（或至少大多數早上），我都會迫不及待醒來，就像期盼聖誕節到來的孩子們那樣興奮。我相信所有人都希望日日皆是最美好的一日。

最重要的是，我希望我的幸福和滿足之光，能反射到周圍的人身上，讓他們也感覺更快樂、更充實。

每月一主題，別被別人打亂你

此刻是聖誕節的凌晨 2:36，我是醒著的，但我不是因為太興奮而無法入睡。此時的我身心俱疲，說不定待會就開始產生幻覺，看到聖誕老人的馴鹿在我家客廳裡蹦蹦跳跳。幸好要給孩子們的玩具和自行車，我都已經包裝好了。

我還沒睡是因為我在敲打電腦鍵盤，試圖挽回一個客戶。

我們大多數的客戶都很棒，但這個客戶例外。他在平安夜下午 6:00 發了一封電子郵件給我，主旨是「終止合約」──這不是開玩笑。合約還有 4 個月才到期，所以這是提前終止，我就是在處理這事。在聖誕節的凌晨 3:00，我的理智告訴我：就讓對方解約吧，雖然合約明文規定不能提早解約，但不如直接祝他們一切都好，盡速下班吧。

說來諷刺，我們的團隊努力幫他們把銷售數字衝到創紀錄的水平，如果這樣他們還不滿意，那他們什麼時候才會開心呢？這個客戶的業務比重還不到 3％，卻製造了 97％的紛擾，現在居然還嚷嚷著要提前解約，也太可笑了吧？

為了解決這事，我根本顧不上睡覺，而是套上長襪戴上睡帽，在平安夜的深夜裡，不停打字直到聖誕節早上。

像我這樣靠著在舞台上談論「忠於自己」的話題而獲得報酬的人，還有誰比我更懂得忠於自己的道理。是什麼化學成分害我表現得如此不理性？我為什麼不能一笑置之，好好過我的聖誕節，非要被這個客戶氣得牙癢癢？我反覆檢查電郵內容

後，終於按下傳送鍵。

就在那時，我聽到我 5 歲的女兒下樓的聲音。我望向時鐘，又看了看地板，地板上的聖誕老人包裝紙看來格外顯眼，恐懼瞬間籠罩了我。以下是我改寫的《聖誕節前的那晚》（*'Twas the Night Before Christmas*）：

> 我從床上一躍而起查看動靜，
> 像道閃電飛奔至女兒身邊，
> 快到差點拉傷我的腿筋，
> 還砰地一聲摔在聖誕樹上。
>
> 我可真是個傻瓜，
> 明明早就有合適的工具，
> 何需動用聖誕老人的魔法或花招，
> 只要專注就行。

專注於最重要的事。

幸好我女兒只是在夢遊，她睡褲上還拖著一條長達兩公尺的衛生紙臍帶，一路連結到廁所！

我只顧著敲打鍵盤與客戶周旋，差點就毀了女兒的聖誕節。我幹麼要這樣？這麼做有什麼好處？所幸我及時醒悟——**改變的時刻已經到來，往後我將只專注於那些能讓我更快樂、更健康和更聰明的事情。**

　　我已經知道解藥是什麼了，但我能堅持天天服藥嗎？況且我也有點懷疑，這藥真的有效嗎？雖說極簡主義、本質主義、堅忍主義、追求更少以及保持專注，這些概念聽起來都很棒，但在現實世界中行得通嗎？是時候去找出答案了。

　　那天下午我花了幾分鐘發送電子郵件，還親手寫了一封短箋，祝客戶佳節愉快、新年好運到。我告訴對方我們很樂意讓他們提前解約，而且不追究任何罰款。說來諷刺，但這件事對我和我的團隊來說，似乎是最棒的聖誕節禮物。

　　在聖誕節和新年期間，我開始精心挑選未來一年我想要專心關注的事情。

　　我將清單縮小至 12 個，以便持續進行 12 個月：

1 月　每天花 2 小時提升業績

2 月　少做瑣事，打理好環境和行程

3 月　別剝奪陪家人和朋友的時間

4 月　動得夠、吃得對、睡得好

5 月　打造更密切的人際關係

6 月　從想要變一定要做到的學習

7 月　讓腦袋放空，把空檔排進行事曆

8 月　給予愛和展現同理心

9 月　抱持正念，隨時隨地安定當下

10 月　懂得奉獻，更能有效運用時間

11 月　用各種方式表達感恩

12 月　繼續執行對你有用的專注習慣

我還搶先做了一個小測試，開始專注於 12 月分的銷售，但結果很慘。我只專注了 9 分鐘……不是每天 9 分鐘，而是一個月總共只專注了 9 分鐘！

看來這個專注計畫並沒那麼容易，我計畫每天花兩小時專注於一件事。

當我上網搜尋「新年計畫」（New Year's Resolutions）一詞時，映入眼簾的第一條搜尋結果居然是負面的：「最常失敗的十大新年計畫」。[3]

負面結果是怎麼來的？原來只有 8% 的人會確實完成他們的新年計畫。[4]

最容易失敗的十大新年計畫

1. 減重和健身
2. 戒菸
3. 學習新事物
4. 吃得更健康和節制飲食
5. 還清債務和省錢儲蓄
6. 花更多時間陪伴家人
7. 造訪從沒去過的地方

8. 減輕壓力

9. 擔任志工

10. 少喝酒

　　有趣的是，最容易失敗的十大新年計畫排行榜，與最受歡迎的十大新年計畫排行榜大同小異，可見這些項目沒有一個是容易實現的。

最受歡迎的十大新年計畫

1. 減肥

2. 變得有條不紊

3. 少花錢，多省錢

4. 盡情享受生活

5. 保持身材與健康

6. 學些有趣的事物

7. 戒菸

8. 幫助他人實現夢想

9. 談戀愛

10. 花更多時間陪伴家人

　　把我的專注清單與上述清單做個比較，其中有 7 項是一樣

的，只差戒菸、處理財務問題與談戀愛（我已經和我夢寐以求的女人結婚了，但我還是決定要花一個月的時間專注於愛這個主題）。

有趣的是，最受歡迎的十大新年計畫當中，有幾項竟與長銷的暢銷書主題不謀而合。以下就是那些長銷且暢銷的自助書籍清單，各位會發現同時出現在兩張清單上的項目包括健康、財務、兩性關係、銷售、生產力以及友誼：[5]

1. 傑克・坎菲爾（Jack Canfield）與馬克・維克多・漢森（Mark Victor Hansen）合著的《心靈雞湯》（*Chicken Soup for the Soul*）：關於真實人生的勵志小故事。

2. 拿破崙・希爾（Napoleon Hill）的《思考致富》（*Think and Grow Rich*）：個人財富與持久的成功。

3. 約翰・葛瑞（John Gray）的《男人來自火星，女人來自金星》（*Men are from Mars, Women Are from Venus*）：男女的差異之大，簡直像來自不同的星球。了解男性和女性在思維方式上的根本差異，是建立優質兩性關係的關鍵。

4. 露易絲・賀（Louise L. Hay）的《創造生命的奇蹟》（*You Can Heal Your Life*）：剖析身體與心靈的關聯。

5. 偉恩・戴爾（Wayne W. Dyer）的《為什麼你不敢面對真實的自己》（*Your Erroneous Zones*）：1976 年出版，作者提供許多正向思考與掌控人生的技巧，幫助大家過

上不再自責的生活。

6. 史賓賽・強森（Spencer Johnson）的《誰搬走了我的乳酪？》（*Who Moved My Cheese?*）：適應工作變化的必要性。

7. 羅勃特・T・清崎（Robert T. Kiyosaki）的《富爸爸，窮爸爸》（*Rich Dad, Poor Dad*）：強調財務獨立、創業與投資的重要性。

8. 史蒂芬・柯維（Stephen Covey）的《與成功有約》（*The 7 Habits of Highly Effective People*）：想成功與提高效率必須採用的習慣。

9. 朗達・拜恩（Rhonda Byrne）的《祕密》（*The Secret*）：吸引力法則，亦即只要你專注想著某樣東西，它就會來找你。

10. 戴爾・卡內基（Dale Carnegie）的《人性的弱點》（*How to Win Friends and Influence People*）：如何獲得友誼與影響別人。

　　各位如果想擬定自己的專注清單，不妨進行以下練習：拿一張紙，把它分 3 欄，然後寫下你重視的事情。

項目	重要性	表現
家庭	10	3

1. 項目：例如「家庭」。
2. 重要性：1 分至 10 分，10 分為最高，寫下你對此事的重視程度。
3. 表現：1 分至 10 分，對自己的表現評分。

　　檢視清單並確認差距：哪個項目的差距很大？如果「家庭」的重要性是 10 分，但你覺得你現在的表現只有 3 分，這樣的差距就很大；你應想辦法縮小兩者的差距，並努力將你的表

現提升到 8、9 或 10 分。同樣地，如果你將「信仰」的重要性評為 2 分，而你的表現卻是 4 分，這時你就有了一些可以調整的「餘裕」。換言之，你可以讓你在「信仰」的表現下滑至 2 分，這樣你就能撥出一些時間來縮小「家庭」這個項目的差距。

在一天當中，你要問問自己：「我的表現得到幾分？」如果你的答案是 6 分，那就想想，為什麼不是 7 分或 8 分呢？你在追究原因時，順便問問自己：「問題能解決嗎？」

例如：「我今天下午的整體表現只有 5 分，之所以會這麼低，是因為我早上本來想去跑步，但下雨了所以沒跑。現在戶外的天氣棒到不行，我卻被困在室內工作。」我必須進行下述內心對話，釐清問題能否解決：

「現在外面天氣這麼好，我為什麼沒辦法出去跑步？」
「因為要接一通重要的電話，恐怕不適合出去跑步。」
「那我可以找個安靜的公園，邊接電話邊走動嗎？」

雖然在公園裡走路和跑步不能相提並論，但至少我現在可以到戶外做些運動，讓分數從 5 分提高到 7 分。我們必須做好自己能掌控的部分。

認清你的內在性格：你是哪種動物

雖然令我們難以保持專注的原因很多，但若按我們的精神特質來區分，大概可分成以下 4 種動物：刺蝟、松鼠、變色龍或軍蟻，**只要弄清楚我們的內在性格，就能更明確地找出我們在專注上的優勢和劣勢。**

刺蝟：善於保護自己，避免失敗

刺蝟只要感覺到威脅，身體就會立刻縮成球狀，身上的 5,000 到 1 萬根刺會豎起來形成保護。刺蝟型的人會蜷縮起來保護自己、避免失敗，他們只想在全副武裝準備就緒的情況下參加戰鬥，並經常以此為藉口逃避該做的事。**刺蝟型的人並非懶惰，而是被自己的邏輯給騙了：只要我不嘗試做某件事，就永遠無法證明我不擅長它。**

例如，我想成為世界上最棒的歌手，但害怕唱不好所以從不公開唱歌，這樣我的夢想就永遠不會幻滅。我從未向他人證明，尤其是從未向自己證明「我並非一個有才華的歌手」。遺憾的是，如果一個人從不開口唱歌，怎麼可能成為世界上最棒的歌手。所以我們被自己的邏輯困住了——我們什麼都不做，卻一直告訴自己有一天我們就會做某件事。只要我們有更多的時間，更充分的準備，我們就會去做某件事。

　　刺蝟型的人經常使出拖延戰術來保護自己。例如，該念書的學生藉故要打掃房間來推遲學習；想開精品店的女生，不把握時間設計裙子，反而沉迷追劇；更厲害的拖延高手是那種相信自己一拿到文學博士學位就會開始寫小說的人。簡言之，刺蝟型的人一直在打造更堅固的盔甲，卻遲遲不進入競技場。

　　但是我們從未真正踏入競技場，會發生什麼情況呢？那就是世界上最棒的盔甲被白白浪費了。請記住，我們以為必不可少的那一身盔甲，說不定是有害的──它笨重得使我們行動不靈活。

　　或者我們告訴自己，一旦所有的危險和障礙都消失了，我們就可以走出自我保護的機制，但這種情況永遠不會發生，因為危險和障礙一直存在。**運氣和財富向來眷顧勇敢行動的人，但刺蝟型的人很難明白此刻就是進場的最佳時機。**

　　「榮譽不屬於只會張嘴批評的人；不屬於只會指出強者如何跌倒，或執行者哪裡可以做得更好的人。榮譽屬於真正在競技場上奮勇拚搏的人，他們的臉上沾滿灰塵、汗水和鮮血；榮譽屬於頑強奮鬥的人；屬於犯了錯但仍屢敗屢戰的人，因為努力總伴隨錯誤與缺失；榮譽屬於真正努力做事的人；屬於懷抱滿腔熱忱，做出偉大奉獻的人；屬於投身有價值事業的人；榮譽屬於那些勇敢追求偉大夢想的人，他們必將取得偉大的成就，即便失敗了也不可恥，因為他們曾放膽一試，他們最終絕不

會像那些心性冷漠膽小的人，永遠不知勝敗為何物。」
　　——老羅斯福（Theodore Roosevelt），美國前總統

　　有句俗話說的好：「種樹最好的時間是昨天，其次是今天。」人生也是如此：**開始專心打造最佳人生的最好時間是昨天，其次是今天。**亞馬遜（Amazon）的創辦人傑夫・貝佐斯（Jeff Bezos）對自己的人生無怨無悔：「在大多數情況下，我們最大的遺憾其實是不作為，我們會對那些未曾踏上的道路一直耿耿於懷，想知道當初要是走了會發生什麼事。」貝佐斯說：「我知道當我 80 歲時，我會了無遺憾，因為我真的去做了我最熱愛的事（創辦亞馬遜）；而且就算失敗了，我到 80 歲的時候仍將感到非常自豪，因為我確實嘗試了。我還知道，如果當年沒那麼做，我會抱憾終生。」[6]

松鼠：喜歡厭舊，最懂潮流

　　松鼠型的人很難專心完成任務，他們老是被下一個閃閃發光的事物吸引住。松鼠型的人極善於發現潮流，絕不會錯過城裡最新最時髦的餐廳。松鼠型的人消息非常靈通，流行文化信手拈來。松鼠型的人很會展開與處理新計畫，卻不善於完成計畫，因為他們的注意力早就轉向下一個最新最棒的事情上了。

　　許多偉大的夢想家和銷售人員都是松鼠型的人；他們很容易對一個新計畫躍躍欲試，但在最初的新鮮感消退之後，他們最好把計畫交給營運人員來落實。**松鼠型的人必須明白自己很容易為不常見的新事物分心，他們必須努力抑制這種喜新厭舊、不能「從一而終」的習性。**「錯失恐懼」（Fear Of Missing Out, FOMO）一詞，最適合用來形容能力很強的松鼠型人，他們真的很難從頭到尾專注地完成任務。

變色龍：選擇合群而失去獨特性

　　變色龍會為了融入周圍環境改變顏色，這個美妙的防禦機制讓牠能夠隱藏真實的自己，讓捕食者更難發現牠的身影。我們當中有許多人很像變色龍，會調整自己的行為以融入人群。這項技能相當管用，但要注意的是，當調整變成常態而非例外時，你就是在隱藏真實的自己。

　　我們都想出類拔萃，卻因為社會偏重 X 這條路，而選擇 X 放棄 Y。**我們像變色龍一樣，不想踏入不適區，卻也因此避開了我們獨特的故事和命運。**想當個變色龍的意圖是好的，因為當我們選擇 X 時，通常能在短期內幫助或安撫他人。然而，能夠長期幫助他人的最佳方式，其實是邁向我們自己的目標，並寫下我們獨特的故事。

　　以下是我們常用來推遲夢想的一些藉口，各位說不定也對

其中一些例子心有戚戚焉：

- 等孩子們高中畢業離開家後，我就會開間咖啡店。
- 如果我不需要照顧年邁的父母，我就會去拿個學位。
- 我很想搞音樂，但我媽是個律師，我知道她會很高興我追隨她的腳步。
- 我想馬上開始我的小生意，但我知道我去上大學會讓父母很高興。
- 我很想轉行，但我年紀太大了，不適合這種變化。
- 我討厭這份工作，我的內心真的好痛苦；但它的薪水還不錯，而且我家現在真的很需要這筆錢，等我熬過這一切，我就可以追求我的夢想了。
- 這份工作其實沒那麼差，雖然對我而言它既不刺激也不具有挑戰性，但薪水真的很好，讓我們家獲得很多福利。

與其勉強融入，不如展現真實自我；想要出類拔萃，必須敢於與眾不同。

軍蟻：肩負重任，多工恐傷神

當我們承擔的責任超載時，我們就淪為軍蟻。**雖然我們跟軍蟻一樣，有能力舉起自身體重 5,000 倍的重物，但這並不表示我們應該這麼做。因為我們雖然很能負重，但是當我們帶著**

這一大落東西回到蟻丘時，問題就來了：蟻丘的開口太小，東西根本進不去！一次只專注於一件事其實更好，因為這樣我們能帶回更多能放進蟻丘的東西。要懂得向大多數事情說「還沒輪到你」，一次專心處理一件事，不要七手八腳同時處理數百件事。

有些人的性格完全符合上述 4 種動物的某一種，但大多數人可能兼具其中兩種動物的特質。而且我相信大多數人兼具內向和外向性格，例如喜劇演員克里斯・洛克（Chris Rock）在舞台上表演時非常放得開，但他太太說他在參加晚宴時很內向。歌手艾爾頓・強（Elton John）與女神卡卡（Lady Gaga），以及美國前總統林肯（Abraham Lincoln）也是天生內向多於外向。[7]

我個人算是「主修軍蟻」，「輔修刺蝟」。怎麼說呢？我經常一肩挑起所有生計，自以為能同時處理一堆事情；但其實這只會導致所有專案需要更長的時間完成，或根本沒有完成。即使專案完成了，但它的品質往往不符標準，而且我的健康也跟著受損。所以我必須將我負責的專案從 10 項減少為 3 項。

我經常為了以下原因而拖延重要的事情：

1. 花 2 小時拍攝一則短片放上社群媒體。
2. 閱讀密西根州立大學籃球隊的每一則貼文。

3. 回覆電子郵件。

4. 花 4 小時閱讀而非寫作。

5. 沉迷於社群媒體。

改變自己，也改變世界，活出精采

有人說，寫書不外乎以下兩個原因：

1. 改變自己

或者

2. 改變世界

我寫這本書不光是為了改變我自己，我還想幫助他人創造正面的改變。我跟所有人一樣，耳邊常有個小小聲音不斷對著我嘰嘰喳喳：嘿，艾瑞克，有必要寫這本書嗎？它有什麼不同？你為什麼要寫它？你寫這本書的時候，幹麼不直接寫出你的研究發現和結果就好？為什麼要用個人旅程的角度來講述？

我也經常自我懷疑：誰會在乎我對於保持專注的個人見解，以及我每天跟專注奮戰的成與敗？

我為了寫這本書而諮詢過的一小部分人士也表達了相同

的擔憂，但其他絕大多數人都鼓勵我，應該把我自己的經驗與在地智慧，還有正規機構所做的嚴謹研究和發現，全都放入書中。因為人們希望看到別人親身經歷過那些測試與實驗，人們喜歡看別人當白老鼠。

既然如此，那我就來當個白老鼠吧。

在執行專注計畫期間，我跟兩個女兒一起讀完一本我寫的青少年小說，但她們還想讀一本新的書，所以拜託我把這份手稿讀給她們聽。沒錯，我那兩個還在念小學的女兒幫忙編輯了這本書，所以各位若要批評指教，千萬口下留情啊。讀完第一個段落後，我念小二的女兒瞪大眼睛天真地對我說：「爸爸，我們老師就是這樣吔，她經常對我們全班說 —— 同學們，專心聽講！」

儘管你的旅程以及你的專注計畫跟我的截然不同，但身旁有個嚮導隨時指出途中的陷阱、內幕及祕密通道，將會使你的旅程變得輕鬆，所以請把我當成你的專注之旅嚮導。我希望從第一人稱的角度來寫這本書，能讓它的內容變得更有趣。因此，那些討厭將個人軼事與科學和研究結合在一起的人，請隨時放下這本書。

至於你們這些不介意聽我閒聊的瘋狂分子，歡迎繼續讀下去。**每個月，我都會選擇一個重要的項目做為我的專注主題。每一章都會提供一些小技巧，教大家如何專注於完成重要的事而非眼前的事，因為唯有如此，我們才能活出最精采的人生。**

在過去數年裡，我有幸造訪 55 個國家，接觸超過 5,000

萬人。雖然我是靠上台演講維生的說話達人，但我下了台就開始聽別人講話。我最喜歡問別人：「什麼事情會令你最開心？」對方通常會瞪大眼睛一臉茫然，無法直接給出答案。

為了幫助他們找到答案，我會換個方式問：

1. 你人生中最想做的那一件事是什麼？
2. 如果在接下來的 6 週內，我可以揮動魔杖讓你夢想成真（多離譜的夢想都行），那會是什麼？
3. 如果你明天就死了，你最後悔沒做哪件事？

當一個人終於想清楚自己的人生目標時，他們的眼睛會瞬間發光，就像燈泡被點亮了，而我會接著問對方：「是什麼害你沒能得到它？」有趣的是，眾人的答案大同小異，不外乎現在沒錢、沒時間或沒精力；但他們一致堅信，將來肯定會擁有這些資源。雖然今天不能如意，但明天肯定會更好。各位你猜怎麼著？那個明天永遠不會到來。

我們每個人每天擁有等量的時間，但為什麼領導者看起來就是比我們更能保持專注 —— 何況他們還要面對 2 萬名員工或隊友、100 萬件待辦事項，以及成千上萬的人爭相尋求他們的關注？答案很簡單：透過不間斷的練習，他們終於變得更善於保持專注。

這份專注力就是他們能勝任領導工作的原因，而且他們非常明白：專注是每天都要面對的戰鬥。若不明白這個道理，他

們會很容易從高峰摔下來。

當我向領導者請教如何保持成功和快樂，最常得到的回答是：「**了解自己想去哪裡，並全心專注於能通往目的地的重要事情。這個習慣永遠無法達到完美，但我每天都練習不輟。**」

無論各位是基於什麼理由拿起這本書，我都希望它能激勵你邁出下一步。

在分心時代保持專心

1. 確定你想擁有怎樣的人生，及做什麼事能讓你快樂。
2. 認真專注地過好每一天。
3. 展開你自己的專注計畫，每月挑選一個主題，然後每天高度專注於此事。

人生不能重來，但我們絕對可以從今天開始，為我們的人生寫下一個新的結局。讓我們一起學習如何在這個很難專心的世界中保持專注。

1 月

每天花 2 小時提升業績

　　一早我倆就擺開陣勢，扯開嗓門怒斥對方。說實話，是我老婆對著我大吼大叫，我只是不斷安撫她：「別氣、別氣、放輕鬆點嘛。」可想而知這只會招來適得其反的效果，根本是火上澆油。

　　這一大早是在演哪齣？只不過是孩子差點沒趕上校車，有必要吵得面紅耳赤，檢討著是誰做的不夠才讓孩子沒能準時出門？或是誰沒做好分內該做的事？

　　實際上，我倆都做了超出分內該做的事，而這導致的是「我們做的事情愈來愈多，但沒有專注於做該做的事」。簡單說，我倆都用錯方法、使錯勁，如同明明手邊有把鋸子，我們卻硬要用錘子把樹弄倒。說不定我們一開始就該選擇走別條路 ── 一條沒有大樹擋著的路，世上肯定有條更好走的路。

　　這架吵得著實可笑，等我們冷靜下來想通整件事後，才發現我們其實是在責怪自己。

　　我們明明有能力改變這樣的情況，卻不斷上演相同的戲碼。我們就像滾輪上的倉鼠，跑了半天卻一事無成，旁觀者會說你們還不如倉鼠呢，人家至少做了運動。

　　我們大可拿面鏡子放在面前，並開始對著鏡中的自己破口大罵。

　　「你每天不是遲到就是搞到最後一刻才出門，為什麼會弄成這樣？」

　　「為什麼你要攬下這麼多事情，搞得沒時間在孩子上學前

享受一下天倫之樂，簡直本末倒置！」

「晚上早點上床睡覺，隔天就能早點起床，不但睡飽覺，孩子也能早點搭上校車。」

「別再對小事來者不拒！否則你哪有空處理生活中的大事。」

「待會再回電郵，先幫孩子繫好鞋帶！」

「我必須做出艱難的抉擇：把握大好機會，忍痛捨棄只是還不錯的機會。」

某些人做的取捨可能是：因為抽不出時間而再次錯過練習瑜伽；或是嚷嚷了 5 年說要學吉他，但是到現在連吉他都沒碰過；或是手上正在寫的這本書，早該在 8 年前就完成了，此刻卻仍只是一個積滿灰塵的半成品。

等孩子上學後，我跟老婆趕緊向對方道歉，並為我們剛才的不可理喻放聲大笑。那天是 1 月 3 日，我們一致同意這個專注計畫不能再拖了，必須立刻開始。

我這個月的專注目標是「業績成長」，我想全力衝高公司的業績。雖然業績成長並非我的專注計畫上最重要的項目，但是選擇由它打頭陣有好幾個原因：

1. 為了確保往後幾個月我不會因為公司的營運出狀況而無法保持專注。
2. 率先從容易評量績效的項目著手，才能提供有用的資

訊，我可以問自己：「我的專注有提升業績嗎？」

3. 最後一點，我知道專注於提升業績很難，失敗的可能性
　　頗高。

如前所述，我嘗試過專注於提升業績，但前 4 次全都失敗！不過現在我打算這整個月連續 31 天，每天都花 2 小時專注於提升業績！這次的結局會不同嗎？

各位可以按照自己的需求，選擇想要獲得成長的特定事項，但**我會建議拿你絕對不容失手的那件事打頭陣**。我選擇率先專注於提升業績，這樣未來幾個月我才有時間專注於其他項目上。

這個月我的當務之急是提升業績，所以我會不斷問自己這個簡單的問題：「這件事跟銷售有關嗎？如果無關，我為什麼要做？」

每當你遲疑是否該優先做某件事，不妨問問自己：「如果我把這件事做好了，是不是其他事也會迎刃而解？」或者換個方式來說，你為了實現目標必須完成 10 個重要的里程碑，但如果你能非常圓滿地完成這個特定的里程碑，是不是其他 9 個里程碑都會變得無關緊要了？

比方說吧，你自告奮勇要替孩子就讀的學校募款，那麼這一年內你可能要辦 50 場至 100 場小型募款活動，以及一場盛大的年度晚會。假如這場年度晚會辦得極其成功，那麼其他 50 場至 100 場小活動的所有缺失都可以一筆勾銷；反之，如

果年度盛會搞砸了，其他 100 場活動辦得再成功，都無法彌補這次的失敗。

這個情況跟帕雷托法則（Pareto principle，又稱 80/20 法則）頗為相似，它指出：我們 80％的成功來自於 20％的努力。簡言之，我們要專注於重要的事務，是因為它攸關結果的成敗。下面這個方法能幫助各位練習 80/20 法則：

1. 寫下耗費你最多時間的 5 件事。
2. 圈出能產生最大成果的那一件事。
3. 花較多時間專注於做你圈選的那件事。

我的首要之務很明確：獲得更多大型演講的委託案。我的目標是把這一年的登台次數從 25 場提升至 70 場，這是我追求的「成長」，因為演講是我幫助他人成長的方式。

我們公司的營收主要來自於為企業、學校、政府機關以及大型會議提供寓教於樂的表演。為了支持我進行這為期 12 個月的專注計畫，首先得把我的演出場次加倍才行。

專注於銷售對我來說還挺諷刺的，我花了好長時間才弄明白，我在組織裡的主要角色其實是銷售。虧我一直以為自己是製作人，因為我寫書之外也製作播客。但不管我們承認與否，其實我們每個人都在做銷售。不論是說服配偶動手修好漏水的水龍頭，或是問老闆是否以後每個週五都改成居家上班，我們都是在銷售。還有，為自己的研究爭取更多經費的科學家；試

圖拉朋友上教堂的信徒；忙著為校外教學募款的志工家長；想勸爸爸戒菸的孝順兒子，也全都在做銷售。「我們全都在做銷售」這句話之所以能歷久彌新，就因為它說的是真的。

各位知道誰是銷售高手嗎？答案是小孩。你 4 歲的女兒要求你買棉花糖，你一口拒絕了，即便她一連哀求了 20 次，你仍不為所動。但你猜結果如何？經過不斷的懇求和糾纏，15 分鐘後，猜猜誰在享受那美味可口的棉花糖？正是你可愛的女兒。義賣愛心餅乾的女童軍，同樣躋身世上最厲害的銷售員之列。

當各位開始規劃自己的專注計畫時，我建議率先處理影響最大的領域，否則你會發現日後幾乎不可能為這個項目分配適當的注意力。領導者一定會先搞定最重要的事，就像在坐下前務必確認椅子的 4 條腿是牢靠的，才不會跌個四腳朝天。

> 「把哪一件事做得很好，就能讓其他事變簡單或變成沒必要做的小事？」

同時關注太多事（軍蟻型人格），對我或整個組織的成長是個嚴重的阻礙。我們公司的業務包括演講、顧問、動畫、影片、播客、電子報、社群媒體、異業／跨界合作、生涯／職涯教練、慈善公益活動、擔任專家證人……。每次開完會我們就會新增 3 件至 5 件待辦事項，所以我們很快就學會並執行一

招：**每增加 3 個新的待辦事項，就必須從舊清單中刪掉 4 個。**

這是一項重大的改變。

於是我開始問自己：「把哪一件事做得很好，就能讓其他事變簡單或變成沒必要做的小事？」我從很多人那兒學到這個問題的不同形式，其中最知名的就是同樣出自奧斯汀的老鄉提摩西·費里斯（Timothy Ferris）以及傑伊·巴帕森（Jay Papasan）。傑伊是這個概念的專家，他跟蓋瑞·凱勒（Gary Keller）合寫了《成功，從聚焦一件事開始》（*The One Thing*）一書，我推薦大家都去看看。當我問自己這個問題時，答案再明顯不過，就是「登台演講」。只要我在台上（包括現實與虛擬舞台）的演講夠精采，就能為我們的業務開啟更多的機會。達成目標的關鍵，是擬訂明確且具體的目標。

美國訓練與發展協會（American Society of Training and Development）做了一項研究，並算出圖表 1-1 各種情況的達標機率：

項目	達標機率
你有一個想法或目標	10%
你決定你會實現目標	25%
你定好何時會實現目標	50%
你向某人承諾你會實現目標	65%
你準備了核實進度的檢查表（accountability check-ins）	95%

圖表 1-1　各項目達標機率

　　我初入社會就見識到了目標必須具體明確的重要性。當時我在一家名叫「雅虎」（Yahoo!）的新創公司上班，公司規模雖然不大，卻是矽谷、華爾街，甚至世界的寵兒。每逢商展期間，就會看到長長的排隊人龍等著領取我們公司的贈品，同事開玩笑說：「哪怕是一堆紫色的糞土，只要插上『雅虎』的標誌，大家也會開心地排隊領取一勺。」公司甚至在一樓大廳擺放了一座紫牛雕塑，曾在雅虎任職的賽斯・高汀（Seth Godin）後來還出了一本標題為《紫牛》（*Purple Cow*）的排行榜冠軍暢銷書。

　　當年由顧能公司（Gartner）舉辦的某場市場研究會議，直到今天我都記憶猶新，當時該公司及一票研究人員都對雅虎品牌的爆紅嘖嘖稱奇，創立不過短短數年，雅虎就成為全球最受認可品牌的第 6 名。

　　對於能位居全球最受認可品牌的第 6 名，大家自然是高興萬分，並大膽預測我們很快就會成為全球第一。但在絕大多數受訪者眼中，雅虎只是一家搜尋引擎公司，這點令許多同事感到氣餒。大家不知道我們不僅僅是一家搜尋引擎公司嗎？

　　我們厲害多了好嗎，我們是各位通往世界的入口網站，舉凡新聞、氣象、信箱、股市、電影、體育、搜尋、影片、遊戲、旅遊、訂餐廳……全都是為了使用者量身打造的，在一個頁面上就能把所有資訊一網打盡。在使用者的個人化雅虎頁面上，我們提供了眾多的功能，搜尋引擎只是其中一項而已。

　　為了幫忙提升搜尋引擎的性能，我們使用了附近一家

小公司的新技術，該公司是由兩名史丹佛大學（Stanford University）的博士班學生創立，他們擁有一項名為「網頁排名」（PageRank）的演算法。1998 年他倆打算回學校完成學業，出價 100 萬美元出售他們的專利演算法。

但雅虎放棄了這筆交易。

相反的，雅虎收購了序曲公司（Overture），這家公司發現能依搜尋引擎列表的點擊次數向人們收取費用，並創造出稱為「付費搜尋點擊」（paid search clicks）的新術語，後來簡稱為「付費點擊」。在此之前，大多數的搜尋列表是由雅虎、Ask Jeeves、AltaVista、Excite、Dogpile 這幾家搜尋引擎公司提供，且皆為簡單的自然搜尋列表（免費的）。雖然我們都知道搜尋是雅虎的重要組成部分，但其實我們最開心的是每天為網站增添一些新的小部件，以確保每位使用者都能打造出個人化的起始頁面。提供這麼貼心的個人化服務，能讓雅虎「黏住」使用者並壟斷眼球，之後就能變現。

那兩位史丹佛博士班學生，既懂序曲公司的做法，也開始了解雅虎是如何將付費點擊模式整合到廣告組合當中，賣給通用汽車（General Motors）、百事可樂（Pepsi）以及華納兄弟（Warner Brothers）這些大企業。他們對這個概念非常著迷，並開始在沒有雅虎／序曲聯合協定的國外市場進行測試。

約莫在同一時間，泰瑞・塞梅爾（Terry Semel）接替提姆・庫格爾（Tim Koogle）出任雅虎的執行長。塞梅爾在研究了我們自己的搜尋技術後，拒絕以 50 億美元買下網頁排名演

算法。你沒看錯，在不到 4 年的時間裡，報價從 100 萬美元暴漲到 50 億美元。塞梅爾之所以猶豫不決，跟雅虎之前買下另一家新創公司卻慘賠有關。

先前雅虎曾花了 57 億美元買下 Broadcast.com 公司，但問題是雅虎始終未能將它成功整合。雅虎的高階主管在辯論是否要購買網頁排名演算法的同時，正忙著結束 Broadcast.com。57 億美元的損失對任何一家公司的財務都是一記重擊，但對 Broadcast.com 的擁有者馬克・庫班（Mark Cuban）來說卻是個巨大的勝利。

結果不出所料，塞梅爾不想重蹈覆轍，最終決定放棄購買網頁排名這項搜尋技術。

那兩位學生創業家大失所望，不過後來他們的公司成功上市，兩人轉而為了私人飛機上該擺哪種床而意見相左。

謝爾蓋・布林（Sergey Brin）想要放一張加州式大床，但另一位創辦人賴利・佩吉（Larry Page）認為在飛機上放張大床很荒謬。根據一份法庭文件指出，最後是由新上任的執行長艾瑞克・施密特（Eric Schmidt）做出定奪：「謝爾蓋，你的房間想要放多大的床都行；賴利，你的房間想要放哪種床都行。我們開始討論下個議題吧。」

從專注的角度來看此事，要是雅虎當初花 100 萬美元買下賴利和謝爾蓋創辦的谷歌，專心當一家搜尋引擎公司而非一手包辦的萬事通公司，最終也不至於落得什麼都不是。

在各位的人生中，是否也有過相同的遭遇，明明專心當

個史上最佳搜尋引擎就是你最高明的一著棋，你卻偏偏想當個萬事通？問問你自己：「把哪一件事做得很好，就能讓其他事變簡單或變成沒必要做的小事？」別忘了，「優先」的英文字「priority」是到現代才出現複數的形式，在 20 世紀之前，根本不存在「priorities」這個英文字。

> 「品牌之於公司就像一個人的名譽，努力把困難的事情做好，你才能贏得好名聲。」
>
> ── 傑夫・貝佐斯，亞馬遜公司創辦人

要懂得適時放手

聰明的獵人會用一種簡單的工具抓猴子。他們會拿一個開口很小的箱子，再放一些堅果進去，當猴子聞到堅果的香味，就會伸手進去抓堅果；但這麼一來，猴子的小手就會鼓成拳頭，若猴子試圖伸出握著堅果的拳頭，當然出不了那個小小的開口。

現在猴子的選擇是：放下堅果就能重獲自由，抓住堅果不放就會被獵人抓住。猜猜猴子會怎麼做？你猜對了，牠不肯放下堅果，結果被獵人抓了。

在這種情況下還不放手，根本是頭腦壞掉。

　　我必須問自己，我把什麼東西抓得那麼緊？放掉哪些東西會有助於提高業績？我手中緊握的最大顆堅果就是我們的線上品牌形象，具體來說，就是我們在社群媒體上發布的內容。我骨子裡其實是個設計師，任何不漂亮的東西都會令我抓狂。為了讓大家了解我對美感有多執著，我給各位講個小故事。

　　我女兒念小一時，我曾擔任她們的足球隊教練。要是有人把水壺遺忘在練習場上（每天都會發生），我一定會把水壺擺得美美的，並調好光圈讓背景變得模糊再拍照，然後才把拾獲水壺的通知發送給家長……我知道這麼做簡直是神經病！但是我願意為了這個被小主人忘記帶走的可愛水壺，花大把時間挑選場景、精心拍照，然後再發送一張專業等級的失物招領通知照片，這就是我對設計的痴迷。

　　我很清楚，如果我想在社群媒體上快速走紅，我就不能假手他人。但如果我想長久經營，就需要發揮團隊的力量；唯有信任團隊，讓他們接手公司的設計以及社群媒體活動的經營，我才有更多時間跟合作夥伴以及潛在客戶加深關係。

　　雖然重新訓練我的猴子腦並不容易，但我漸漸學到了放掉手中堅果的好處。

生活中要避開「選擇超載」

　　某天，馬克・雷波（Mark Lepper）和席娜・林格（Sheena

Lyengar）在一個高級商場精心布置了一場果醬展示會，選項多達 24 種。但每隔幾小時他們就會將果醬的陳列數從 24 種調整為只有 6 種。

結果如何？他們發現同時展示 24 種果醬獲得的關注，足足比一次只展示 6 種果醬多出 60％以上。

但令人意外的是，雖然大型展示能獲得極多關注，但是選項較少時，銷售額反倒顯著提高，而且是遙遙領先！

當桌上展示的果醬選項較少時，人們購買的機率居然高出 10 倍。[8] 這項果醬研究以及其他許多類似的研究，主題是關於「選擇超載」（Choice Overload），或稱「選擇悖論」（Paradox of Choice）。例如多項研究顯示，如果公司為員工提供很多種 401K 退休基金方案 *，真正參與的人反倒更少，因為他們面臨了選擇超載。這件事的教訓是什麼？你的生活中要儘量避免選擇超載。[9]

縮小考慮範圍

在我擔任 Bazaarvoice 的顧問時，該團隊開始了一項實驗。Bazaarvoice 是一種為客戶擷取線上評分和評論的工具，

---

* 401K 退休基金方案是指依照美國稅收法第 401 條第 K 款規定，公司得提撥員工薪資放入退休帳戶中，取用時才需課稅。提撥比率為員工薪資的 2 ～ 15％，雇主亦可相對提撥，但並未強制規定公司皆要從員工薪資提撥退休金。

所以他們希望向客戶展示線上評論在離線零售環境中的強大作用。Bazaarvoice 團隊深諳選擇超載之害，他們知道商品的評分對購物者幫助極大，因為它能縮小考慮範圍。

他們找到一家知名的電子產品專賣店，並挑選其中一條走道的同類商品進行實驗。這條走道擺放了不同品牌和型號的同類產品供顧客選擇，團隊特別列印出同分產品（在滿分為 5 顆星的評分中獲得 4 顆星）的線上評價。

他們還列印出對該產品最有幫助的正評與負評，並將留言的內容貼在產品的上方。

經過幾週的測試，他們發現上面貼有評價的每種產品銷售額都急遽上升，這證明那些評價成功縮小了購物者的關注範圍。另一個意外的發現是，不僅這些特定產品的整體銷售額上升了，而且與店裡的其他部分相比，這條走道的產品銷售總額也上升了。

這裡要注意的重點是，請各位查看一下你的專注計畫，並按 1 分至 10 分對每個主題的重要性進行評分。**評分有助於縮小考慮範圍，從而提高我們優先完成最重要主題的可能性。**

「人生其實很簡單，但我們卻執意把它搞得很複雜。」

問對問題，才能解決難題

專注於追求業績成長為我帶來了未曾預見的好處，那就是我開始了解能幫助成長的實用建議。講到銷售，幫助我們的潛在客戶「掌握重點」是很重要的，而「問對問題」則是幫助他們的最佳方法。

問對問題我們才知道潛在客戶焦慮的根源是什麼，以及我們該如何幫助他們消除痛點。著作經常榮登《紐約時報》（*The New York Times*）暢銷書排行榜、且深諳組織銷售之道的趨勢作家丹尼爾‧品克（Daniel Pink），發現了一種讓潛在客戶掌握重點的有用策略，用這方法來激勵員工、朋友、青少年也很管用。

某次我有幸與丹尼爾‧品克同台參與一場會議，我倆在休息室聊了一會。為了讓我明白，他特地以家長要求女兒整理房間的情景來解釋這種特殊的聚焦策略。

以下轉述的是當時品克的談話內容：

大多數父母的溝通方式是：「辛蒂（Cindy），去打掃妳的房間。」

「我不想打掃。爸爸，幹麼要打掃房間？」

這時候，爸爸的反應很可能是這樣：「我叫妳打掃，妳乖乖照做就對了！」

接著爸爸會說出打掃房間的一堆好處，包括：有規矩、成

就感、更容易找到東西、朋友來訪時不會丟臉等。雖然這些的確都是辛蒂應該打掃房間的好理由，但問題是這些理由是爸爸提出來的，而不是她自己提出來的，所以辛蒂不大可能改變行為。不過透過以下簡單的問題，一切都能改變：

「早啊，辛蒂，如果按 1 至 10 給分，妳想動手打掃房間的意願有幾分？」

「大概是 4 分吧。沒錯，是 4。」

「很好，但我很好奇妳為什麼沒選擇一個較低的數字，例如 2 或 3 ？」

「我不知道吧，我想我今天或明天就會打掃房間，因為週五我朋友要來玩，要是讓她們看到我的髒內衣還滿丟臉的；還有房間打掃乾淨後比較容易找到東西，像是我最喜歡的襯衫；這麼做會讓我產生成就感；我還知道把房間整理乾淨會讓你和媽媽高興，我想這就是為什麼我會給 4 分。」

辛蒂給出的理由其實跟爸爸說的大同小異，關鍵的差別在於那是她自己講出來的。

請記住，對於你的員工或是青春期的女兒，此法只可偶一為之，常用恐怕無效。

反之，對於客戶或潛在客戶，因為彼此間的互動沒那麼頻繁，所以效果會好得多。我曾接受某家知名珠寶公司的委託，幫忙提升他們的零售績效。經過我們的調教之後，他們的銷售

人員運用此法的效果極佳。具體來說，店裡最常出現的場景是這樣的：

> 銷售人員：「先生，請問您想找什麼商品？」
>
> 顧客：「我在找耳環。」
>
> 銷售人員：「好的。是為了什麼特殊場合嗎？」
>
> 顧客：「慶祝結婚 5 週年。」
>
> 銷售人員：「恭喜您！請問是哪天？」
>
> 顧客：「下週六，所以我想今天就搞定。」
>
> 銷售人員：「好的。若以 1 至 10 給分，您對太太『不喜歡』的東西有多大把握？」

請注意，銷售人員刻意用「不喜歡」來縮小選擇過程，因為「不喜歡」這個子集（subset），不像「喜歡」那麼不著邊際，大多數人對於別人不喜歡什麼會很有信心。其次，顧客現在會從不同的視角來看世界，只要避免挑中太太不喜歡的東西，他就會對自己的選擇充滿信心。

> 顧客：「我大概有 8 成的把握知道她不喜歡什麼。」
>
> 銷售人員：「太好了，8 成挺高的。那請問您夫人不喜歡什麼？」
>
> 顧客：「她不喜歡金或銅，也不喜歡太大的耳環，因為她的耳朵比較小。」

銷售人員：「哇，您知道的真多。現在要請教您夫人喜歡的款式，她去特殊場合，比如喝喜酒時，會戴怎樣的耳環？」

顧客：「我記得上回她戴了一副圓形的雙鑽耳環，她經常戴那副。」

銷售人員：「好極了。請您看看我們的純銀與鉑金系列，這些耳環都有 2 顆至 3 顆鑽石，跟您夫人喜歡的款式相似，但它們的設計很獨特，不會跟別人撞款。」

上述情境的重點並非激勵，而是透過專注於細節，來幫助顧客抑制害怕買錯商品的焦慮。**提出正確的問題有助於消除選擇超載的難題**，假如銷售人員詢問顧客：「您夫人喜歡什麼？」這樣的問題範圍太大，會令人不知所措。反之，問不喜歡什麼通常比較容易回答，而且可以幫助顧客掌握重點。

> 「開始編織，上帝自會給線。」
>
> ——德國諺語

我們公司的推銷電郵也有類似的問題，內容多半又臭又長，而且把焦點放在我們自己身上，總是拚命強調我們會做什麼，以及為什麼我們是最厲害的。

我心想，我的老天啊……誰會把它們全部看完？我每天都會收到大約 50 封這種不請自來的電子郵件，它們最後全被送

入垃圾桶裡。

幾週後，這些長篇大論的電子郵件果然沒什麼效果，業務團隊向我尋求幫助和建議。我隨口問了其中一名成員夏農（Shannon）幾個問題，她隨即露出「原來如此」的表情。

我：「妳喜歡收到內容落落長的郵件還是簡短的郵件？」

夏農：「簡短的。」

我：「那妳認為妳剛剛發送給潛在客戶的這封電子郵件簡短嗎？」

夏農：「不短，它很長，可說是長到令人討厭。」

我：「如果妳收到這樣的電子郵件，妳會把它讀完還是直接刪除？」

夏農：「我會直接刪除，太煩人了。」

我：「妳認為哪種電郵對妳有幫助？是關心妳跟妳的需求，還是一直自誇他們公司好棒的電郵？」

夏農：「我喜歡提到我跟我的需求的電郵。」

我：「妳喜歡內容正經八百的商業化電郵，還是風趣又人性化的電郵？」

夏農：「風趣又人性化的電郵。」

我：「妳想到解決的方案了嗎？」

夏農：「是的，經您這麼一說，我發現我們的電郵內容可能需要改一改，我們關注的焦點應該是對方，而非拚命自誇。還有內容應該更精簡，並提出一個收件人看到一定會想回覆的

有趣個人問題。」

夏農隨即動手修改電郵內容，刪掉了介紹我們動畫工作室的段落，只提收件人的特定需求。

> 我很喜歡貴公司的新款電動牙刷！如果您需要動畫影片來提高產品在亞馬遜上的銷量，我們之前曾為迪士尼製作過類似的影片哦。
>
> 說到迪士尼，您最喜歡的迪士尼動畫電影是哪一部？我最喜歡《超人特攻隊》（*The Incredibles*）。
>
> 祝好
>
> 夏農

收到這樣的電郵，對方不僅會花點時間想想，他們從小到大看過的迪士尼電影中，最喜歡的是哪一部，而且會很想回覆這封電郵，跟你聊聊他們的感想。讓對方想起童年時光其實挺溫馨的，詢問對方：「你最喜歡哪種口味的女童軍餅乾？」或是「你最喜歡哪種口味的兒童麥片？」也會產生類似的效果。

當我們告訴潛在客戶，我們最喜歡的電影是《超人特攻隊》，會令對方聯想起《超人特攻隊》的 DVD 封面；提及最喜歡女童軍賣的巧克力薄片餅乾時，也會讓對方聯想起餅乾的圖像，而非乾巴巴的文字。我們大多數人都是視覺型學習者，能從圖像中獲得刺激，這也是為什麼表情符號會大行其道。

一張圖片確實抵得上千言萬語。我們發現簡短又溫馨的電郵，搭配適當的圖片，能令我們成功的機率大增。

縮小客戶的考慮範圍會對結果產生深遠的影響。某家市值30 億美元的企業執行長告訴我，他在年初就對董事會說：「我們的業務太多了。」並大膽請求董事會允許未來只專注於他們的核心競爭力——銀行和信用合作社。這意味著他們將放棄航空、食品、房地產等其他行業的潛在大客戶。董事會不情不願地批准了執行長的請求，但附加了一條但書，也就是如果計畫失敗他會被究責。決定專攻核心業務的執行長堪稱膽識過人，幸好成果也相當豐碩，公司不但年營收倍增，利潤更是成長3 倍。而這一切要歸功於執行長勇敢做出一個了不起的決定：「少做」。我個人對這個故事特別有共鳴，因為這正是我們想要做的——集中火力專攻美國市場，縮小在其他市場的活動。

> 「切莫見樹不見林。」

好問題，是搭起好關係的橋梁

展開專注計畫後，為我帶來一項意想不到的好處，那就是我變得更有能力幫助別人專注，這要歸功於我學會了如何提出更好的問題。

　　問到重點的問題（focused questions）是讓彼此建立深厚關係的基石。想想看，你幾時聽過有人說：「跟盧克（Luke）相處真開心，因為他一直說個不停。」我可從來沒聽過有人說這種話，從來沒有。

　　融洽的對話有個共同的模式，即大部分時間對方都聚精會神地聽你說話，把你說的每句話都聽進心裡。你可以從對方的表情和動作，看出他是不是真的很享受與你對話，例如當你說話時，他會傾身向前傾聽，他會看著你的眼睛，還會問些你很樂於回答的問題。

　　如果說問到重點的問題是建立良好關係的橋梁，那麼你的問題問得愈好，雙方就能建立與維持更棒的關係。

　　所有交易都是靠關係推動的。無論是大買賣還是小恩惠，我們都是向人而非公司買東西。這個說法不僅適用於商場，也適用於生活。如果女兒想說服爸媽同意她擁有一個新的社群媒體帳號，或是門禁時間延後兩小時，當親子間的關係愈緊密，說服成功的機率就愈高，因為雙方已經建立了信任。

　　咱們回過頭來聊聊「會不會問問題，大有關係」這件事。我就以我跟合作夥伴的事前溝通電話（prep call）為例，來說明我的提問功力變好，且能夠幫助對方掌握重點的問題。

　　有個合作夥伴邀請我去他們公司的年會上發表專題演講，對方非常緊張，因為這是該公司頭一次為他們的重要客戶與合作夥伴安排專題演講，而且聽眾都是全球頂級餐廳的執行長和管理團隊。

因此，儘管離我正式登台還有好幾週，我們就已經打過好幾次事前溝通電話了。

我在發表專題演講時，一向抱持著 3 個目標：娛樂聽眾、教育聽眾，讓聽眾有所收穫。我相信大多數人都喜歡被娛樂，而且寓教於樂能最快讓聽眾敞開心胸接受新的想法。我的做法就像打開一個人的頭部，然後把知識倒進他的大腦裡，被教育後的聽眾就能獲得滿滿的收穫與力量。

把上述觀念寫成一道公式，就像這樣：

娛樂 → 教育 → 收穫

典型的事前溝通電話大概是這樣：

我：「我演講時喜歡娛樂和教育聽眾，並讓聽眾有所收穫；你覺得哪一項最重要？」

合作夥伴：「好棒的問題。我覺得 3 個一樣重要。」

這個回答其實就等於：「我全部都想要。」這就像你問一個孩子，要是她只能吃一勺冰淇淋，她會選香草、草莓還是巧克力，結果她給了一個不清不楚的回答：「都好！」

95％的回答都像這樣。這種答案完全沒辦法幫助我為聽眾量身打造最佳的表演。起初我誤以為問題出在合作夥伴身上，所以我感到很不高興，心想：「為什麼他們不能正確回答我的問題？」

後來我意識到，如果所有的合作夥伴都給出沒有重點的答案，那問題可能出在我身上：**是我「不會」問問題，所以他們才會答非所問。**

關鍵在於把問題從一座大山分解為一顆顆小石子。為了獲得更好的答案，我的提問必須要能幫助合作夥伴掌握重點：

我：「我的做法是娛樂及教育你們的聽眾，讓他們聽完演講後覺得很有收穫。如果我給你 10 枚金幣，分別放入娛樂、教育和收穫 3 個桶子裡，你會如何分配這些金幣？」

合作夥伴：「雖然我的直覺比較偏重教育，但這樣的直覺在年會上通常是錯誤的。既然是由你擔任開場，我們希望能讓聽眾開心。況且前一天他們還要針對技術教育進行大量分組討

論，所以我的分配會是娛樂 5，教育 2，收穫 3。」

我的提問方式只做了一些小小的更改，但得到的答案和結果卻出現了戲劇性的變化，並且令合作夥伴、我和聽眾，我們三方所有當事人皆大歡喜。

但偶爾也會遇到活動團隊與執行長的說法恰好相反的狀況，這時候就必須仰賴良好的溝通，讓我們能在正式演出之前取得共識，順利解決問題。

有位合作夥伴給了我們最高的讚美：「哇！我從事這行 20 年了，從來沒聽過這麼發人深省的提問。」

Airbnb 的創辦人布萊恩・切斯基（Brian Chesky）曾提出另一個很有用的提問方式，而且可以適用於任何一種行業。大多數人只要獲得五星級的 Airbnb 體驗（滿分 5 星）就很滿意了，但是布萊恩想知道十一星級的體驗會是什麼樣子。

我借用了這個想法，並經常問人：「五星級的體驗很棒，不知道十一星級的體驗會是怎樣？」後來我甚至把它改成我最喜歡的數字 42 —— 那是我大學參加籃球校隊時的球衣號碼。我很好奇四十二星級的體驗會有多棒？有研究顯示，人們比較容易記住奇怪的數字，所以 42 肯定比 5 或 10 更容易記住。

四十二星級體驗的問題幫我們獲得相當有用的見解，讓我們能提供四十二星級的體驗，也讓客戶對我的四十二星級表現充滿期待。活動結束後，我常會收到主辦方給我的卡片，上面寫著：「做得好，確實是四十二星級！」

人脈是商業與生活的基礎，而**建立良好人際關係的最佳方法，就是提出能幫助對方掌握重點的問題**，這樣對方才能提出有意義的回答。

1月31日就快到了，我的心情是喜憂參半。我既高興下個月將開始專注於打理我的生活，卻也對專注於業績成長即將結束感到難過。月初我的心情十分忐忑，心想：「要是我專注於成長，業績卻沒改善，那我該怎麼辦？我是否必須放棄整個專注計畫？甚至放棄這本書？」

幸運的是成果好得出奇，我們一舉創下單月最高營收紀錄！不僅如此，由於這個月的優異表現，還讓我們創下有史以來最棒的全年銷售業績。聽眾的人數與水準雙雙大幅提升；我見到了歐巴馬（Barack Obama）總統；受邀前往某大型會議擔任開幕演講人，對方原本邀請的是蘋果電腦的共同創辦人史蒂夫·沃茲尼克（Steve Wozniak）；與聯邦調查局局長同台，向3,300名反恐特工發表演講；擔任歌帝梵巧克力（Godiva）執行長的演說教練；兩度與《慾望城市》（*Sex and the City*）的女主角莎拉·潔西卡·帕克（Sarah Jessica Parker）同台；我甚至在肯亞收養了一隻小獵豹。

我把這一切成就歸功於「專注」，所以我要繼續專注……

◖1月重點 ▶

每天花 2 小時提升業績

最重要的那一件事

好好問自己：「什麼是我必須做好的那『一件』事？」

自我評分：A

這個月我開始身體力行多年來一直縈繞在腦海中的一個想法：「在這個難以專心的世界裡，有可能保持專注嗎？即使真有可能，保持專注能推動巨大的變化嗎？」這個月親身實踐後，獲得的初步答案似乎是肯定的！

本月必記重點

1. 留意你的關注焦點：「我需要關注的唯一焦點是什麼？」了解這一點並不容易，如果這很容易，我們早就在做了。別忘了我可是四度嘗試都失敗了，一直到 19 個月後第五度嘗試才終於成功。

2. 戲劇性的專注帶來戲劇性的
   結果 —— 本月的業績高到破
   表，幫助我們締造了有史以
   來最棒的全年銷售成績！

3. 提出能幫助對方掌握重點的
   問題，有利於雙方建立良好
   的關係。

2 月

少做瑣事，
打理好環境和行程

我迫不及待想展開本月的專注主題「時間管理」。具體來說，我的目標是要打理好我的工作環境和行程！花一點時間打掃和整理環境，立刻就能看到回報，比如把堆在辦公桌上的書放回書架上，桌面跟心情立刻煥然一新；忙碌的行程同樣也能快速修正。

雖然我躍躍欲試，但也要提醒自己「別攬下太多事情」。**我們大多數人誤將「更多」當成時間管理的目標，以為做好時間管理，是為了做更多事情。但我的目標恰恰相反 —— 少做瑣碎的小事，才能多做重要的事。**心中一直記掛著時間，會令我們不停看錶，但許多研究業已證明，這種行為會降低工作品質。不論是待辦事項還是具體的工作，我們的態度應該是「重質不重量」。我們對待生活的態度，應該像新式的硬殼行李箱；舊式的軟殼行李箱總能讓我們多塞進一件東西，但這種行為最終會導致行李箱破損，或是放不進飛機座位上方的行李架。很多人的生活也像這樣塞了太多東西。

我環顧四周，發現整個世界都需要好好整理一下！但因時間有限，這個月我只能先收拾實體物件，數位整理恐怕還無暇顧及（光是我的 iPhone 裡，就存放了這 7 年來的海量家庭生活照）。

以下就是我為本月擬定的十大待整理項目：

1. 整理與減少衣櫃裡的物品。
2. 盡快打掃車庫，萬一出事就後悔莫及了。

3. 整理文件櫃，並找出去年的所得稅申報書。

4. 整理冰箱 —— 2017 年的聖誕啤酒早該扔了！

5. 整理抽屜，裡面塞滿了壞掉的電子產品，簡直成了「電子產品墳場」。

6. 更新遺囑，把小女兒加進遺囑裡⋯⋯我說真的。

7. 取得德州駕照 —— 我竟然一直沒換新駕照，都搬過來 6 年了！

8. 調整灑水器的灑水時間，以節約用水。

9. 至少提前 3 個月買好機票，這樣就不必為了 45 分鐘的航班支付 950 美元，而且還被迫擠在中間的座位上。

10. 打一支大門的備用鑰匙。

　　沒想到打備用鑰匙居然那麼有趣，而且只花了 5 分鐘。我讓女兒選擇鑰匙的樣式，結果她們選了彩虹、公主和獨角鯨。雖然當我把那支形狀像獨角獸且五彩繽紛的彩虹鑰匙交給鄰居時有點尷尬，但每次使用它時，我都會非常珍惜這段與女兒們共度的快樂回憶。

整理人生從鋪床做起

　　雖然我很樂於整理，但也不免質疑把生活與環境打理得有條不紊，真的能幫助我實現更大的目標嗎？

> 「每天早上，當我的雙腳踩在地板上，眼前出現度過這一
> 天的兩種選擇：我要以普普通通的熱情，或非常巨大的熱
> 情度過這一天。」

你是否有過重要訊息在你最需要時適時出現的經驗？在我
專注於時間管理的這個月，恰好聽到美國特種作戰司令部第 9
任指揮官海軍上將威廉・H・麥克雷文（William H. McRaven）
在德州大學畢業典禮上的演講，讓我有醍醐灌頂之感。

他強調認真做好一些生活小事，例如整理床鋪，其實是很
重要的。因為**如果連整理床鋪這種小事都做不好，怎能指望實
現你的人生大目標？**以下是他的演講內容摘錄：

當年我在海豹部隊受訓時，教官們都是參加過越戰
的老兵，他們每天早上都會來營房檢查內務，第一個檢
查的就是床鋪。如果你做對了，床鋪就會稜角分明，罩
被也會拉得非常平整，枕頭放在床頭板的正中央，多
餘的毯子折好掛在床尾的鐵架上──這才是海軍要求的
標準。

這是一項簡單的任務、完全不必動腦的日常小事，
但是部隊要求我們每天早上都得把床鋪整理得完美無
缺。這在當時看來頗覺可笑，畢竟我們是想成為真正的
戰士、堅韌不拔的海豹突擊隊才來從軍的，但後來的諸

多經歷，一再向我證明了這個簡單行為所蘊含的大智慧。

當你每天早上認真收拾好床鋪，你就完成了這天的第一個任務。它會給你一份小小的成就感，並鼓勵你進行另一項任務，然後一個接著一個。等到這一天結束時，你完成的任務也將從一項變成好多項。鋪床還印證了生活小事也很重要的事實 —— 如果你連小事都無法做對，你就永遠無法把大事做對。

況且，要是某天你過得很不順，至少你回到家看到的是一張收拾得很整齊的床，而且是你自己整理的，它會令你心情為之一振，相信明天一定會更好。

如果你想改變世界，請從整理床鋪開始。[10]

麥克雷文的智慧是有科學根據的，研究發現會整理床鋪的人比不收拾床鋪的人，晚上睡得更好的可能性高了19%。因為看到整齊清潔的環境能放鬆我們的心情。同樣地，75%的人表示，睡在鋪著乾淨床單的床上，感覺睡得更安穩、更舒適。[11]

我們還可以向奧運跳遠選手學習，下次觀看奧運比賽時，請密切注意跳遠選手在縱身大跳躍前的最後一個動作 —— 它通常是距離最短的 步，僅約25公分左右。[12]

我們的金牌之路也是如此：**那驚人的一大步，往往是從最小的一步起跳的。**

所以好好整理你的床鋪吧。

不專心令我心煩意亂

從超市回到家後，我發現保持專注恐怕沒那麼容易做到，我腦袋裡放太多事了。

我本來是要去買雞蛋、牛奶和香蕉。

但途中遇到一位鄰居，收到幾則簡訊，結果買了一些吸引我眼球的東西。在我的雞蛋、牛奶和香蕉清單中，我只記得買雞蛋。

朝向目標穩步邁進

我撰寫本書的原因之一，是想把它當成我上一本書《社群新經濟時代》（*Socialnomics*）的解毒劑，用來清除科技令我們養成的「有毒習慣」。為此我對於 BJ 福格（BJ Fogg）的研究和哲學相當感興趣，他指出利用一些小技巧培養威力強大的習慣。他的研究與我撰寫本書的目的，以及麥克雷文將軍提倡的整理床鋪建議，頗有異曲同工之妙。

福格是史丹佛大學的心理學家和研究員，擅長捕捉學（captology）。捕捉學家專門研究電腦和行動裝置對人類行為的影響。福格首度出現在我的雷達上，還是我在撰寫《社群新經濟時代》時。福格的工作會跟我的書扯上關係，是因為我們這些使用社群媒體的人，大多都在不知情的情況下參與了

這世上規模最大的社會科學實驗，這個實驗是由 Instagram、YouTube、微博、臉書、抖音、推特（Twitter）的數據科學家所控制。

福格指出，**我們誤以為能靠意志力將自己不喜歡的活動培養成習慣。** 例如，我們強迫自己早起去健身房騎一小時的健身腳踏車。**但最終我們還是會因為不喜歡做這件事，所以停止繼續做下去，沒能養成習慣。**

福格認為，比起什麼都不做，這個錯誤更不利於我們做出人生中的重大改變。

相反的，福格說我們需要從一些小地方開始調整，讓我們獲得一些小勝利，並慶祝這些勝利。他用一個很棒的例子來說明：大家都知道你的車子很髒亂，所以你希望把它收拾乾淨變得整潔。你該怎麼做呢？

每次你把車停好，就順手從車裡拿出一些垃圾，並且高舉雙臂把垃圾扔進垃圾桶裡，然後大喊：「讚啦！」彷彿你在籃球比賽中投進了致勝的那一球。

福格的公式需要一個觸發物（trigger），前述例子的觸發物是停車。再舉一個例子，你也可以每次去洗手時就做 25 個仰臥起坐。洗手＝仰臥起坐。

我們通常會將觸發物與負面的因果關係聯繫起來，但是在福格的公式裡，觸發物非但不是負面的，反倒能產生正面的影響。

以下就是識別觸發物的簡單公式。

「我 ＿＿建立某種習慣＿＿ 後，我會 ＿＿養成新習慣＿＿ 。」

福格最有名的公式是這樣的：

「我 ＿＿刷完牙＿＿ 後，我會 ＿＿用牙線清潔一顆牙＿＿ 。」

乍聽之下很荒謬 ── 誰會用牙線只清潔一顆牙齒？但這正是重點！一旦你開始用牙線清潔一顆牙齒，你可能會自言自語說道：「見鬼了，我幹麼不順便多清潔幾顆牙呢？」

有趣的是，研究顯示使用牙線這個簡單的動作，可以把我們的預期壽命延長 6 年。只要我們開始每天用牙線清潔一顆牙，就有可能多活 6 年，這也太划算了吧。

哪怕再微不足道的勝利，也一定要慶祝，福格解釋說，因為成功能讓我們獲得信心。**小的改變會更容易融入我們忙碌的生活，伴隨它而來的成功，則會幫助我們達到一定程度的自動自發。**

大家都不知道，造就我們成功的不是夢想，而是合理的系統和習慣。[13]

> 「花一分鐘整理，能賺到一小時。」
>
> ── 富蘭克林（Benjamin Franklin），
>
> 美國政治家、發明家

牛仔排程法：行事曆區分空地區和柵欄區

我和我的首席幕僚每天早上 9:35 準時開會，第一項工作就是檢視我一天、一週和一個月的行程安排。這項工作非常單調，但如果不具備超前部署和預作防範的先見之明，將無法做好這個工作。

起初我每天的行程都排得很滿，往往上一場會議一結束，就緊接著開下一場會，中間連吃午飯或上洗手間的空檔都沒有，我倆商量後決定安排適當的休息時間，例如：每週一、三、五的上午 10:00 至 10:30 是咖啡會議；電話連絡則安排在乘車趕場時進行；中午 12:45 至下午 1:45，保留給午餐會議。

最重要的是，我特地仿照牛仔的做法，用柵欄圍出一塊不容打擾的時間，我這麼做的目的是：

1. 維持我的心智與身體的健康；
2. 保留專心寫作與深度思考的時間。

以前我總是隨意執行我的行程安排，結果一下子在這裡花了 15 分鐘，一會兒在那裡用了 12 分鐘。這樣隨興的時間管理既沒效率還會引發壓力，搞得我有時候只能趁著搭優步（Uber）計程車

趕場時拚命寫作，因為這是我在兩個行程之間好不容易擠出來的「休工時間」。

幸好現在我們終於想出一種方法，我們將它命名為「**牛仔排程法**」——**把行事曆明確分成廣大的空地區與柵欄區。**我很高興我終於能像神槍手安妮・奧克利（Annie Oakley）或是牛仔明星約翰・韋恩（John Wayne）那樣安排我的行程，而且還不必像韋恩那樣每天抽 6 包菸。這週我就來試試新方法——**像牛仔一樣，把從事某些特定活動的時段用柵欄圍起來，並為創意、放鬆和深入思考留下廣闊的空間。**

殺死時間吸血鬼

實行牛仔排程法還意味著，若咖啡會議被排定為 30 分鐘，時間一到我們就散會絕不延長。

以前我們常把咖啡會議開成 60 分鐘甚至 90 分鐘，但現在我會嚴格控管時間。例如，因為人潮眾多，光是點咖啡就要排隊 15 分鐘，那我會把握時間，邊陪對方排隊邊討論事情。

等對方拿到咖啡後，我們就坐下來聊完剩下的 15 分鐘。之前我總是很有耐心坐在咖啡桌等對方買到咖啡，結果雙方只能在很短的時間內草草結束談話，那種意猶未盡的感覺真難

受。現在的做法可以說是一分鐘都沒浪費，與之前相比堪稱是巨大的進步。因為嚴格控管時間，所以不會再跟以前一樣，一不留神就開了一個多小時的會。

若未嚴格控管時間，經常會出現這裡耽誤 15 分鐘、那裡延長 30 分鐘的意外情況，而我們的時間也不知不覺被「榨光」了。

自從開始嚴格控制時間後，我與對方可以更快進入核心議題。對方其實也跟我們一樣行程滿檔，所以我們合力「殺死時間吸血鬼」的做法無疑是雙贏的。

殺死數位化的時間吸血鬼

1. 集中處理電子郵件的收件匣。我偏好在上午 10:00 至 10:30，以及下午 3:00 至 3:30，各處理一次。
2. 看到不明來電，直接轉至語音信箱。
3. 不看產品說明書，它們的內容往往又臭又長。改成閱讀線上指示、技巧，或觀看簡短的產品使用影片。
4. 如果經濟情況允許，不妨上網訂購食物和日用品，因為增加的成本通常會被節省下來的時間、油錢、壓力和來回車程給抵消（還沒算卸貨、拖著 20 公斤重的狗糧上樓梯、冰淇淋融化等缺點呢）。況且直接回購也比每週製作購物清單更容易些。

5. 網球比賽式的數位溝通法：透過回覆一則簡訊（不超過兩句話），快速將「球」擊回對方的球場，以及適時且不失禮地結束談話來贏得勝利。雜亂的電子郵件收件匣跟凌亂的辦公桌一樣，會降低你的效率。記住一句格言：「雜亂的辦公桌／收件匣是腦袋混亂的象徵。」

6. 大多數的數位收件匣都有能區分重要和不重要信件的工具，善用這些工具。

7. 學會你最常用的程式快速鍵。

8. 浴室、汽車、健身房、飛機或地鐵，是收聽播客等錄音素材的絕佳場所。

9. 為你的手機購買優質耳機，這樣你就可以邊打電話邊做些不費腦力的輕勞動（例如清空洗碗機、打包旅行箱、折衣服、散步）。

10. 不要經常分神去做別的事。例如：除非你是個當沖交易者，否則整天不停檢查股價的波動，根本是在浪費時間和精力。

11. 多多使用手機或電腦的人工智能，使喚 Siri、Alexa、Google 助理來完成簡單的事情，既省時又省力。

12. 使用語音郵件的轉錄功能，這樣你就能快速瀏覽它的文本，而不需收聽語音。

13. 無需發簡訊或手動輸入電郵內容，只需錄下語音並發送音檔即可。

> 「最重要的事就是，只做最重要的事情。」

　　湯姆・柯利（Tom Corley）花了 5 年時間研究事業有成的富豪們，歸納他們的生活習慣，發現他們每天都會保留一段思考時間，進行一個人的腦力激盪。

　　富人的腦力激盪主要是思考以下 10 個核心主題：

1. 事業
2. 財務
3. 家庭
4. 朋友
5. 生意關係
6. 健康
7. 設定夢想和目標
8. 棘手的難題
9. 慈善
10. 快樂

他們常會自問自答以下問題，並詳加記錄：

- 怎麼做才能賺更多錢？
- 我的工作讓我快樂嗎？

- 我運動得夠不夠？
- 我可以參與哪些慈善事業？
- 我有知心好友嗎？
- 我該在哪些生意關係花更多時間？又該遠離哪些關係？

利用牛仔排程法，明確區分出空地區和柵欄區，我們就能給自己留下時間思考，擬定策略過好我們的每一天、每一週以及每個月。[14]

多工其實只是瞎忙

「多工（multitasking）是搞砸兩項工作的最佳方法。」這是真的或只是印在 T 恤上的玩笑話？英國精神病學研究所（British Institute of Psychiatry）的一項研究顯示，**多工（例如在執行一項創造性的任務時查看電子郵件）會使你的智商瞬間降低多達 10 分**。看到這裡，我不知道各位怎麼想，但我可不想那樣！

這麼大幅度的智商下降，相當於連續 36 小時沒睡覺，甚至是吸食大麻的兩倍多。

為何會如此？因為「多工」實際上是在「切換任務」（switch-tasking）。研究員大衛・邁爾博士（David Meyer）指出：「那些在工作場合中，邊用電腦邊講電話並與同事交談的

人，他們其實一直在切換任務。如果你無法連續專注於一項工作數十分鐘，損失的效率將達到 20%至 40%。」

對於人腦來說，多工實際上是在切換任務，而非同時間平行處理多項任務。哪個任務更重要 —— 寫這本書還是接聽電話會議？**當我們的大腦在任務之間來回切換時，效率也跟著降低。**國立神經疾病和中風研究所（National Institute of Neurological Disorders and Stroke）的認知神經科學部門負責人喬登·葛夫曼（Jordan Grafman）解釋說：「關於大腦如何處理多工的文獻很多。基本上，大腦並未多工，只是在多項任務之間快速切換，而非同時處理。」[15]

史丹佛大學的心理學家安東尼·瓦格納（Anthony Wagner）與伊亞·歐菲爾（Eyal Ophir）合作的一項研究發現，經常在多種訊息流中切換的大學生，例如查看社群媒體、發簡訊、看影片、念書以及打電話聊天，課業表現明顯不如那些不常多工的大學生。

多工還會產生長期的負面影響。經常同時處理多項任務的人，與很少多工的人相比，前者較不擅長處理需要動用工作記憶和持續專注的任務。**多工會導致注意力下降，隨著時間的推移，會更難持續專注於任何單一任務。**[16]

原來我們一直都搞錯了！我們同時處理多項任務的原意是為了完成更多工作，但諷刺的是，多工反倒完成更少工作？情況確實是如此。

有助於避免切換任務的一種方法是「清除（eliminate）待辦

事項清單上的任務數」。研究顯示，超過 7 成的人會擬定待辦事項清單，[17] 最有可能擬定清單的是加拿大人，最依賴清單的是美國人，最不可能擬定清單的是日本人；全球有超過半數的國家會擬定待辦事項清單，而且女性比男性更有可能擬定清單。[18]

大多數人仍然偏好在紙上寫下我們要做的任務，[19] 原因之一是生物學指出，每當我們從清單上劃去一項已完成的任務，我們的身體就會免費獲得多巴胺；當我們完成想做的事情，不論是完成家庭裝修，還是贏得國際象棋大賽，大腦都會釋放多巴胺，而多巴胺會讓我們心情愉悅。

教各位一個可以操控多巴胺水平的小妙招：把一些可以達成的小目標列入待辦事項清單上。

打個比方，當鮑勃（Bob）整理好他的辦公桌後，大腦就會釋放多巴胺，令鮑勃獲得成就感而覺得快樂。這份愉悅會促發重複行為，鼓勵鮑勃繼續保持辦公桌的整潔，並完成待辦事項清單上的其他任務。[20]

然而多巴胺也會導致各種負面的成癮行為。獲得快樂與獎勵來提高多巴胺水平的方式因人而異，貪吃鬼只要咬一口多汁的漢堡，他的神經元就會被啟動；色鬼的多巴胺則會在觀看色情圖片時釋放；酒鬼的多巴胺衝動來自喝下的第一口酒。社群媒體公司支付數百萬美元的報酬給電腦工程師與博士，要他們編寫類似的程式來操控青少年體內的多巴胺水平，讓他們在社群媒體平台或應用程式上留連忘返數小時。

了解此事背後的生物學，能讓我們避開重度與輕度的多巴

胺成癮症。

　　像我就是在撰寫本書時發現，我經常在不知不覺間花一整天回覆數百封電子郵件，那些電郵都是在我發表專題演講後收到的。看著我的未讀信件數量從 300 變成 0，我的多巴胺水平會瞬間衝高。自從得知此事後，我會在登台演講的前後幾天縮小我的寫作目標（例如一天只寫 20 分鐘）。

　　最重要的是，我決定在擬定待辦事項清單之前，先擬定一個勿做事項清單……[21]

擬定勿做事項清單更重要

　　待辦事項清單的確很棒，但擬定勿做事項清單更棒。**成功人士都明白一個重要的道理 ── 別總想完成更多的事情，而要完成更多重要的大事**。擬定一個勿做清單，堪稱是我從專注計畫學到的最管用習慣之一。

　　如果你從未完成待辦事項清單上的每一件事，完全不需感到難過，因為大多數人也是如此。領英（LinkedIn）針對全球六千多名專業人士做的調查顯示，只有 11％的人會定期完成待辦事項清單上的所有任務。因此，對於其餘 89％的人來說，何不試試另一種新方法，例如擬定勿做事項清單。**我們的新角色是冷血殺手，目標是殺掉待辦事項清單上所有任務。我們每天要問問自己：還有哪些任務可以殺掉（即不做）？**[22]

我們要把所有任務趕盡殺絕，全部流放到勿做清單，或是把待辦清單改名為「還沒輪到清單」（not-yet list）。之所以這麼做是因為科學研究顯示，即使我們正在處理待辦清單上的第 1 項任務，我們的大腦卻已經下意識地在思考第 37 項任務了。

這是因為當我們擬定待辦事項清單後，大腦會下意識地決定清單上的哪些資訊要保留候用，這種潛意識活動被稱為蔡加尼克效應（Zeigarnik effect）；換言之，當我們擬定待辦事項清單後，大腦會思考與規劃該如何處理那些還未完成的任務，但我們並不知道大腦正在做這些事情。[23]

蔡加尼克效應是以俄羅斯心理學家布魯瑪・沃夫娜・蔡加尼克（Bluma Wulfovna Zeigarnik）的名字命名。1920 年代她在一家餐廳用餐時，發現服務員能夠記住非常複雜的點菜單，可是一旦訂單完成並付款後，服務員就完全忘記訂單內容，但幾分鐘前他們明明還記得一清二楚。

這讓蔡加尼克開始思考，服務員為何能記住未完成訂單的所有細節，卻對已經完成的訂單毫無印象？於是她設計了一項研究來測試這種現象。

實驗的內容是這樣的：蔡加尼克找來 138 名兒童，執行算術、拼圖和其他基本任務。孩子們在完全不受干擾的情況下進行活動的前半段，但到了活動的後半段，孩子們會因頻頻被打擾而分心。活動結束後一小時，再對孩子們進行回憶測試。結果 138 名孩童中有 110 人，能更清楚記得被打斷任務的細節。

至於對成人所做的類似實驗，研究人員也發現，受試者對未完成任務記得的部分，足足比已完成任務的記憶多了9成。[24]

這種情況也經常發生在書迷身上，當他們全神貫注閱讀一本書時，會記住書中所有人物和作者的名字，但是讀完之後，再有人問起這本書的相關細節，他們卻鮮少答得出來。許多人甚至一沒留神而重讀幾年前就讀過的書，但其實所有人都是這樣的。

基本上，這是我們的潛意識在鼓勵意識為必須完成的任務預作規劃，這樣的心智活動原本是為了幫助沒有紙筆記事的古早人類，讓他們能在白天記得準備好晚上要用來生火的乾木頭。然而這套大腦軟體在現代世界不僅過時，有時反倒阻礙我們成功。待辦事項清單上未完成的任務愈多，我們的腦袋就愈混亂；因為大腦會下意識地思考要如何完成第37項、第38項……以及之後的任務，即使我們並未在執行這些任務。[25]

為了不讓大腦瞎操心那些沒那麼重要的待辦事項，我們不如把所有待辦事項全都放到「還沒輪到清單」上吧。[26]

「天底下最浪費時間的就是做一些根本不該做的事。」

巴菲特的能力圈

巴菲特是如何成為世界首富的？答案是「保持簡單」。

巴菲特很早就從投資前輩那裡學到了投資時要關注的 2 條規則：

1. 永遠不要虧錢。
2. 不要忘記第 1 條規則。

HBO 曾播放一部名為《成為巴菲特》（*Becoming Warren Buffet*）的紀錄片，由巴菲特本人現身說法分享他的成功祕訣：

被譽為史上最厲害的棒球打擊手泰德・威廉斯（Ted Williams）曾出版《揮棒命中的科學》（*Science of Hitting*）一書。威廉斯以一張他在打球的照片為例，將他的好球帶分成 77 個進球區。如果他等到球被投進「甜蜜區」時再揮棒，他的擊球命中率就會高達 4 成；但如果球落在最不理想的位置，命中率就會掉到 2.3 成。然而在投資場上，並沒有裁判會判我三振出局，所以基本上我從事的是一個沒有三振出局的行業，這真的是最棒的行業了。

我有 1,000 家公司（把它們想成是投進本壘板的球）可以挑選，但我不必球來就打，甚至連 50 球都不

必，我只要打想打的球就行了。投資的訣竅在於，仔細
觀察一個接著一個投過來的球，並且只選擇那些投進甜
蜜區的球；要是有人大喊：「快揮棒啊，蠢蛋！」……
別理他們。幾年下來你能練就火眼金睛，並打造一個能
力圈，我只待在能力圈內，絕不去擔心圈外的事。你只
需要搞清楚自己在做什麼、你在哪些方面有優勢，這一
點非常重要。[27]

人們並沒有對巴菲特大喊：「快揮棒啊，蠢蛋！」而是在
1990 年代末期網路公司股價狂飆期間，敦促巴菲特投資科技
股。但巴菲特知道科技股不在他的能力圈內，他沒有優勢。但
是當網路股的股價崩跌時，波克夏海瑟威公司（Berkshire Ha-
thaway Inc.）反倒立於不敗之地，因為巴菲特一直專心等著投
進他最佳位置的球。

巴菲特與比爾・蓋茲（Bill Gates）認識後不久，蓋茲的父
親就請他們兩人寫下對其職業生涯最有幫助的一個詞：

比爾跟我不約而同寫了「專注」一詞。專注一直是
我個性的重要組成部分，要是我對某事感興趣，我就會
非常投入。如果我對某個新領域感興趣，我就會閱讀相
關的報導，我想談論它，我想認識參與其中的人。

我答不出我家臥室或客廳牆壁的顏色，對於跟物質
宇宙有關的事物也不是很感興趣，但我相信自己頗懂商

業宇宙。

我確實喜歡坐著以及思考,這雖然沒什麼生產力,但我挺樂在其中的。

巴菲特有句家喻戶曉的名言:「我們的投資哲學近似於昏睡。」**巴菲特在事業初期就知道,他做的投資決策不可能全是對的,所以為了提高勝算,他堅守自己的能力圈;用棒球的術語來說,唯一的目標就是擊出全壘打,所以他只投資自己有絕對把握的公司,然後長期持有。巴菲特將自己 9 成的財富歸功於 10 項投資,但是巴菲特的專屬機師麥克・弗林特(Mike Flint)發現,巴菲特的「勿做清單」策略也有一部分功勞。

> 「一步跨出一碼(約 90 公分)很難,但一步跨出一吋(約 2.54 公分)則很簡單,生活亦是如此。」
> ──約翰・拜瑟威(John Bytheway),美國作家

弗林特曾為 4 位美國總統效力,某天弗林特向巴菲特討教自己的職業目標,巴菲特要求弗林特做一個簡單的練習,因為巴菲特發現這個練習幫他實現了自己某些最偉大的成就。他要弗林特拿來紙筆,然後完成以下步驟:

第 1 步:在紙上寫下你最重要的 25 個職業目標。

第 2 步：圈出最重要的前 5 個目標。

第 3 步：將前 5 名列入清單 A，其餘 20 名放入清單 B。

現在弗林特的眼前有兩張清單，寫著前 5 名的清單 A 以及寫著其他 20 名的清單 B。

巴菲特問他打算如何處理清單上的項目，弗林特說他將立即開始處理清單 A。「那清單 B 呢？」巴菲特問道，弗林特回答說其他 20 個目標對他來說也很重要，所以如果時間允許，他會努力完成其他 20 個目標。

這很合理，這些都是弗林特想要的選擇，只不過它們沒有擠進前 5 名罷了。那巴菲特怎麼說？

「不，你錯了，麥克。**那些沒有被圈選的項目，是你要全力避免去做的事。在你成功達成前五大目標之前，你不必花半點心思在這些事情上。**」

總歸一句話 —— 你是要全心全意完成 5 個主要目標，還是要不斷惦記著 20 個完成一半的目標？[28]

這個故事對我來說是個很好的提醒，因為這基本上就是我展開專注計畫的原因，我曾妄想完成一大堆事情，結果從未能完成它們。

兩個披薩的開會規則

無論你是在企業、醫院、非營利組織還是學校工作，沒有重點的會議（unfocused meetings）都會拖累你的工作效率。據估計，全美國的公司一天開了 1,100 萬場會。[29]

亞馬遜的創辦人傑夫・貝佐斯認為，沒有重點的會議會「耗盡在場所有人的精力」。[30] 為了避免浪費與會者的時間和精力，貝佐斯制定了「兩個披薩規則」，意思是：貝佐斯不會安排也不會參加兩個披薩還不夠分的會議。[31] **因為開會的人數愈多，生產力下降的可能性就愈高。**記得縮小下一場會議的規模吧，披薩就免了。

「關鍵是要自主選擇如何過日子，而不是得過且過。」

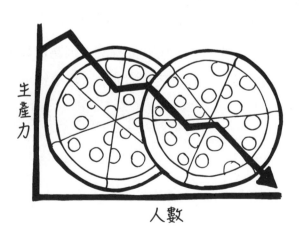

生產力

人數

清理自家的垃圾場

　　每個人的家裡都有一個私人垃圾場，用來存放我們明明用不著卻又捨不得扔掉的物品。我的垃圾場就是主臥房裡的大壁櫥，我父親的垃圾場則是他的躺椅，他的躺椅周圍堆了幾百本雜誌和各式物品。

　　我想該是清理垃圾場的時候了，就先從壁櫥的後面開始吧。我搬出一箱箱舊紀念品，開始斷捨離，沒想到這工作很花時間，因為每件物品都會勾起特定回憶，讓我的思緒飄向遠方。要是不制定適當的斷捨離原則，這壁櫥恐怕要好幾個月才能整理好。**其實大多數成功人士並非因為比我們聰明而勝出，而是擁有更好的工作方式**，所以我制定了 2 套斷捨離原則。

1. 紀念品斷捨離原則

- 20 年後，我還會想要這東西嗎？如果我太太不小心把它扔了，我會耿耿於懷嗎？
- 40 年後，如果我把這東西給我女兒，她們會想要嗎？

95％的情況下，這 2 個問題的答案都是否定的。

衣物的斷捨離原則就更簡單了：

2. 衣物斷捨離原則

- 過去 11 個月都沒穿過？捐掉。捐出去能讓別人受益

嗎？快點捐吧。

- 萬聖節變裝時，它能派得上用場嗎？能，留下。
- 要為特殊場合留下這件衣服？千萬不要。

會制定最後一項，是因為我有一條很喜歡的白色短褲，但怕弄髒而很少穿，我決定只在特殊場合才穿；你猜結果如何？它過時了，我早該穿它的！

> 「想讓房間有奢華感，應取出而非放入家具。」
> ── 法蘭西斯・朱賀旦（Francis Jourdain），
> 法國藝術家

所以我有了一個新的座右銘：「每天都要穿得稱頭有品味。」要是有件衣服看起來跟我們特別搭，我們肯定會經常穿它，所以我們要多買這種款式的衣服，並把少穿或不穿的衣服捐給慈善機構。

整齊乾淨的環境會對我們的身心健康產生正面的影響，每天只要花點時間整理環境，就能對我們產生很大的影響。有項研究顯示，只要讓人在整齊乾淨的空間裡工作 10 分鐘，他們在點心時間選擇蘋果而非糖果的可能性就會增加一倍，反之，在髒亂空間工作的人，比較可能選擇糖果。因為雜亂的辦公桌等於雜亂的頭腦，當大腦有壓力或思緒紛亂時，我們的身體通

常會想吃點安慰食品（comfort foods）來幫忙減輕壓力。[32]

《人格與社會心理學公報》（*Personality and Social Psychology Bulletin*）有項研究報告指出，當「凌亂」的家中充滿「沒做完的事情」時，女性的憂鬱和疲勞程度會顯著提高。[33]

《神經科學雜誌》（*Journal of Neuroscience*）則指出，光是把辦公桌收拾乾淨這麼簡單的任務，就能顯著提高我們的工作績效和健康。[34]

3 分鐘順手做原則

不到 3 分鐘就能做完的事，順手把它完成吧！我非常認同「3 分鐘做完，心情好輕鬆」這句話，雖然也有人提出 1 分鐘或 2 分鐘順手做原則，但是我的生活中能在這麼短的時間內完成的事情並不多。

明明 3 分鐘就能完成的事情，我們卻經常擺爛不順手做完。不順手執行這些小任務，會發生什麼事？

1. 我們把它給忘了。這件事被徹底遺忘，後來卻引起大麻煩，例如：忘記做好預防措施，後來水管果然結凍了；忘記回覆一封重要的電子郵件；忘記發出「謝謝你」的簡訊；忘記發送情人節電子賀卡。
2. 我們一直惦記著那件事，而無法專心處理手上的任務。

3. 錯失「速贏」(quick win) 的機會，最後只能把它認定
   為長期虧損。例如：只要 3 分鐘就能拔掉院子裡的一株
   大雜草，那就是速贏；但我若偷懶沒拔，任它日復一日
   成長，結果整個院子長滿各種雜草，就成了長期損失。

　　許多人會保存各種物品，例如瓷器、書桌、椅子、畫作，
品項不勝枚舉，想說將來要留給他們的孩子或孫子用。當我的
祖父母要搬到養老院時，他們震驚地發現我們居然不想要他們
保留的任何「物品」。

　　反之，我們只想要保存跟兩老的合照，以及充滿回憶的紀
念品和傳家寶 (family heirlooms)，但是沒有人想要他們保留
的那些物品。所以如果你一直為某人保留一些東西，今天就去
確認他們是否想要這些東西，如果 (1) 他們想要，現在就給他
們；(2) 他們不要，立即捐給慈善機構、辦個車庫拍賣，或放
到網路上賣掉。

「化雜亂為簡單，從不和諧中找到和諧，困難中潛藏著
機會。」

──愛因斯坦

3 分鐘順手做的例子

1. 你想把某人用電子郵件寄給你的一張照片印出來時，立刻就去印！

2. 喝完蔬果汁順手把杯子洗乾淨，不然殘渣結塊後，要花 3 倍的時間清洗。

3. 順手撿起地上的襯衫。

4. 順手將定時器插入節日燈飾的電源插座中。

5. 快寫完表達謝意的電郵。

6. 隱形眼鏡或醫療處方別等用完才回購。

7. 為車庫鐵門的遙控器換上新電池。

8. 順手把滴在瓶身的楓糖漿擦掉，把塞住壺嘴的乾糖渣清乾淨。

9. 沒有用的電郵不僅要刪除，還應取消訂閱，反正你可以隨時重新訂閱（但你不會）。

10. 順手換燈泡。

執行 3 分鐘順手做原則的注意事項：生活中的 3 分鐘任務極多，請搭配前面介紹的牛仔排程法，切實做好時間管理。

3 分鐘順手做原則令我獲益頗多，所以它是我一天當中最喜歡的部分之一。

我會在我的行事曆中特地安排 21 分鐘，專門處理那些 3 分鐘以內就能完成的任務。

工作效率大師大衛・艾倫（David Allen）在他的暢銷書

《搞定！》（*Getting Things Done*）中建議大家，將 3 分鐘順手做原則應用於我們的目標和習慣。開始一個新習慣用不了 3分鐘，但我們能在 3 分鐘內完成所有目標嗎？顯然不行。但每個目標都可以在 3 分鐘內開始，這就是 3 分鐘順手做原則背後的目的。**英明的領導者不會說等我們準備好再如何如何，而會說讓我們開始做吧。**

對於你那宏大的人生目標來說，3 分鐘順手做策略聽起來似乎太基本了，但我認為 3 分鐘順手做原則可適用於任何目標，理由很簡單：現實生活中的物理學。

現實生活中的物理學

牛頓爵士（Sir Isaac Newton）教會我們：當物體合力為零時，靜者恆靜，動者恆做等速度直線運動。此一慣性定律既適用於從樹上墜下的蘋果，也適用於人類。行動中的人傾向於繼續行動。

所以基於人類的慣性，3 分鐘順手做原則既可適用於大目標亦可適用於小目標。因為一旦你開始做某件事，要繼續做下去會變得比較容易。我非常喜歡 3 分鐘順手做原則，因為我認為它帶有這樣的含意：**只要我們開始做某件事，各種好事就會蜂擁而至。**

想成為一個更棒的作家嗎？根據 3 分鐘順手做原則，你決

定寫作從寫一句話開始，但你經常發現自己不知不覺間寫了 1
個小時。

想吃更健康的飲食？根據 3 分鐘順手做原則，你剛吃了一
口胡蘿蔔，卻忽然有了製作健康沙拉的靈感。

想養成閱讀的習慣嗎？根據 3 分鐘順手做原則，你打算先
試讀某本書的第 1 頁，但等你回過神，你已經讀完前 3 章了。

> 「這就是我的祕訣：專注和簡單。簡單比複雜更難，為了
> 做出簡潔的產品，你必須費盡心力讓思維單純。但這麼做
> 最終是值得的，因為當你到達那種境界，你將無所不能。」
> —— 賈伯斯（Steve Jobs），蘋果公司聯合創辦人

洗車實驗

我在上個月便說過，不論是組織、社會或個人，當務之急
都是追求成長；我的爸媽也常告誡我們，不成長形同倒退。看
到進步會鼓勵我們繼續努力，這也是把周遭環境打理乾淨會讓
人感覺很療癒的主因。日本專業整理師近藤麻理惠的極簡主義
暢銷書《怦然心動的人生整理法》（*The Life Changing Magic
of Tidying Up*）中便提到，當我們在浴室掛上乾淨的毛巾，或
是把書桌抽屜收拾整齊時，我們便看到了進步。

約瑟夫‧紐恩斯（Joseph Nunes）與薩維耶‧德雷茲（Xavier Dreze）兩位學者於 2006 年做了一項稱為「洗車實驗」的研究，目的在了解進步會對我們產生什麼影響。

他們分發集點卡給顧客，洗車一次會在集點卡上得到一個印章，集滿 8 個印章可免費洗車一次。

集點卡有兩種，第一種集點卡有 8 個空白圓圈，第二種集點卡則有 10 個圓圈，但其中 2 個圓圈已經蓋上印章。

兩種集點卡同樣都要再蓋 8 個印章，才能獲得免費洗車的服務。

關鍵的問題是 —— 顧客對兩種集點卡的感受會不同嗎？

答案是肯定的，顧客的感受確實不同；拿到第一種集點卡的顧客，只有 19％完成免費洗車的集點，但拿到第二種集點卡的顧客，竟有高達 34％完成免費洗車的集點，幾乎是前者的 2 倍！[35]

第二組顧客被稱為「先馳得點組」（Head Start）；雖然兩組人馬都需要集滿 8 點，但「先馳得點組」的顧客會覺得他們已經獲得一些進展，他們已有那 2 個「免費到手」的集點章，所以離免費洗車這個獎品看似更近些。[36]

紐恩斯和德雷茲的研究發現，看到自己在進步會鼓勵我們堅持下去。為什麼我們經常嘗試新的飲食法，卻沒得到立竿見影的效果？要是我們一開始便留意那些小小的成果，將更有可能堅持下去。

這項研究讓我想起當年住在麻州的劍橋時，曾幫忙開發哈

佛與麻省理工學院的 edX 線上課程，那時我就見證過類似的現象。那些參加 edX 線上課程的學生，如果在頭幾週看到自己有進步，多半會繼續讀下去；如果到了第 3 週還未出現任何進步的跡象，輟學率就很高。所以授課的教授莫不使出渾身解數，設法讓學生儘早看到自己有進步。透過這種做法，edX 線上課程成功留下更多學生！

在踏上征途之初，不管使出什麼手段，總之盡快讓大家看到一些勝利就對了。

> 「給我看你的行事曆，我就能告訴你該優先做什麼。」

不准放東西的空抽屜

我女兒的蠟筆用完後就放在桌上，於是我想找個抽屜把它們放進去，但抽屜裡塞滿了東西，根本打不開。我左邊敲敲右邊打打，並用手指伸進去掏出一些東西，終於把抽屜拉開了。整理好這個抽屜後，我打開旁邊的抽屜，驚訝地發現它竟然是空的，讚美上帝！

蠟筆盒毫不費力就被放進這個抽屜裡，這時女兒走進房間，眼睛瞪得老大：

卡蒂亞（Katia）：「爸爸！你不能把蠟筆放進那個抽屜裡！」（從孩子嘴裡聽到老婆大人的懿旨還挺神奇的。）

我：「啊？為什麼我不能把這些蠟筆放在這裡？」

卡蒂亞：「那是媽媽的抽屜，什麼東西都不能放進去。」

我：「但這個抽屜明明是空的，裡面什麼都沒有。」（我順手把那盒蠟筆放進空抽屜裡。）

卡蒂亞：「好吧，爸爸，別說我沒警告你，你會遇到大麻煩的。」

事實證明，卡蒂亞的警告是有道理的，我確實因為使用了這個神聖的抽屜而惹上麻煩。

要不是我正在進行專注計畫，我可能會把老婆送進精神病院，不過我們決定坐下來好好討論此事。對她來說，廚房裡保留一個空抽屜，代表她不會一味添加東西；而且不光是廚房，她也絕不會讓她的人生一直增加垃圾，所以空抽屜是有其象徵意義的。我也明白減法的力量，所以我能理解她的想法，不過她也做了些讓步，將指定的「空抽屜」從最大的那個換到最小的。

「簡單樸素是終極的精緻。」

——達文西（Leonardo Da Vinci），
文藝復興時期著名發明家、藝術家

　　這陣子我偶然看到一個令我深有同感的故事：有位英明的印地安酋長指導部落裡的勇士射箭，他把一隻木鳥放在樹上，要他們瞄準鳥喙。酋長要第一個勇士描述他看到了什麼，第一名勇士回答說：「我看到了樹枝、高山、樹葉、天空、鳥、鳥的羽毛和鳥喙。」酋長讓這位勇士退到一旁，然後對第二名勇士提出同樣的問題，第二名勇上回答：「我看到了鳥喙。」酋長讚道：「很好，你可以射箭了。」箭矢筆直飛出並準確擊中目標。

　　這個故事告訴我們：不專注將無法實現想要的目標。[37]

2 月重點

少做瑣事，打理好環境和行程

最重要的那一件事

成功人士會特地安排一段不受打擾的時間，專心整理他們的物品、思緒與行程安排。

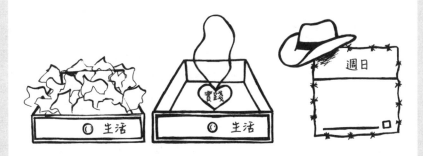

自我評分：B⁺

我對自己在這個月的進步感到很滿意，因為我順利完成不少待辦事項。儘管我竭盡全力，但還是有很多東西需要整理妥當，我的時間管理仍有進步空間！這是很棒的一個月，我決定給它打 B⁺。

本月必記重點

1. 像牛仔一樣安排時間：把預定的工作用柵欄圈起來，並保留大片空地做自己想做的事。

2. 擬定勿做事項清單。

3. 執行 3 分鐘順手做原則：3 分鐘內就能做好的事，順手完成！

4. 有錢人和成功者的時間和我們一樣多、聰明才智也不相上下，但他們擁有更好的做事流程和制度。

5. 別再一心多用，專注於你的能力圈。

6. 在你家裡或你的生活中，保留一個完全不放東西的空抽屜是可以的，甚至是健康的。

　　世界著名的經濟學家凱因斯（John Maynard Keynes）曾在1930年發表一篇文章，當時他並不知道，這篇文章在將近一世紀後，仍然引發不小的爭議。

　　儘管凱因斯才華橫溢，但他這篇標題為〈後世子孫的經濟可能性〉（Economic Possibilities For Our Grandchildren）的文章，卻因為做出錯誤的預測而廣受討論。[38] 凱因斯在文中預測，拜科技進步之賜，等他的孫輩長大成人時，一週只需工作約15小時。

　　凱因斯的預言有多不準？他沒有孩子，當然也就沒有孫子，不過他的姐姐倒是子孫滿堂，其中包括在大學擔任教授的尼古拉斯・亨佛萊（Nicholas Humphrey）。尼古拉斯估計他每天工作近15小時，每週工時高達75小時，與每週15小時相差甚遠。另一位姐姐的孫女蘇珊娜・伯恩（Susannah Burn）是一名自行開業的心理治療師，她估計自己每週工作大約50小時，而且很難騰出時間休假。

　　大多數人的情況跟尼古拉斯及蘇珊娜差不多。工時長早已司空見慣，「＃總是在工作」（#nevernotworking）之類的社群媒體標籤更是蔚為風潮。美國的全職工人每週平均工作47小時，比10年前多了1.5小時。令人震驚的是，近4成的工人每週工時超過50小時。[39]

　　工時變長通常會排擠到家庭時間，上個月我學會了像牛仔一樣安排行程，這個月要更進一步，公私兩方面都要這麼做。作家提姆・厄本（Tim Urban）算出，我們此生與家人共度的

時間，有 8 成是發生在 18 歲之前，這無疑是記當頭棒喝——我必須好好珍惜與把握現在跟女兒們在一起的時間。

與家人共度的時間必須優先排定，否則他們永遠得不到你的陪伴。只是想要陪伴家人和朋友的態度顯然不夠積極，應當改成一定要陪伴他們，並且早早就訂好時間，在日曆上圈出來。具體言之，我們要以堅定的態度表示：「我必須空出這段時間陪伴家人。」因為不拿出這種「沒得商量」的態度，家庭時間很容易就會被犧牲與剝奪。

52 夜原則：只有 52 個晚上能外宿

登機時我氣到雙手發抖，空姐見狀問我：「還好嗎？」其實我很想大叫：「我很不好，我想坐下來！因為機場安檢機器壞了，居然讓我們折騰了 3 個小時……荒謬！這是什麼爛機場？害我錯過前兩個航班！恐怕沒辦法準時上台演講了！」當然，我並沒有真的失控破口大罵，只是在心裡氣到快發瘋。

我真的感覺自己有可能會崩潰——這對我來說是一種新的體驗。大學時我在籃球隊裡熬過了伊佐教練（Coach Tom Izzo）的魔鬼訓練，這點小事怎麼難得倒我？

但此刻我卻六神無主，只能虛弱地問空姐：「可以……給我一杯水嗎？」我聽到自己說的話潰不成聲，不光破音還語帶顫抖，我真的要崩潰了。

　　我鼓起餘力走到我的位子坐了下來，我的身心都在顫抖。事實證明，我只是徒有超級英雄的虛名，但我並非無堅不摧。

　　我曾在數十萬人面前表演，雖然我把腎上腺素、壓力和緊張當作達到最佳表現的工具，但我從未被推到精神崩潰的邊緣，直到此時此刻。

　　我此行是為一家名列《財星》全球五百大的企業，進行一趟為期 5 週、巡迴 24 個城市的演講暨簽書會行程，但此刻我快撐不住了。我心中百感交集，想到家裡那兩個年幼的女兒，別人正在過節放假，我們的動畫公司才剛成立；最重要的是，我下一本書的出版期限正逐漸逼近。總而言之，是我不尊重自己的能力才會搞出現在的局面。

　　我快崩潰了。

　　然而我突然頓悟到，何不趁此契機有所突破，認真想想我是如何把自己搞得這麼狼狽？未來該如何防止這種能力超載的情況重演？

　　我堅信世事的發生都是「為了你好」（happen for you），而非「衝著你來」（not to you），這次的經歷讓我立下了「52夜原則」（52 Night Rule），並將它當作我的頭號關鍵績效指標（Key Performance Indicator, KPI）。從短期來看，這條規則會讓公司的收入減少，但是長期來看，它卻是「價值連城」，不僅公司營收不會受到影響，而且還能獲得最重要的成就感。雖然從短期來看，我們可能會輸掉一場戰役，但從長遠來看，我們將贏得全面勝利。

我每年最多只能有 52 個晚上出差外宿，因為我要不惜一
切代價保護最重視的家人。

我希望各位可以借鏡我的經驗，學會捍衛你生活中的重要
事物。你也有你的類似原則嗎？

> 「一個男人永遠不該為了生意而忽略家庭。」
>
> ——華特·迪士尼

做我們想做的事

想要避免在迪士尼樂園裡排隊，可以登錄 3 個快速通行
證，省下 2 小時至 3 小時的排隊時間。

我發現只剩下一個快速通行證，便查了一下目前各項遊樂
設施的等待時間。

叢林奇航的等待時間為 70 分鐘，巴恩斯托默過山車和小

熊維尼的排隊時間都只要 10 分鐘。我女兒對於過山車和小熊維尼的興趣遠高於叢林奇航，但我跟我太太卻很遲疑，如果我們不選擇等待時間最長（叢林奇航為 70 分鐘）的遊樂設施，豈不浪費了最後這個快速通行證，但是當我們詢問孩子的意見時，她們的回答非常響亮 —— 她們想坐「過山車」！

　　這件事很有啟發性：小孩往往比大人做出更好的決定。儘管其他遊客都認為叢林奇航值得等待 70 分鐘，但這並不重要，這並不是我女兒看重的東西。如果隊伍同樣長，我女兒仍會選擇過山車而非叢林奇航，更何況現在過山車的排隊時間縮短了 7 倍。這明明是一個很簡單的決定，我們這些家長卻把它變得很複雜，要是我們沒問孩子們的意見，就會做出錯誤的決定。

　　專注有個重要的面向，那就是 —— **做我們真正想做的事，而不是做我們認為該做的事，也不是其他人都在做的事，或其他人重視的事**。但這件事對我們這種變色龍型的人而言，其實很難做到，我們很難違抗父母、手足或師長提出的意見。但是我們必須提醒自己：「只管去做我們在乎以及能帶給我們快樂的事。」

「如果你不能活得長長久久，那就活得更有深度吧。」

—— 義大利諺語

賈伯斯的遺言

億萬富豪賈伯斯享年僅 56 歲，他的家人說他臨終前的遺言是「哦，哇；哦，哇；哦，哇」。在他死後出現了據稱是他臨終前幾天寫下的一篇文章，但事情的真偽目前仍眾說紛紜。我們只知道賈伯斯生前經常犧牲他的家庭生活來取得商業上的成功。有一次，他甚至否認自己是長女麗莎（Lisa）的生父，這件事頗令世人費解，畢竟賈伯斯自己就是從小被人收養的。

以下這篇文章被認為是賈伯斯在世前的最後幾天寫的，雖然此事的真實性有待考證，但其內容無疑是很有深度的。

我在商業世界的成就達到了頂峰，在別人眼裡，我的一生就是成功的縮影。然而我除了工作，幾乎少有快樂，財富也只是我習以為常的事實。此刻躺在床上，回想我這一生，才發現自己曾經引以為豪的名譽和財富，在死亡面前都變得蒼白無力。

你可以花錢僱人為你開車、為你賺錢，但你無法請人代你生病。丟失的物品可以找回或更換，但有一種東西，一旦失去就永遠找不到了，那珍貴的東西就是「生命」。無論你現在處於人生的哪個階段，隨著時間的推移，你都會面臨大幕落下的那一天。

珍惜你對家人的愛，對配偶的愛，對朋友的愛。善待自己，珍惜他人。但願隨著年齡的增長，我們能變得

更有智慧，能懂得一只 3,000 美元或 30 美元的手錶，顯示的都是一樣的時間。你會明白真正的內在幸福，並非來自這個世界的物質事物。無論你乘坐頭等艙還是經濟艙，如果飛機墜毀，你都將隨之墜落。

所以，我希望你明白，擁有能夠一起聊天、一起歡笑、一起說話、一起唱歌、暢聊天南地北、談天說地的夥伴、兄弟、老友、手足，就是真正的幸福。不要教育你的孩子變得富有，要教他們快樂，這樣他們長大後，才會懂得事物的價值而非價格。

好好進食勝過吃藥，否則有一天你必須照三餐吃藥。

愛你的人永遠不會為了另一個人離開你，因為即使有 100 個理由放棄，他或她也能找到一個堅持下去的理由。當一個人與當一個好人之間的差距甚大，但只有少數人明白這個道理。你一出生就被愛，到你死後也依然被愛，你必須過好生與死之間的這段人生。

世上最好的 6 位醫生是陽光、休息、運動、飲食、自信和朋友，在人生的所有階段都要保有它們，並享受健康的人生。

獵捕田鼠還是羚羊？捉大放小

身強力壯且速度飛快的獅子，可以花一整天捕捉田鼠來

吃。但是田鼠提供的能量很少，根本不足以彌補獅子捕捉田鼠時的消耗，所以獅子不如放過田鼠，專心獵捕羚羊就好。雖然羚羊比田鼠難捉，但羚羊能餵飽一整個獅群，獅子無法靠田鼠填飽肚子，但以羚羊為食就能過上幸福美滿的生活。

雖然我們很想做一些簡單的小任務，比如清空我們的電子郵件收件匣，但這是人類版的捉田鼠。從短期來看，做這件事會令我們產生快感；但從長遠來看，它會使我們枯萎並死亡，就像花一整天獵捕田鼠來吃的獅子，最終會慢慢餓死。

如前所述，雖然我們很想做一些小事來實現我們的目標，但我們必須先確認這些小事能帶領我們捉到羚羊而非田鼠；**我們只做能帶來成就感的事，而非令人感到心靈空虛的事。**

這個月我們要專注於羚羊、忽略田鼠，請堅定地對無用的小事說「不」。

說「不」是最有生產力的工具

抱持著「什麼事都做得到」的心態，雖然算是正面積極，但是不切實際；**我們確實什麼事都做得到，只不過不可能同時做到。**

「我去上班的時候，你能幫我遛狗嗎？」好的。
「你能在下午 3:30 去學校接莎拉嗎？」當然好。

「你能幫我去開會嗎？」當然可以。

「你可以去店裡幫我拿餅乾嗎？今晚的家長會要用。」交給我來處理。

像這樣對任何要求都來者不拒，注定要面對壓力與失敗。

賈伯斯有句名言：「專注就是要會說『不』。」這話雖然聽起來很簡單，但做起來並不容易。**事實是大多數人都不敢說「不」，所以我們為了避免引起不快而把自己逼上絕境。**想想你上一次去餐廳用餐時，服務員過來問你的想法，你並沒有老實回答：「不太好，我們入坐時桌子很髒；餐具沒擺齊，等叉子拿來時，我的蛋已經冷了；當我很有禮貌地請你續咖啡時，你並沒有過來給我加咖啡。」你非但沒有說出心裡話，反而回答說：「很棒，謝謝。」大多數人都是討好型的濫好人，所以會選擇避開衝突，況且在大多數情況下，我們樂於這麼做。

但問題是，無法說「不」正是令我們無法專注於最重要事情的主因。請看這道簡單的等式：減少承諾＝有更多時間做真正重要的事情。成功人士和非常成功人士的區別就在於，後者幾乎對所有事情都說「不」；不擅長說「不」正在令你受傷，趕緊成為說「不」的專家吧。

我跟許多人一樣，也屬於討好型的人，這種人很難對別人說「不」；說「不」雖然會被討厭卻能換來尊重，如果兩者只能擇一，我會選擇尊重而非討人喜歡。所以我一直在尋找能幫助我直率說「不」的技巧和訣竅。

結果我真的找到了一個特別有用的技巧，那就是把我的時間當成商品。具體來說，我會將請求視為線上訂單，一旦特定品項銷售一空，那真的沒輒，只能宣布：「抱歉，該商品目前缺貨中！」**這裡的商品指的是我的時間，也就是我對任何新請求說「好」的能力。**抱歉，但我們的「好」已經全部賣光了，貨架上只剩下「不」。這是經典的供需問題，我們必須從現在開始就用這種方式來處理它。

避免跟對方說：「我晚點再回覆你。」這種拖延戰術只會令對方更加期待，最終導致更大的失望。

說「不」的 5 種方式

1. 直接說。不用想太多，有自信地對你的朋友或同事說「不」，有禮貌且簡短地說明原因，點到為止即可，多說無益。你並不欠任何人一個完整的解釋，老實說就行了：「對不起，但我現在要忙的事太多了，沒空。」

2. 提供適當的替代方案。例如：「我今天不行，但我明天會去那裡，或許我們可以一起喝杯咖啡。」

3. 提前計畫好你的「不」。清楚掌握你的日程安排，這週你哪一天會有空？如果你真的忙到不行，請事先想好萬一有人找你幫忙時該怎麼說，我的最愛是：「我現在正

忙著寫書，抱歉啦。」

4. 顧好你自己就行了。這是你的日程安排，又不是他們的；要是你答應幫別人接下他的挑戰而忘了自己的挑戰，那你就無法實現你的目標。

5. 從小處著手。本週試著對兩件事情說「不」，先挑兩件小事練習。

以上每一種方式一開始都不容易，但它就跟運動一樣，只要勤加練習，你會愈來愈進步。[40,41,42]

英國經濟學家提姆·哈福德（Tim Harford）曾說：「每次我們對一個請求說『好』時，我們同時也在對我們能用這段時間完成的任何其他事情說『不』」。[43] 考慮到這一點，你真的想加班並說「不」去看你女兒的校園音樂劇嗎？有史以來最偉大的曲棍球運動員韋恩·格雷茨基（Wayne Gretzky）以其專注而聞名，他說：「我不會滑到冰球所在的位置，我會滑向冰球即將滑去的地方。」

隨著時間的推移，我們的選擇會變得愈來愈挑剔，不再一看到普通好的事就說「好」，而變成只對特別好的事情說「好」。

在決定該說「好」還是「不」的時候，我們不妨以自己躍躍欲試的程度做為判斷的標準。各位可以參考德瑞克·西佛斯（Derek Sivers）提出的「秒回法」（Hell Yeah or No），來判斷該如何回應別人的請求，如果對方的提案沒能讓你覺得：

「哇，這聽起來超棒，我很樂意這樣做！」那你就說「不」；
敢於「秒回不」你才有機會「秒回好」。[44]

乾淨俐落地說「不」

為了要實現我們自己的目標，必須能夠斷然但不失禮地拒
絕別人的要求。雖然我們應該助人，但我們沒必要也不可能幫
助每一個人，我們必須尊重自己的能力。

讓我們來看看外科醫生是如何運用時間的。許多外科醫生
是因為想治好人們而行醫，所以對他們來說，拒絕病人是很困
難的。但生死乃是常事，我們不能理直氣壯地期待頂尖的外科
醫生治好每個人。

研究顯示，疲憊的外科醫生會犯下致命的錯誤。《美國醫
學會期刊》（*Journal of the American Medical Association*）曾發
表一項研究，指出由睡眠不足的外科醫生做手術的患者，出現
併發症的機率大增 83％。為了防止這種情況發生，法律明文
限制了外科醫生的手術時間。

> 「任何一個聰明的傻瓜就能把事情搞得更大條、更複雜、更激烈；幸好只需天才的輕輕一觸，以及很多的勇氣，事情就會朝著相反的方向前進。」
>
> ——E・F・舒馬赫（E.F. Schumacher），
> 德裔英籍經濟學家

　　因此醫生並非每晚都「隨叫隨到」（on call）。但我們當中卻有許多人每天從早到晚時刻待命，這種做法是不可能長久持續下去的。各位開始像外科醫生一樣行事吧，不要對病患來者不拒，相反地，務必區分普通與緊急情況。**千萬別忘了，你是人不是神，我們無法讓時間變多，我們必須為自己喜歡的事情騰出更多時間。**

　　下面這個例子，是暢銷書作家賽斯・高汀對不請自來的請求或電子郵件所做的簡單但不失禮的回應：

　　嗨，賽斯！

　　　　我的朋友凱利・克雷默是圓橘子公司的執行長，我認為你們攜手合作會很棒，所以在此介紹你們認識。

　　　　　　　　　　致上我最誠摯的問候，

　　　　　　　　　　　　泰瑞

　　賽斯對這種交流的回應很簡單：

凱利，你好！

　　很高興認識你，由於我手上有專案正在忙，所以我有3個「不」：

　　1. 不投資公司

　　2. 不推廣產品或服務

　　3. 不參加會議

　　請問我可以如何幫上忙？

賽斯

　　當年我在旅遊網站 Travelzoo 擔任行銷主管時，也曾想方設法向團隊展示電子郵件有多不重要，電子郵件充其量只能算是吞吐量而非產出。

　　為了幫忙證明我的觀點，我特意在某次度假時把以下這段內容當成我不在辦公室時的電郵自動回覆內容：

　　　謝謝您的來信，但我們要向您鄭重道歉，伺服器的容量已暫時滿載；如果您的電子郵件很重要，請於10月10日再發送一次，屆時我們將會有更多容量。

　　10月10日我結束休假回來上班，發現收件匣中有一千四百多封電郵，我把它們全部刪除，但這樣做並沒有發生任何不好的結果；我沒有被解僱，也沒有遺漏任何重要的東西，只有8個人認為他們的電子郵件很重要而再次發送。**職場上不乏這**

種重要性極低的「**偽工作**」（**fake work**），**我們投入工作的半數時間，根本沒能為公司帶來任何具體的產出**。心理學家暨諾貝爾經濟學獎得主司馬賀（Herbert Simon）早在 1970 年便提出警告：「豐富的資訊會導致注意力匱乏。」

著作銷量超過 1,000 萬本的暢銷書作家詹姆・柯林斯（Jim Collins）也深諳「偽工作」的吸引力，為了避免掉入陷阱，柯林斯利用試算表詳細記錄他日常關注的重要項目，以確保他能在任何 12 個月的期間中，有超過 1,000 小時用於創造性思考。

我們每天都有能力選擇今天要做什麼事，有時卻會忘記我們也有能力選擇我們當下在做的事。

誰是你最重視的人？

你是否經常發現自己為了回覆所有訊息，而超時工作一、兩個小時？如果這問題一直存在，那麼你很可能一直虧欠你的家人。北角事工（North Point Ministries）的主任牧師安迪・史丹利（Andy Stanley）建議，你應坐下來跟家人好好談談，請你看著他們的眼睛對他們說：

> 我想提前向你們道歉，因為這一週我每天晚上都要晚幾個小時回家。我要優先處理來自陌生人的電子郵件、電話留言、簡訊和推文。雖然我並不知道它們的內

容是什麼，但是當我收到這些消息時，我會優先處理它們；意思就是——回覆這些訊息的重要性高過你們。

聽起來很可笑，對吧？但事實就是如此。我猜會讀這本書的人，從來沒有跟他們的家人做過這樣的討論，但是我們的行動已經說明一切——我們重視這些瑣事勝過我們的家人。

我們也經常這樣摧毀自己的目標和夢想。請各位試試這個練習：把你的目標寫在紙上，並貼到鏡子上。接下來請你對著鏡子裡的自己以及你的目標，說出前述的那段話。

基本上你是在告訴自己：未來你會優先處理突發的訊息和請求，而非你的目標和夢想。這個練習聽起來很蠢，卻是我們大多數人的行為寫照；我們把電子郵件、簡訊、請求、推文列為優先考慮，而非我們的人生目標與想做的事。

重點：如果我們對每個人都說「好」，那我們基本上是在對每個人說「不」。

你練習的愈多，對別人說「不」的內疚感就會逐漸減少，但它永遠不會真正消失。為了幫助自己減輕內疚感，請提醒自己今天說「不」是為了將來可以對某人或某事說「好」。記住這句話——**今天說「不」是為了明天可以說「好」**。相反的，今天說「好」，將來就必須對某事說「不」。要讓自己能說到做到，就別隨口說「好」。

「若整日為小事瞎忙，我們就成不了大事。」

對家人的要求一定要說「好」

對我來說，對家人的承諾一定要做到，但我必須學會說「不」，才有餘力在重要時刻說「好」。

沒想到我在展開專注計畫之前，總是不假思索地對家人說「不」。對你來說，你會不假思索說「不」的對象，很可能是你的家人、朋友、慈善工作、你的教堂、你的靈修時間等等。我們很容易不假思索地對身邊的人說「不」，我們理所當然地認為他們可以等，但是客戶的動畫委託案或手稿很重要，必須馬上處理。

於是我決定至少這個月內，只要是我家人的事，我的預設回答都會是「好」。我打算把這個有求必應的好爸爸心態發揮到淋漓盡致：

女兒：「爸爸，我們早餐可以吃冰淇淋嗎？」

我：「可以！雖然我們平常早餐不會吃冰淇淋，但在這個特殊的日子裡，我們幹麼不吃冰淇淋！」

這些瞬間將會創造許多美好的回憶……「爸爸，你還記得

有次我們早餐吃冰淇淋的事嗎？」

在下了一場大雨之後，我女兒問我，她們是否可以在積水的停車場裡騎滑板車，並且在回家的路上跳進水坑裡玩水。原本我腦袋裡的預設答覆是：「絕對不行！那水好髒啊！」但是我停下來細想，那有什麼害處？反正她們身上正好穿著耐髒的短褲，而且我們一到家就會去洗澡，何況再過幾個月她們就穿不下這些衣服了，但這段記憶會一直留存。我自己不想跳進骯髒的水坑裡，但為什麼要阻止我的孩子當個孩子？她們很快就長大了，於是我爽快地回答：「好的！」

隔天一早孩子們迫不及待地把這件事告訴媽媽，稍後跟祖父母通電話時，說的也都是昨天她們在水坑裡盡情跳躍以及騎車涉水而過的樂趣。多麼美好的回憶，真高興我當時說了：「好的！」

第二天，蘇菲亞（Sofia）問我：「爸爸，你想畫畫嗎？」當時我正在給一位重要的客戶寫卡片。以前我的預設回答會是：「待會兒，寶貝，等我先寫完這張卡片。」以往遇到這種情況，蘇菲亞就會自己默默去做別的活動。

但這一次，當她問我要不要跟她一起畫畫時，我毫不猶豫地回答：「好的！」這次就讓其他人「等一會兒」。

一開始，我因為不想畫畫而感到內疚，但後來我想通了，在女兒想跟爸爸一起玩的時候配合她，而不是等我方便的時候才跟她玩，而且這讓我可以再次當回小孩子。蘇菲亞驚嘆道：「爸爸，你好厲害，你是全世界最棒的畫家！」相信我，我雖

然不像畢卡索（Pablo Ruiz Picasso）那麼會畫畫，但若要比身為人父的自豪感，我可是一點都不覺得遜色。

最後她突然脫口而出：「爸爸，跟你一起畫畫好有趣哦，謝謝你。」

雖然大多數時候，我們的預設回答必須是「不」，但是在你的生活中，有一個領域你的預設回答必須是「好」。 就像作家葛瑞琴‧魯賓（Gretchen Rubin）所說的：「與已知真理完全相反的情況，往往也是正確的。」

更常對孩子們說「好」，會更加凸顯出我對孩子們說「不」的教育意義。以前如果女兒問我為什麼她們不能做某件事，我總是隨口回答她們：「因為我說不行，這就是為什麼！」我們在職場上不會這樣帶領別人，也不該用這種方式教育小孩。

有回我們全家去參觀哈利波特的魔法世界（The Wizarding World of Harry Potter™），那時女兒們愛上了喝那裡的奶油啤酒，它的味道就像超甜的奶油汽水。第一天的午餐，她倆合喝一杯，第二天的午餐，她們說要各喝一杯。

「妳們可以一人喝一杯，但我認為它太甜了，妳們恐怕喝不完一整杯。妳們確定要一人一杯，不合喝一杯嗎？」我問。

「我們確定要一人一杯。」她倆異口同聲地回答。

果然才喝到一半，兩個人都喝不下了。而且奶油啤酒就跟遊樂園裡的大多數東西一樣，貴到家長得拿二胎房貸來買，所以我老婆嚴厲地說：「妳們必須喝光，一滴都不准剩。」

但是看到女兒的痛苦表情，再加上待會我們要去坐雲霄飛車，我認為最好將這兩杯奶油啤酒視為沉沒成本（sunk cost）[*]，畢竟待會我可不想被奶油啤酒吐了一身。但我適時對女兒進行機會教育：

我：「看吧，其實我們只要點一杯奶油啤酒就夠了。雖然妳們可能不想聽爸爸媽媽說的話，但妳們至少應該同意，爸爸媽媽會這麼做，其實都是為了妳們好，對吧？」

女孩：「是的，爸爸。」

我：「所以下次我們再遇到這樣的情況時，爸爸媽媽就會說『奶油啤酒』來提醒我們別再犯相同的錯誤，爸爸這樣說有沒有道理？」

女孩：「知道了，爸爸。」

現在每當女兒不斷懇求，要我們答應她們做一些傻事，比如在客廳裡自製彩虹泥，或是嗑掉一整瓶巧克力醬時，我跟我太太就會說「奶油啤酒」。

---

[*] 又稱「既定成本」，指已經發生且無法回收的成本。

掌握此刻做重要的事

　　我高齡 92 歲的祖母健康狀況每況愈下，幸好有我祖父陪在她身邊。他倆從高中認識迄今，祖父始終陪在祖母身邊。我的祖母畢業於衛斯理女子學院（Wellesley），並成為一名企業家，女子經商在當時被視為怪事 —— 非常、非常奇怪。但她非常聰明，又很堅強，對不公不義的事完全不能容忍。

　　她後來經常對新認識的人說：「真希望我們是在我身體比較好時就見面，但我還是很慶幸認識了你。」

　　她生前的最後幾年罹患失智症，最終甚至需要別人幫忙才能起床，她的心智緩慢衰退，但體力卻快速退化。

　　我們都明白她遲早要去那個更好的地方，但心裡也很清楚我們永遠都無法做好準備接聽惡耗電話。當我聽說她已被送進安寧病房且餘日無多時，我的心沉到谷底，只能拚命禱告。

　　但祈禱過後，大腦裡的務實部分就殘酷地接管一切了。如果她明天去世，我可以趕搭週末的飛機參加葬禮。但如果她多活幾天也很好，我剛好有一些已經簽約所以無法取消的演出必須參加。這時我不禁質疑自己：什麼樣的人會出現這樣的想法？但其實許多人都是如此，因為我們生活在一個節奏超快的世界裡。我感覺自己被搧了一記耳光，就好像我的靈魂對著我說：「看看你自己！你必須專注於重要的事情！」就是這樣。這是一個很好的提醒：**專注只是為了優先處理生活中最重要的事情。**這句話提醒了我們，我們永遠無法保證今天會怎樣，更

遑論明天了，先做最重要的事就對了。

葬禮結束後，我對我太太說，以後的演講和簽書之旅，我們要多帶孩子同行，即便這需要讓她們請假不去上學，也要這麼做。她完全贊同。

有一次我應邀到亞洲演講，我們一家四口一起去了新加坡、越南和泰國，女兒們甚至觀看了我在舞台上為 11,000 人表演，後來我們全家還一起去了葡萄牙、西班牙和法國。

帶著家人同行能減輕我的內疚感，而且能讓女兒獲得這些獨特的體驗讓我很開心。不過也不是每次都很順利，例如我必須在早上登台前整晚抱著卡蒂亞，但是讓女兒和我們一起旅行是非常值得的。

我的頓悟感言：公私真的很難兩全，但想辦法儘量兼顧就是了。

世上最棒的爸爸會怎麼做？

講到權衡得失（comparative trading），我突然有個頓悟。帶著女兒一起旅行時，我必須好好把握每一分鐘。如果晚上我回到酒店房間後，就只管自顧自地看 NBA 職籃比賽，或是漫不經心地瀏覽社群媒體，我就是在浪費時間，因為這樣我陪太太和孩子的時間就變少了。我不只是在看一場 NBA 比賽，而是浪費了與家人共度未來的寶貴時間。

這時我會開始問自己：「世上最棒的爸爸會這麼做嗎？」當我發現自己在觀看人們失敗出糗的影片時，我會停下來問自己：「世上最棒的爸爸會這麼做嗎？」用這種方式看待世界還挺愚蠢的，但是對我很管用！這個簡短的自我反省問題能提醒我——日子很長，但歲月很短。

當我想批評某人時，我通常會把話藏在心裡。當我去雞尾酒會與來賓寒暄時，我會儘量節制喝酒，以免第二天早上陪孩子時精神萎靡不振。我也不是一直能拒絕誘惑的，因為有時第二杯馬丁

尼酒實在太好喝，不容錯過。但這句話還是幫助我獲得進步，我希望它也能幫到你——世上最棒的媽媽、朋友、祖母、作家、鋼琴家、兒子、阿姨、表哥、平面設計師會怎麼做？

等我離家後，你一定會想我

為了準備鐵人三項我開始練習游泳。根據以往的經驗，我知道在比賽當天，為了避免被踢到臉及吸入海水，前 200 公尺我必須全力衝刺。因此我拿出實力認真練習，而不只是「做做樣子」。

我兩個女兒都很會游泳，而且游泳池很窄，所以我練習時都會帶上她們。我在水道裡游泳時可以順便留意她倆的動靜。

但是我太常看到她倆了！我游泳時她們就在我身下潛水，結果我必須小心避免被她們踢中要害；有時她們會抓住我的腳踝試圖讓我停下來，並提出諸如「為什麼爸爸你的泳鏡看起來像鏡子」，或是「美人魚能閉氣多久？」之類的問題。

以前這些干擾肯定會令我很困擾，心想：「小姑娘們，妳們沒看到我只有 30 分鐘的訓練時間嗎？請妳們馬上離開我的水道！」

但這次我決定轉念，我不再氣她們擋了路，我知道她們只是想向我揮手並在水下微笑，她們想跟我比賽、想靠近我。我意識到歲月如梭，這些特殊的時刻會一去不復返，而且我會想念她們。

歌手安娜‧肯德里克（Anna Kendrick）的一首歌突然出現在我的腦海中：

當我走了，
當我走了，
等我離開後你會想念我，
你會想念我的頭髮，
你走到哪裡都會想起我，噢，
等我離開後你就會想念我。

確實是這樣。
我沒有生氣，而是享受當下，沉浸於當下。專注於當個

更好的父親，遠比對著女兒們大喊要她們離開我的水道、縮短我的比賽時間要好上 100 萬倍。**我們經常想要人們離開我的水道，事實上，成功並非單打獨鬥得來的，我們需要其他人才能在人生中成功。**我們必須接受這個事實，理解總是會有其他人不斷進出我們的水道。

關鍵是要認清誰在提供幫助而誰沒有；而且如果生活中有某個人想要拉你「下水」，你大可隨時換條水道。

如果你的家人或組織裡的某個人，老是想把你帶進他們的負面漩渦，你只需在腦中默念：「這不干我的事。」你有權變換水道，也有能力改變你的關注焦點。

如果我們以為一切將風平浪靜，就是在為失敗做準備。**生活中會出現冰山、海浪、漂浮物和障礙物是有原因的，它們的存在是為了讓我們變更好，充實的人生不會永遠一帆風順。**

我很高興我的孩子們仍然想在我的水道裡游泳。

愛就是花時間陪孩子

孩子的愛是這麼拼的：「T-I-M-E」。當我出差時，她們認為我是去工作了兩天，因此她們不明白為什麼我一回來隔天就去上班。她們說得很有道理，所以現在我在城裡時，我會註明是不帶行李箱的「出差日」。我還有所謂的「在家出差日」（staycation），我不但不進辦公室，而且在某些時間很難聯繫

到我，好像我真的在出差一樣。

這些「在家出差日」讓我可以去孩子的學校和她們一起吃午飯，或是為她們的班級朗讀。由於我的身高將近 200 公分，所以她們的同學一看到我總會要我「跳高高！」或是要我表演手觸天花板的「絕技」，再不然就是把頭抬得老高然後驚呼：「哇，你的年紀一定很大。」

生活當中總有幾百件急事搶走我們與親人共度的時光。當我們忙著追逐下一件事時，總是理所當然地冷落我們所愛的人，而且我們的追求通常跟名利有關。為了確保我專注於正確的事情，我經常會問自己：「如果我的妻子或女兒今天離世了，我願意付出多大的代價以換取再次與她共舞？」對我來說答案很簡單──我願意放棄一切。就算我擁有 100 億美元，我也一毛不留。

省小錢真的划算嗎？

每次我去超市購物時，都會被四分之一個新鮮鳳梨的「天

價」驚呆;由於分售的價格實在太高了,所以我不止一次「受騙上當」,掏出 3 美元買下一整顆鳳梨,並且很得意我只花了 3 美元而不是 9 美元。

回到家後我就開始削鳳梨,如果你做過這事,就會知道這不是一件容易的事:

1. 鳳梨皮硬且多刺。
2. 鳳梨必須去掉中間的硬芯。
3. 削除外皮時要盡可能切得薄一點,因為鳳梨最甜的部分離外皮很近,所以我會先挖掉外皮上的棕色小環。
4. 鳳梨汁似乎總能在我的手上找到一些小傷口,令它們刺痛不已。
5. 我通常要花 15 分鐘至 25 分鐘才能切好一顆鳳梨。
6. 總而言之,對我來說削鳳梨真的是一件苦差事,所以現在我很樂意多付 6 美元買下店裡切好的鳳梨,既可省下 20 分鐘的時間,也不必為了削鳳梨而頭痛和手痛。

除非我能從削鳳梨獲得快樂,否則我最好還是多花點錢買店家切好的新鮮鳳梨吧。雖然有一邊的大腦怪我浪費錢,明明自己就能切鳳梨;但另一邊支持我花這筆錢,換來更多時間陪伴我所愛的人。新的做法給我帶來了快樂,讓我可以少花時間做不喜歡的事情,並且有更多時間陪伴我愛的人。

「生活中最美好的事物並非物質。」

你的時間值多少錢？

如果你一年賺 15 萬美元，每年工作 52 週、每週工作 45 小時，減去 4 週的節日、假日和年假，平均每小時的工資大約是 70 美元。

弄清你工作一小時在自由市場上的價值至關重要，因為這能助你更輕鬆地做決定（例如該買切片鳳梨還是整顆鳳梨），更重要的是，你將開始購買世上最珍貴的商品──時間。

假設你不喜歡替露台上漆，按你的時薪 70 美元計算，你自己動手漆露台的成本是多少？如果需要花 5 小時，那就是 350 美元；你大可花 200 美元請人替你完成這項工作，如果你有這筆錢，就別再猶豫了，花錢請人代勞吧。

每當你把時間花在某件事上時，就會產生機會成本，例如原本你要用來漆露台的時間，現在可以用來創造 350 美元；任何低於 349.99 美元的報價，你都應該立即答應，並將這工作外包給對方做。

雖然這個公式看起來很簡單，而且我們明明有這筆錢，卻很難果斷這麼做；因為很多人認為花錢請人來整理草坪、修剪樹木或打掃房子是「偷懶」的行為。

　　然而，當我詢問任何人：「如果時間可以購買，他們願意花錢買時間嗎？」每個人都堅定地回答「會呀」；但是我們上一段內容討論的，不正是花錢買時間嘛！現今我們生活在一個事事皆可外包的世界，你會開車並不表示你出門旅行時就該租車來開，其實搭優步車往往更省錢；況且讓別人開車載你，你就可以利用這段時間工作或小睡一下恢復體力。億萬富豪通常會僱用司機，並非因為他們耍特權或愛偷懶，而是因為他們知道在豪車的後座工作，能比坐在前座自己開車賺進更多錢。

　　所以花錢買時間也是一種能幫助你專注的方式，任何不屬於你個人（或你們公司、組織）關注焦點的事物，全部外包出去請人代勞吧。

公私混合好過公私分明

　　我們應力求和諧而非一味追求公私分明，我們必須明白：泳池派對、孩子的朋友來你家過夜留宿、截稿日、會議、輪值開車載送孩子踢足球、水管漏水、航班延誤、親師會、電子郵件被退回，都是生活中必須面對的現實狀況，而且它們不會整齊地放在夾鍊袋裡。

　　生產力專家喬書亞・澤克爾（Joshua Zerkel）指出：「很

多人想要做到或聲稱他們已經做到完美的公私分明，但其實他們只是大幅減少優先要務，選擇做更少的事情⋯⋯關鍵是要面對現實，然後運用適當的策略，在公私混合型生活（blended lifestyle）中優先完成重要的事情。想要過公私分明型生活（balanced life）的人，遇到的最大挑戰就是他們想要事事都公私分明，但生活就像電玩版的俄羅斯方塊（Tetris），你必須用一種合理的方式來安排生活中的各個部分。關鍵是只選擇適合的部分融入，而非凡事都想一把抓，結果導致一堆事情積在角落徒增焦慮。」[45]

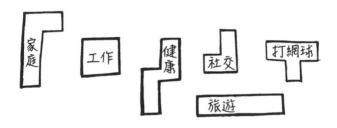

澤克爾指出，**與其拚命把一堆事情塞進生活裡，不如問問自己該把哪些事情扔出去。**

我在撰寫演講稿、文章或書籍時，有個流程是請我信任的人幫我刪掉四分之一的內容；我會這麼做是因為它們就像我的寶貝，我完全無法割捨任何內容，而這也是生活中的課題，生活也該去蕪存菁。

我有兩個好朋友，他們互相評價對方的生活，看看能從哪一方面減掉四分之一的脂肪？

人生減脂術

陶德（Todd）應減少或完全刪除花在做以下事情的時間：

1. 觀看體育賽事
2. 打電玩
3. 看別人打電玩
4. 看 YouTube 的出糗影片
5. 玩線上撲克

卡洛琳（Caroline）應減少或完全刪除花在做以下事情的時間：

1. 上健身房運動
2. 狂看網飛（Netflix）
3. 收看居家樂活頻道（HGTV）
4. 瀏覽 Instagram
5. 把家裡打掃到一塵不染

各位的清單會是什麼呢？你可以在哪裡減掉四分之一，以獲得更有意義的四分之一或甚至是二分之一？

如果我們的人生目標是到達多座大島，那為什麼我們總是瘋狂划向小島呢？

3 月重點

別剝奪陪家人和朋友的時間

最重要的那一件事

想要有能力處理最重要的那一件事，必須懂得拒絕其他事。所以首先，要尊重自己的能力。

自我評分：B

這個月的主題是我最喜歡寫的一章，它讓我更懂得優先陪伴家人和朋友。雖然一開始很難對他人說「不」，但後來我對說「不」的方式逐漸駕輕就熟，因而開始更常說「不」；因為我明白，現在說「不」是為了讓我將來可以對朋友和家人說「好」。我沒給自己打 A 的原因是還有改進的空間；具體來說，我需要在公私兩方面維持一致的標準。這個月對我個人和周圍的人產生了顯著的正面影響，我非常高興自己能更善待那些我最在乎的人。

本月必記重點

1. 如果你無法果斷說「好」，就該斷然說「不」。說「不」是最有生產力的工具。

2. 樹立柵欄保護我陪伴家人的時間，例如我的 52 夜原則。

3. 想想世上最棒的爸爸、姐姐、祖母或朋友會怎麼做？

4 月

動得夠、吃得對、睡得好

　　我的健身之旅正式開跑啦，我發現健身同好還真不少，有些人是為了減重，有些人是為了參加超級馬拉松而首次上健身房運動。

　　就像人生中的大多數面向，健身要成功的關鍵，是設定目標並規劃達標的路線圖。設定具體目標有助於改掉我之前的陋習，那就是全憑心血來潮隨興行事。我之前會隨興時而做做負重運動，時而使用飯店器材健身。我前半生從事的都是團隊運動，所以我很懷念當年大夥並肩作戰的同志情誼與社交互動。

　　苦思一陣子之後，我終於擬定了以下的健身目標：

1. 做 100 下伏地挺身

　　我想來個具體的挑戰，我的身高很高，將近 200 公分，雙臂很長，我的袖長約 94 公分，這樣的身材適合打籃球、划船以及游泳，但不適合騎馬、單板滑雪（snowboarding），也不適合做伏地挺身。狀況好的時候，我大概可以連續做 40 下沒那麼正規的伏地挺身，所以做 100 下算是頗具挑戰性。

2. 加入網球隊

　　儘管排球比網球更具團隊導向，但以我頻繁的出差行程，恐怕很難當個可靠的隊友。雖然我大學時是籃球校隊，但高中卻是網球隊的一員，所以現在我想重拾這項運動，附帶的好處是我們全家可以一起學習、一起打球。所以我決定加入網球隊，希望有機會跟別的網球好手切磋球技，如果時間允許，還

可以跟某人組隊參加雙打比賽。

了解自己的弱點

　　我想每個人都有個身材很棒的朋友，我的朋友比爾（Bill）就是這樣，所以我特地向他討教如何節制攝取垃圾食物，他是這麼說的：「哦，我早就知道根本沒有節制這回事，鹹食是我的罩門，尤其到了晚上就會特別想吃。所以當我讀到某些文章說什麼只吃拳頭大小的分量來滿足你的慾望，我簡直要笑噴了。對我來說那一套是行不通的啦，我要麼不吃，要麼一次嗑光一整包洋芋片。」他的回答太對我胃口了，因為我也對某些食物毫無抵抗力。

　　原來大多數人都是這樣，暢銷書《少，但是更好》（*Essentialism*）作者葛瑞格・麥基昂（Greg McKeown）指出：「大多數人並不擅長節制飲食，當我打算減少攝取糖分時，我必須百分之百戒糖，否則我總能找到吃甜食的藉口，例如今天過節、今天是我老婆的生日。」

　　作品曾榮登暢銷書排行冠軍的作家布芮妮・布朗（Brené Brown）也有相同的困擾：「我沒什麼節制力，我無法從麵包籃裡只挑選一丁點分量來吃，所以我只能忍痛說『不』。」

　　我的罩門則是純巧克力椒鹽脆餅，而且我跟比爾、葛瑞格及布芮妮一樣，也不擅長節制進食，我無法一次只吃 3 個小脆

餅，要麼不吃，要麼一次吃完一整包。

純巧克力椒鹽脆餅現在已經上了我的「違禁品清單」，對我而言最有效的節制系統就是不要買。同樣被放在清單上的還有女童軍愛心餅乾——我對焦糖類零食毫無抵抗力，所以我買女童軍愛心餅乾後，會立刻把它轉送給朋友，就像是成人版的燙手山芋遊戲。

我的頓悟感言：**認清自己，了解自己的弱點。**

有志者事竟成

田納西州（Tennessee）某個貧困地區有個不幸的女孩，從小便遭到命運的無情捉弄；這個女孩名叫威瑪（Wilma），她在 4 歲時罹患小兒麻痺症而不良於行。

醫生為她訂製了一副特殊的護具，並告訴她這輩子都不可能「腳踏實地」了。

幸好媽媽不向命運低頭，她告訴威瑪，只要抱持信念努力不懈，她可以做到任何想要的事，威瑪微笑說道：「我想成為地球上跑得最快的女人。」

無視於多位醫生的叮囑，威瑪在 9 歲時脫掉護具，然後在 13 歲時踏出她此生的第一步——醫生曾說她絕對不可能踏出的那一步。

她參加了生平第一場賽跑，果然拿下倒數第一，之後又轉

戰各項跑步比賽，仍然是最後一名。但她沒有放棄，終於從倒數第一跑成真正的第一名。15 歲時威瑪遇到田納西州立大學的一位田徑教練，她對教練說：「我想成為地球上跑得最快的女人。」

威瑪日以繼夜努力練跑，最後終於有機會跟從未輸過比賽的朱塔・海涅（Jutta Heine）交鋒。

當 100 公尺短跑的槍聲響起，威瑪奮力奔跑，率先越過終點線，200 公尺比賽也是如此。之後她們各自擔任己隊 1,600 公尺接力賽的最後一棒，要從第 3 棒隊友手中接過接力棒時，威瑪的接力棒掉了。

威瑪看到朱塔像子彈一樣衝出去跑在前面，她拾起掉落的接力棒拚命狂追，竟然在同一天第三次跑贏朱塔。1960 年的某天，這個全名叫做威瑪・魯道夫（Wilma Rudolph）的殘障女孩，不但寫下了勇奪 3 面奧運金牌的歷史，並且如願成了地球上跑得最快的女人。**威瑪的焦點從未放在別人說她辦不到或是命運對她的不公，而是始終專注於實現一個不可能的夢想。**

擇食才是王道

稍早我曾大略提及「權衡得失」的概念，它適用於大多數的認真追求，包括健身與養生。

以我個人為例，我在飛往巴黎的飛機上問自己：「我真的

那麼想吃飛機上提供的這個普通甜點嗎？還是我寧願忍一忍，等抵達巴黎時再到路邊咖啡館享受一個美味的巧克力可頌？」每回都是巴黎路邊咖啡館的巧克力可頌獲勝，這就像食物版的愛因斯坦相對論：一切都是相對的。

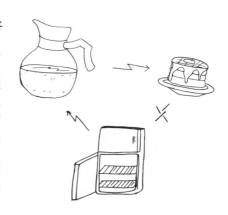

全力避開負面的觸發物

結束家族聚會開車返家途中，我老婆有感而發：「真希望我表哥別再聊起政治話題，每次都把氣氛弄得很糟。」這不禁令我聯想起「觸發物」的可怕。

要是我能全力避開那些會觸發不良飲食習慣或健康缺點的觸發物，事情就會好辦多了。

我詢問了許多朋友，沒想到大多數人都很清楚自己的負面觸發物是什麼：

1. **啤酒**。喝啤酒時我會特別想吃鹹的東西，尤其是玉米脆片；更糟的是，這種情況太常發生在深夜，這是最不該吃零食的時段。

2. **身體冷**。要是大冷天去看我兒子的足球比賽，我就會特別想吃些熱食，但是高中足球比賽裡販賣的熱食不外乎熱狗、超大片椒鹽脆餅或是玉米脆片。

3. **壓力**。當我有壓力時，會不知不覺吃掉一整桶冰淇淋；但那只能提供短期的紓壓，事實上，吃掉一整桶冰淇淋後，只會產生更多壓力！

我其實也很清楚自己的負面觸發物是什麼，如果你的觸發物不容易辨識，請你仔細記錄你吃了什麼東西，然後你就會開始看出其中的模式。

我的負面觸發物

1. 咖啡
2. 紅酒
3. 看運動比賽

我一直到三十多歲才開始喝咖啡，不過年齡完全不妨礙我對咖啡的熱愛，它是我最愛的上癮物，而且我愛它的一切——從泡咖啡的過程，到它散發出來的迷人香味，乃至於手中馬克杯傳來的暖意。我最愛坐著慢慢啜飲咖啡，然後盯著太陽從地平線升起的畫面（當你家裡有兩個年幼的孩子，這樣悠閒的時光一年裡頂多發生幾回，大多數時候只能在腦海中細品這樣的詩情畫意）。

　　這個月我注意到一件事，那就是我喝咖啡時一定會配點心。我恍然大悟：所有的健康食物都跟咖啡不對味。

　　以下是我用來配咖啡的點心：

- 可頌
- 巧克力
- 瑪芬
- 司康
- 餅乾
- 格子鬆餅
- 圓鬆餅
- 蛋糕
- 肉桂捲
- 甜點

　　我是不是該戒掉咖啡？那怎麼行！咖啡是值得保留的美食，所以我決定調整我喝咖啡配甜點的行為。

　　自從我發現這些負面觸發物後，我就想辦法避開它們，例如我在家喝咖啡時，不碰普通的格子鬆餅，而是改以高纖格子鬆餅取代，我還改用植物性奶油及純蜂蜜取代動物性奶油與人工糖漿。咖啡配格子鬆餅被放進我的「值得保留」清單上，這就是用好習慣來取代陋習的一個例子。

　　接下來聊聊紅酒，其實我並不貪杯，只會偶爾小酌一杯紅酒。對我來說，紅酒跟咖啡的情況差不多，我喝紅酒時一定會搭配下酒菜，幸好跟紅酒搭配的食品不一定不健康（例如葡萄、堅果、杏子乾），但問題是我每次都會吃掉近一公斤的餅乾夾起司，或是一大片黑巧克力。

　　這時候我只好拿出我的法寶：「值不值得量表」。如果

不是高品質的紅酒，我就不喝光，因為喝劣酒的隱藏成本太高了，幹麼硬要喝劣酒傷身？這種既花錢又傷身的事絕不能做。

我的頓悟感言：**明知道不值得做的事情就別做。**

「一次追兩隻兔子注定兩頭落空。」

—— 俄羅斯諺語

結伴減重較易成功

一般人最常許下的新年新希望是減重，而超重或肥胖的成人約占三分之二。[46]

研究顯示，**減重失敗通常是因為我們沒有設定具體的目標並記錄進展**；這事看起來不難，但真要落實並沒那麼簡單。[47]

提高減重成功機率的方法之一，是找個夥伴或是一群人一起健身減重。研究證實跟別人一起運動能幫助我們堅持目標、提高績效與追究成果，而且也比較有趣。有些人可能體驗過所謂的「跑步者的愉悅」，它是體內一種稱為腦內啡的荷爾蒙在運動時升高所產生的快感。當我們與朋友結伴運動時，身體會分泌更多的腦內啡，改善我們的心情。[48]當我們帶著滿足及愉快的心情結束運動，就更可能將它納入日常生活作息中。

有一項研究發現，跟一群朋友一起減重的參與者，高達

95％能順利完成計畫，而且有 42％的參與者在計畫結束後不復胖。[49]

究其原因除了互相扶持之外，還因為我們會模仿身邊的人的行為，**這與所謂的「科勒效應」（Köhler Effect）有關，也就是沒人想被視為團體中最弱的那一環**。[50]

德國心理學家奧圖‧科勒（Otto Köhler）在 1920 年代開始測試團體行動會如何影響個人的表現。他請柏林划船社的社員，雙手各持約 22 公斤重的啞鈴做站姿彎舉（standing curls），直到筋疲力盡再也做不動為止。接著科勒將他們分組，並要求他們合力抬起一根重棒，棒子的重量是 2 人組體重的 2 倍，或是 3 人組體重的 3 倍；所以只要其中一人沒力了，其他組員也撐不了多久。科勒發現，小組裡體能最弱的那個人，在團體裡的表現，明顯優於他自己單獨運動時的表現。其次，同組夥伴間的體能差異愈大，體弱者咬牙死命撐下去的動機愈就強。[51] 我們把這種情況稱為「科勒效應」。

在我們周遭隨處可見科勒效應，例如與身體更強健的人被分配為同一組運動夥伴的參與者，他們做伏地挺身的時間竟能延長 24％。[52]

即便你覺得自己一個人運動很不錯，但不妨挑戰一下定期跟團體一起運動，而且最好是跟體能更棒的人一起運動。

用好習慣取代壞習慣

研究顯示，要成功戒掉一個壞習慣，必須用別的東西取代它，難怪許多人戒菸後會變胖，因為他們用吃東西來取代吸菸，有些酗酒者則是在戒酒後瘋狂愛上跑步。但是**千萬別用另一個傷害力更大，或是一樣糟糕的惡習取代原本的壞習慣**，要是我用吸毒或狂吃巧克力蛋糕來戒掉吃格子鬆餅的習慣，那根本是本末倒置。

當我發現咖啡是我的一個負面觸發物後，我便積極尋找較好的替代品，至少是偶爾能夠頂替一下的。結果一位日本朋友推薦我，可以用溫開水取代咖啡，雖然味道無法相提並論，但絕對是健康的替代品，而且還能在「無咖啡日」給我相同的溫暖感受。有趣的是，研究顯示女性比男性能從這個安慰劑（用一杯溫開水取代咖啡）獲得更多好處。

雖然大多數時候我還是會喝咖啡配格子鬆餅，但我已經改掉天天喝的習慣了。**我這麼做並非為了追求完美，我只是想變得更好，因為追求完美其實是成長與偉大的大敵。**

睡飽才健康

為了保持專注，我們必須確保自己獲得充分的休息。提摩西・費里斯（Timothy Ferris）所寫的《人生勝利聖經》（*Tools* of Titans）一書中，訪談了全球 200 位來自不同領域的頂尖人士，包括學術泰斗、財經巨擘與頂尖運動員。

費里斯發現這些頂尖人物有個令人意外的共通點：他們大多數會設法睡足 8 小時至 10 小時。[53]

原來事實與我們的猜想恰好相反，我們都以為這些成就非凡的大人物從不睡覺，總是趁別人在睡覺的時候繼續努力，所以才能勝過我們。殊不知他們**保持專注的好習慣之一，就是確保自己的身體與精神都能獲得充分的休息。**

下方是美國睡眠協會（American Sleep Association）提供的一套簡易助眠法：[54]

1. 養成規律的睡眠習慣：試著養成在固定時間睡覺與起床的習慣，但這對許多人來說並不容易辦到，例如家有幼童的家長、軍人、出差者。所以只能儘量想辦法做到，譬如家長可以配合孩子的作息時間，出差的商務人士嘗試依照原居住地的時區作息。
2. 白天的休息時間不宜過長：每次小憩不要超過 20 分鐘，過長會把你的睡眠銀行提領一空，讓你晚上較難順利入睡。
3. 運動最好在下午 2:00 前進行：避免在睡前運動，因為運動會釋放腦內啡，讓人很難進入睡眠模式。

如果上述 3 點都沒用，不妨嘗試一下費里斯推薦的天然助

眠飲，很多人都覺得挺有用的。

睡前不妨來杯特調蘋果醋飲

1. 一杯溫開水
2. 兩大匙有機蘋果醋
3. 一大匙有機蜂蜜

　　我個人會在搭乘國際航班時，服用一點點天然褪黑激素，效果挺不錯的。

　　高度成功人士深諳睡眠的重要性，與趁早開始工作的優點。暢銷書作家湯姆・柯利曾花費 5 年時間，研究 177 位白手起家的百萬富豪，發現他們近半數會在開始工作的 3 小時前就起床，柯利指出：「這些好習慣像雪花一樣，會逐漸堆積起來，最後就擁有雪崩式力道的成功。」

　　創辦維珍集團（Virgin Group）的超級富豪理查・布蘭森（Richard Branson）平日總在早上 5:45 起床運動，然後開始工作。[55] 支付服務供應商 Square 的執行長暨推特共同創辦人傑克・多西（Jack Dorsey）也是一早 5:30 起床，然後冥想及慢跑 10 公里。雖然圖表 4-1 在我收錄至本書時已經有點過時了，但我要傳達給各位的重點是 —— 許多商業鉅子都很早起。

姓名	職稱	公司名	起床時間
瑪麗·巴拉（Mary Barra）	執行長	通用汽車	6:00
提姆·阿姆斯壯（Tim Armstrong）	執行長	美國線上（AOL）	5:15
娥蘇拉·伯恩斯（Ursula Burns）	執行長	全錄（Xerox）	5:15
傑夫·伊梅特（Jeff Immelt）	執行長	奇異集團（GE）	5:30
英德拉·努伊（Indra Nooyi）	執行長	百事可樂	4:00
塞吉歐·馬吉歐內（Sergio Marchionne）	執行長	飛雅特克萊斯勒汽車（Fiat Chrysler）	3:30
比爾·葛洛斯（Bill Gross）	共同創辦人	太平洋投資管理公司（PIMCO）	4:30
理查·布蘭森	創辦人／董事長	維珍集團	5:45
大衛·庫許（David Cush）	執行長	維珍美國（Virgin America）	4:15
傑克·多西	執行長	Square	5:30
提姆·庫克（Tim Cook）	執行長	蘋果電腦	3:45
鮑伯·伊格（Bob Iger）	執行長	迪士尼	4:30
蜜雪兒·歐巴馬	美國前第一夫人		4:30
霍華·舒茲（Howard Schultz）	創辦人	星巴克（Starbucks）	5:00
佛里茲·范帕賢（Frits Van Paasschen）	執行長	喜達屋集團（Starwood hotels）	5:50
卡爾·麥克米蘭（Carl McMillon）	執行長	沃爾瑪（Walmart）	5:30

圖表 4-1　成功人士的起床時間

「早睡早起讓人健康、富有與智慧。」

—— 富蘭克林

名單上並未出現盧・華萊士（Lew Wallace）的名字，很多人可能沒聽過此人，但大家起床時肯定咒罵過他，據說他就是貪睡按鈕（snooze button）的發明人，他還寫過《賓漢》（*Ben Hur*）一書，而這也是某些人更想咒罵他的原因；奇異公司（General Electric Company）是在 1956 年推出貪睡按鈕的。

著名的睡眠博士麥克・布魯斯（Dr. Michael Breus）認為，貪睡按鈕是破壞睡眠最糟糕的東西；你會按下貪睡按鈕，是因為還沒達到 7 小時至 9 小時的充分睡眠。[56]

還沒睡飽的人會體驗到所謂的睡眠慣性（sleep inertia），國家睡眠基金會（National Sleep Foundation）將此狀態定義為「感覺腦袋昏沉且分不清身在何方」。

睡眠慣性會使你的決策力變差、記憶力衰退，即便你真的起床了，仍無法正常發揮你的一般表現。[57]

睡眠障礙治療中心（Sleep Disorders Center）的主任羅伯特・羅森伯格（Robert S. Rosenberg）指出：「當你按下貪睡按鈕，其實對自己造成了雙重傷害。」

首先，「你獲得的額外睡眠不完整，所以它的品質並不好。」多睡那幾分鐘基本上是無意義的。其次，「你為自己設定了新一輪的睡眠週期，但你根本沒時間完成它。」這不但打

亂了你的腦部荷爾蒙,而且破壞了你的晝夜節律,也就是調節你起床與就寢時間的生理時鐘。[58]

發明這種帶有貪睡按鈕的鬧鐘廠商,其實早就知道它有這樣的缺點,研究人員指出,只要賴床時間超過 10 分鐘,就會讓人陷入熟睡;所以大多數廠商才會把貪睡按鈕設定在 10 分鐘以下。[59]

況且,當我們只按一次貪睡按鈕就勉強自己起床,接下來的一整天其實會更加昏沉。重點是,我們幹麼把鬧鐘設在一個自己根本不想起床的時間,那樣鬧鐘響起時,反倒令我們更不想起床。

布魯斯博士指出,我們的晝夜節律會隨著年紀而調整。比方說吧,19 歲的年輕人多半喜歡熬夜到早上 4:00 才睡覺,而 90 歲的老奶奶卻會在早上 4:00 起床,因為前一晚她 8:00 就上床睡覺了。總之不論你幾歲,「按下貪睡鈕,腦袋大暴走」(you snooze, you lose)。

人類的作息習性可以用以下 3 種鳥來分類:知更鳥(晨型人)、老鷹(正常型人)、貓頭鷹(夜型人),大多數人像老鷹,作息時間不偏早也不偏晚。德國亞琛工業大學(RWTH Aachen University)的潔西卡‧羅森伯格(Jessica Rosenberg)與同事合作的研究指出,10% 至 15% 的人是知更鳥,20% 至 25% 的人是貓頭鷹。[60]

有個極度簡化的方法能判別你是哪一種鳥:

在沒有任何約束或鬧鐘打擾的情況下，讓你睡足 8 小時，你會在哪個時間段自然醒來（見圖表 4-2）？

早上 7:00 以前：知更鳥

早上 7:00 至 10:00：老鷹

早上 10:00 以後：貓頭鷹

圖表 4-2　3 種作息鳥

不過我們的作息屬性可以花時間改變，也能配合我們的生活型態變化，例如孩童與老人大多數是知更鳥，而青少年大多數是貓頭鷹。

我們在一天當中會經歷 3 種狀態 —— 活力充沛、筋疲力

盡、養精蓄銳。舉例來說，一隻知更鳥一天的生活作息大概是
這樣的（見圖表 4-3）：

早上 6:00 至下午 1:00（活力充沛）	在這段時間裡，我們應該做比較困難的認知型任務，或是解決難題。
下午 1:00 至下午 5:00（筋疲力盡）	腦力快被榨乾，只好改做一些簡單的事，像是發電郵、回電話以及整理工作。
下午 5:00 至晚上 9:00（養精蓄銳）	閱讀、冥想、寫日記、跟朋友或家人聚餐、散步。

圖表 4-3　知更鳥的作息

重點是搞清楚我們是哪種鳥，以便根據我們的身心狀態，
來配合處理日常生活的需求。

柯利在其著作《改變習慣，扭轉人生》（*Change Your
Habits, Change Your Life*）中指出：「生活總有辦法搞亂我們的
作息，很多人會在工作一整天後沮喪地舉手投降，因為我們原
本想要完成的 3、4 件事，莫名其妙被突發事件打斷了。」

這些干擾令我們身心俱疲，「最終令我們相信自己無力掌
控人生。」他指出：「這樣的信念令我們感到無助。」**想要避
免這種無力感，我們必須搶在干擾有機會搞破壞前，先處理最
重要的事項。**[61]

讀到這裡，若發現自己不屬於晨型人，也不必苦惱。

關鍵是別拖到最後一刻才起床。**只要提早一步起床，你就
能避開「外在」世界的干擾。**許多成年人在有了孩子之後被迫

變成晨型人，家長會訓練自己，只要孩子上床睡覺爸媽也跟著就寢，否則會因為整天追著孩子跑而筋疲力盡。當我們年紀大了，自然而然會開始早睡早起，那就是為什麼我爺爺住的那家養老院，除夕派對是在晚上 9:00 而非午夜 0:00 就結束了！

改變作息時間可以慢慢來，先從提早半小時起床做起，如果你是住在夏季日光節約時區*附近的幸運兒，你只需維持正常作息就行了！因為你什麼事也不必做就比之前早一小時起床了。如果你想成為晨型人，不妨參考以下由網路新聞平台《商業內幕》（*Business Insider*）提供的步驟；括號裡是我個人的測試結果，給大家做個參考。[62]

1. 別再按下貪睡按鈕：上床睡覺前便期許自己，明天早上絕對不按貪睡按鈕。（有用，我停用手機的稍後提醒功能，還刻意把手機放在伸手碰不著的地方，這是強迫起床的好方法。）

2. 晨起時，想想一些值得感恩的事。（有用！）

3. 臥室要暗且室內不要太暖和：早上順利起床的關鍵是前一晚要睡得飽睡得好，房間愈暗就能睡得愈好。必要的話，不妨買 副舒適的眼罩來阻絕所有的光線。記得把恆溫器設定為睡眠時自動降溫。（我花了不少時間才買

---

* 又稱夏令時間。為了節約能源，人們在天亮較早的夏季會將時間調快一小時，以便早起充分利用日照資源。以美國為例，夏令時間落在每年 3 月至 11 月。

到一副舒適的眼罩，但真的有幫助。調降室溫對我也很有用，但我老婆不喜歡那麼涼，所以我倆經常對溫度有歧見。我出差住旅館時都會把室溫調到攝氏 18 度，發現助眠效果明顯。）

4. 上床睡覺的半小時前就不再使用 3C。（知易行難，但乖乖照作的確有助睡眠！）

5. 運動：早上起來動一動，能提振心情，從而產生活力。（有用。）

6. 喝杯涼水：早上起床時，應該喝杯極涼的水，它的「醒腦」效果驚人。（這點我做得不大好，而且冰箱的製冰器會把全家都吵醒，不過確實有用。）

7. 新鮮空氣：如果你不介意開窗睡覺，就那麼做吧。我們伸懶腰就是要讓更多氧氣進到身體裡，氧氣能幫忙在早上叫醒我們。許多人相信，拉斯維加斯的賭場之所以會在賭桌旁注入額外的氧氣，就是為了讓賭客更有活力賭久一些。（有用，但花粉季要留意。）

8. 設定一套睡覺及起床儀式：要變成晨型人，最好的方法就是實行一套固定的睡覺及起床流程。（有用，雖然出門在外的時候很難執行，但是有做有保佑。）

我的好友梅爾・羅賓斯（Mel Robbins）有個避免按下貪睡按鈕的妙招，她把早上起床當成發射火箭，當鬧鐘一響起，她便倒數「5、4、3、2、1」，接著就像火箭一樣從床上「一

躍而起」。她發現這個方法非常管用，於是套用到生活中的各個層面，她也居然因此改掉愛拖延的毛病，還讓她寫出暢銷書《五秒法則》（*The 5-Second Rule*）。

這個月我也給自己訂下一個嚴格執行的就寢時間，效果非常好，所以父母為孩子設定就寢時間是很重要的。

睡得好才有力氣拚事業

如果把大腦比喻為電腦軟體，那睡眠就像重新開機，刪除所有的垃圾檔案並清除全部的病毒。大腦會用掉身體 25％ 的能量，所以要幫我們的中央處理器充電，睡飽睡好是第一優先要務。

部分研究指出，**胎兒式睡姿能讓大腦以最佳狀態重新啟動，這個睡姿比俯臥或仰睡更好，如果再搭配左側躺效果最棒**；因為大部分的靜脈回流會沿著身體右側上行，左側躺時靜脈會被壓縮，讓最多血液流經身體。[63]

當我們躺下睡覺時，會經歷 4 種睡眠模式：

清醒期：一般來說，我們每晚有 10 分鐘至 30 分鐘是醒著的，隨著年紀逐漸變老，更有可能在夜裡醒來。

快速動眼期（Rapid Eye Movement）：快速動眼期通常發生在夜深時，且與記憶和情緒息息相關。大腦會在快速動眼期

清除非必要的東西。這時期的夢境會更加生動，心率會提高，呼吸頻率也會變得更快。

淺眠期：晚上的大多數時間皆處於此一模式，淺眠期會促進身體與精神的恢復。

沉睡期：此一模式能幫助體力恢復，且有助於記憶與學習層面。早上起床若感覺精神格外煥發，可能是沉睡期睡得很沉穩的緣故。在這個階段大腦的思考基本上處於離線狀態，身體會分泌一種跟細胞重建有關的生長激素，沉睡期睡得好有助於增強免疫系統。

每個人的睡眠週期各不相同，但一般流程大概如此：

清醒期→淺眠期→沉睡期→淺眠期→快速動眼期

一般的睡眠分配大概會如圖表 4-4：

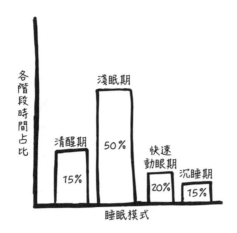

圖表 4-4　睡眠模式占比

　　平價的健康追蹤器有助監測我們的睡眠模式，所以若有人問你：「昨晚睡得好嗎？」你可以回答：「我查一下。」

　　就像我們會追蹤在健身房裡的進步情況，我們也該追蹤哪些事情會幫助或破壞我們的睡眠，畢竟睡得好不好攸關大腦的健康。如果你已經睡得很好，就繼續保持那樣的生活作息吧。

是肚子餓還是嘴饞？

　　我會因為以下 3 種原因而吃東西：

1. 習慣
2. 肚子明明不餓可是「腦饞」

3. 是真的餓了

有多少人是因為「時間到了」而吃東西？進食可以是一種習慣，例如：哦，現在是中午了，我得吃個午飯。很多人已經養成根深柢固的進食習慣，一旦到了某些時間就算不餓也一定要吃！還有人會因為身處的場合而想吃東西，例如觀看足球或棒球比賽時，習慣拿一大包的洋芋片配啤酒；還有過年過節家族聚餐時，親友們多半會喝酒慶祝。

有時候我們甚至會因為太無聊了而吃東西。

我的頓悟感言：應該等餓了才吃，但真的好難做到啊。

為了改掉這些根深柢固的習慣，我現在吃東西前會問自己：「我是嘴饞想吃東西，還是肚子真的餓了？」

結果大多數時候都是嘴饞而非肚子餓，身體根本不需要吃東西，是腦袋在作怪。

就拿我自己來說吧，我現在早上配咖啡的點心，已經改成塗杏仁奶油的迷你格子鬆餅。吃完這樣的優質早餐後，我不但獲得足夠的能量，還感覺心滿意足。然後在我搭車前往機場的途中，腦中還不斷縈繞著我悠閒坐著喝咖啡吃格子鬆餅的情景。我相信各位也有類似的「網美早餐圖」，但問題是這種田園詩歌般的恬靜時刻真的很罕見，多半只能靠想像。

真實的情況往往是突然有急事發生，我只能大口大口猛灌咖啡、把烤焦的格子鬆餅匆忙塞進嘴裡，然後奪門而出，根本沒時間和心情搞什麼進食「儀式」。

還是等某天時間充裕時,再來好好享受食物吧。為此 (1) 我會提早做規劃以確保我有那個「美國時間」,而且 (2) 當我真有空悠閒進食時,我會更珍惜它的得來不易,因為我可不是每天都能這樣的(見圖表 4-5)。

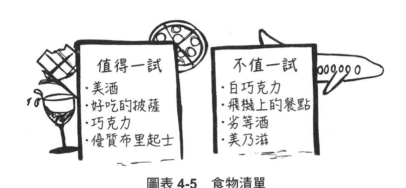

圖表 4-5　食物清單

我的很多同事都嘗試過斷食幾天,而且每個人都讚不絕口;但幾天不吃東西恐怕不適合我,直到我發現了間歇性斷食(intermittent fasting)。

為了專注而斷食

研究證實運動能為健康提供長期的益處,例如預防罹患失智症;定期運動的人,一生中罹患任一種失智症的機率會減少5 成。

　　人類祖先的體能活動大半出於緊急狀況，例如為了避免被掠食者吃掉而逃命，或是為了避免餓死而獵捕動物。每當遇到這種緊急時刻，腦部的血流量便會增加，加快我們的反應與增強我們的直覺。所以下次當你腦袋卡卡無法專注時，不妨上健身房動一動或出門散個步。[64]

　　間歇性斷食是另一個能提高生產力與專注力的好方法，而且還與人類的演化有關。人類祖先的生存方式以狩獵採集為主，經常會遇到糧食短缺與饑荒時期，所以他們的身體早就習慣有一頓沒一頓的情況，這就像間歇性斷食的長時間禁食。在這種**沒東西可吃的時候，人的專注力反而會提高，讓他們更有可能找到附近的食物或獵物**，例如獵到一頭劍齒虎。[65]

　　所謂的間歇性斷食，是指在一段時間內限制熱量的攝取。我們可以透過很多種方式進行間歇性斷食，包括每週 2 天至 3 天限制卡路里的攝取量，每週一次斷食 24 小時至 36 小時；而最常見的做法，是限制每天的進食時間為 8 小時，這就是廣為人知的 168 斷食法（進食時間 8 小時、禁食 16 小時）。

　　間歇性斷食的益處包括：有助於減重、降血壓、降低心率，並能改善腦部健康。[66]

　　近期的研究顯示，**間歇性斷食能提高大腦突觸的可塑性，從而提高學習表現和記憶力。間歇性斷食還能為身體提供一種抗發炎效應，進而延緩大腦的老化。**[67]

　　間歇性斷食能積極操控大腦的認知功能，提升我們在記憶測驗的成績，有助於降低罹患失智症與帕金森氏症的風險。[68]

這個月我嘗試間歇性斷食兩週，感覺效果挺不錯的，而且還多了個意料之外的好處：省下準備及吃早餐的時間。各位不妨自行測試一下，這可能是最能體驗人類祖先生活方式的一招了，而且還不用真的埋伏守候去捕獵一頭劍齒虎。

穿合身衣褲維持好身材

我非常喜愛瑞典，要是哪天我不住美國了，很可能會住在瑞典的馬爾默（Malmö）或斯德哥爾摩（Stockholm）。

我覺得瑞典人（或者該說是歐洲人）都很有時尚感。比方說跟美國人相比，義大利人和瑞典人偏好穿非常合身的衣服，所以他們看起來比較「有型」。我說的合身，是真的非常貼身，所以我上下汽車時都小心翼翼，以免我的「歐風」西裝褲裂開。這趟出差除了身上這件正式的西裝褲，我只多帶了一條牛仔褲，套句馬戲團的行話 —— 我就像在沒有安全網防護的狀態下表演空中飛人。這條西裝褲必須撐完整趟行程。

我並非「緊身褲俱樂部」的唯一成員，同行的兩位瑞典人分別在不同場合發生褲子裂開的糗事。虧他們還是訓練有素的歐洲人！看到觀眾在社群媒體上的貼文照片，我老爸立刻提醒我：「少吃點，否則到時候褲子穿不上就慘了。」

我出國辦簽書會時，經常會被當地的媒體及與會者提問。在別的國家進行問與答環節特別令人耳目一新，因為他們常提

出我意想不到的問題，令我獲益良多。

我最喜歡的觀眾提問包括：你幾歲啦？你為什麼會戴一副綠框眼鏡？你爸或你媽的個子高嗎？你那副眼鏡有鏡片嗎？

瑞典的巡迴演講總計一週，最後一天有位觀眾問了一個令我驚訝萬分的問題：「你是如何保持這麼棒的身材？」

雖然旅行滿耗體力，但我真的不覺得我的身體狀況處於巔峰──況且我已連嗑好幾天的巧克力。不過我倒是發現，自從被問了這個問題之後，我的行為出現了變化。在接下來的行程中，我會刻意避開任何不健康的東西，萬萬想不到保持好身材竟成了我此行的「賣點」。隨後的整個行程，幕後工作人員開始問我：「你喜歡吃糖嗎？你吃糖嗎？你吃素嗎？你一天運動幾小時？」

研究顯示，**相信自己是某種特定類型的人，會大大改變一個人的行為**。舉例來說，如果你打算戒菸，與其抱著「我是個老菸槍，必須戒菸」的心態，不如告訴自己「我不再是個老菸槍」。兩種思維看似大同小異，但後者卻會產生戲劇性的變化。

至於我嘛，在那趟瑞典行的整個旅程中，我的思考過程是這樣：「我是個擁有好身材的人，身材好的人會運動。身材好的人才不會在吃完一頓豐盛的早餐後，還嘴饞吃下一個抹了奶油乳酪的貝果。身材好的人才不會在後台偷吃放了很久的巧克力餅乾。」

改變心態肯定能幫助你改變行為。

依心理學的自我概念理論（self-concept theory）來解釋，

你會成為你自以為的那種人。自我概念的定義是：**我們對於自身的存在所抱持的態度、信念以及想法，最終會驅策我們的行為、思維及行動**。自我概念就是我們對於自己的看法和評價。[69]

研究顯示，我們想要保持一致，所以大多數的成功運動員都會有一套固定的生活常規。[70]

固定的生活常規有助於確保運動員為大多數情況做好準備。屬行一套固定的生活常規，不僅對運動員有幫助，其實任何人皆能受益，例如促進心理健康與提升認知功能。[71]

別人如何看待我們也有助於鼓勵我們做出某些行為。譬如說，如果有人誇你是朋友圈中吃得最健康的人，你就比較可能會點烤鮭魚而不會點炸雞排。又或者，你被譽為團體中最風趣的人、最會穿衣服的人或任何一種達人，你就會調整自己的行為，避免辜負周遭人對你的評價，努力做到名副其實。

如果你還沒養成某種好習慣或生活常規，努力一下吧。**雖然之前大家都以為堅持 21 天就能養成一個新習慣，但研究顯示恐怕要堅持 66 天比較穩當。**[72]

追求目標可以順帶幫助我們養成習慣，目標可以推或拉我們一把。雖然推力源於意志力，但意志力並不可靠，意志力的運作就像這樣：我應該上健身房運動，所以我會逼自己上健身房。反之，拉力源於結果：我必須減重 5 公斤才能穿得下喝喜酒的禮服。就像勵志大師東尼・羅賓斯（Tony Robbins）常說的：「我們不一定會實現我們想做的事，但我們會實現我們必須做的事。」

　　我想要在月底前實現做 100 下伏地挺身的推力是這樣的：把我名字的縮寫跟我的姓氏連起來會變成「平等俠」（Equalman），看起來就像威風凜凜的超級英雄。而我寫的書以及在演講台上做的工作，恰好是幫助大家釋放個人特有的超能力，所以未來 30 天我該建立怎樣的心態？我必須改造我的身體，讓它看起來更有超級英雄的風範，因為大多數的超級英雄不會穿著鬆垮的外套或肥大的燈籠褲。沒錯，能讓好身材一覽無遺的合身褲才是正確的選擇。所以，要是我早上偷懶不想健身，我就會問自己：「超級英雄會翹掉這堂健身課嗎？」

　　而且我還意識到，從事我這行必須保持身體健康。我的工作是上台演講，要站上舞台演出的人必須符合演員的身分。為了在拍攝影片與照片時更上相，我必須保持身材，要是發胖了，我的舞台服裝就會穿不下。況且攝影機還有增胖的效果，會讓人看起來比實際多 5 公斤，這不禁讓我想起影集《六人行》（Friends）裡的一句台詞：「那傢伙是有幾台攝影機對著他啊？」

　　要是我身材走樣了，搞不好會失去演講的機會，然後我會沒收入，害我女兒沒錢上大學。這樣的想法雖然可笑，但對我卻很管用，我的大腦正試圖激勵我的身體動起來。

　　雖然激將法不是每次都能奏效，但偶爾還是能讓我打消多吃塊餅乾或翹掉健身課的念頭。

　　研究顯示，**要是我們明白追求目標的原因，就比較可能達成目標，而且目標愈具體效果愈好**，例如減重是為了能穿上漂

亮的衣服去參加婚禮，或是在高中同學會上豔光照人。

我的減重目標很簡單，我希望下次再到瑞典演講時，還能穿上同一件合身西裝褲。

> 「別管比賽的開頭，結局才是重點。」
>
> ——尤塞恩‧博爾特（Usain Bolt），
>
> 地球上跑得最快的人

刷牙可避免嘴饞

跟大家分享一個很有用的小技巧，當你很想吃「不值一試」清單上的壞食物時，立刻去刷牙；嘴巴裡殘留的氟化物氣味，以及想到必須再刷一次牙的麻煩，通常會打消貪吃的念頭。我出差時，背包裡總放著一把牙刷，因為我不想上台演講時，出現牙縫卡著食物殘渣的糗樣。當我吃完主菜，我會在服務生給我看他們的甜點選單之前，趕快衝進洗手間刷牙，這樣我就能斷然拒絕甜點的誘惑。

咖啡對於專注及生產力的影響

　　沒有獲得適當的休息會降低我們的警覺性、積極度和表現能力，注意力的持續時間也會受到影響。許多人（包括我自己）想靠一杯咖啡維持一整天的活力，但是咖啡裡含的咖啡因對我們究竟是有益還是有害？

　　研究顯示，與其他藥物相比，咖啡因的威力相對較弱，研究人員認為咖啡因有 3 種常見的作用：

1. 推遲睡眠
2. 對抗疲勞和無聊
3. 造成手抖

　　咖啡因還能加快視覺與聽覺的反應時間。[73] 另一些研究顯示，咖啡因能提振心情長達 3 小時。咖啡因對於使用者的生理影響取決於使用頻率，會因偶爾喝還是經常喝而不同。[74]

　　總而言之，咖啡因對生理的影響會因人而異，但即便使用劑量不高，仍會對情緒和表現造成一定的影響。這就是為什麼像我這樣有喝咖啡習慣的人，都相信早上若沒喝咖啡，會一整天工作不來勁，但事實真是這樣嗎？抑或只是腦袋裡的想法在作怪？

　　我們確實知道咖啡因非常容易上癮，定期攝入咖啡因會影響大腦的化學組成，所以不攝取咖啡因，就會覺得疲勞、頭痛

及噁心。對咖啡因成癮的人，若沒在 24 小時內攝取，身體會開始出現戒斷症狀。

初期的戒斷症狀並不嚴重，你會感到有點精神恍惚、缺乏警覺性，但之後有可能出現劇烈的頭痛，讓你很難保持專注，甚至可能會出現肌肉痠痛之類很像感冒的症狀。許多人不知道咖啡因具有化學成癮性，因此嗜喝咖啡的人，會覺得沒喝咖啡就無法正常做事。[75]

避免咖啡成癮雖然不容易，但對於提高專注力是非常有益的，因為咖啡因會提高體內的壓力荷爾蒙，沒有這些額外的壓力，我們便可以專注於重要的任務。弄清楚你需要多少睡眠才覺得休息夠了是很重要的，因為這能減少你向咖啡因求助。

巴塞隆納大學（University of Barcelona）做的一項研究顯示，咖啡對人的影響會因性別而異。[76] 男性喝咖啡 10 分鐘後開始有感，但女性要花上 35 分鐘至 40 分鐘「警覺性」才會提高，而且咖啡對女性的「威力」不如男性。咖啡產生的作用通常能維持在飲用後的 2 小時至 3 小時內，但持續時間的長短會因年齡及新陳代謝力而有不同。

女性光憑想像手中握著一杯咖啡，就能體驗到更多的安慰劑效應，這包括溫暖的感受，以及咖啡因帶來的各種刺激。當研究人員給參與實驗者喝下無咖啡因的咖啡，女性顯著感到警覺性提高，男性卻覺得警覺性只提升了一些些。[77]

美國人會把一杯咖啡稱為「a Cup of Joe」，這個俚語的起源可以追溯至 1914 年；當時的海軍部長喬塞佛斯‧丹尼爾

斯（Josephus Daniels）嚴禁海軍艦艇提供含酒精的飲料，結果咖啡成了最佳替代品，大夥便拿部長的名字開玩笑，從此「a Cup of Joe」便融入美國文化並一直流傳至今，當時誰都沒想到這種棕色的液體竟會如此讓人上癮。

大家不妨弄清楚對自己最適合的咖啡攝取量，許多研究顯示，每天一杯咖啡是有益健康的，但是再好的東西也不宜過量攝取，請各位找出適當的平衡。

我會怎麼做呢？我決定每週挑選一天不喝咖啡，這應該不難吧。

我不喝咖啡的那一天，通常是早上很忙或是出外旅行的時候。因為忙碌的早晨我就沒時間悠閒地品嘗咖啡，出門在外時喝的咖啡也不如在家喝的那般美味。況且，我喜歡喝像機油般濃稠的咖啡，也就是顏色較深、味道較濃的咖啡，這樣的咖啡在外頭不容易找到。用紙杯喝咖啡也被列入我的「不值一試」清單，因為這樣既不環保，也無法體會到禪味。[78]

有助於專注的優質食物

有句老話說的好：「垃圾進、垃圾出。」而且這個道理同樣適用於我們的心靈。我們大多數人會為了獲得優異的運動表現、美麗的外貌以及身心健康而選擇不同的食物，只有極少數人會去關注吃什麼食物有益我們的心靈。

多吃能促進專心的食物，就像替滑雪板或雪橇上蠟，能讓它的運作變得更加順暢。以下是能促進專心的食物：

酪梨：提高認知能力

酪梨是蛋白質含量最高且含糖量最低的水果。沒錯，酪梨是一種水果。[79] 跟身體其他部分一樣，大腦很依賴血流，而酪梨能促進血液流動。[80] 酪梨還富含葉酸及維生素 K，有助於提高我們的認知能力，例如專注力與記憶力。

藍莓：防癌又增加記憶力

藍莓含有大量抗氧化物，能促進血液流向大腦。藍莓還有利於預防癌症、心臟病及失智症。[81] 研究進一步指出，藍莓可以提高記憶力，[82] 在抗氧化健康食物清單上名列前茅。[83]

綠茶：促進新陳代謝

我們已知適量的咖啡因能幫忙提高專注力、速度、準確性以及警覺性。綠茶的咖啡因含量不算高，一杯綠茶約含 24 毫克至 40 毫克的咖啡因，而一杯咖啡的咖啡因通常達到 100 毫克至 200 毫克。[84]

綠茶含有茶胺酸，所以它釋放咖啡因的速度會比咖啡慢一

些，這種緩釋效果能避免咖啡因過度刺激而引發的崩潰經驗。綠茶還有助於提高新陳代謝，能自然地燃燒脂肪。[85]

蔬菜：增強腦力

《神經病學》（*Neurology*）期刊上刊登的一項研究顯示，每天吃兩份以上的蔬菜（綠色葉菜尤佳），能使你的精神集中力，跟比你小 5 歲的人一樣。[86]綠色葉菜富含類胡蘿蔔素、維生素 B 群以及抗氧化物，這些都能增強腦力。綠色葉菜還富含葉酸，能使頭腦更清晰。[87]

小提示：深綠色葉菜比淺綠色葉菜更好。

魚：調節起伏的情緒

Omega-3 脂肪酸含量高的油性魚類，能改善記憶、心理表現以及行為功能。缺乏 Omega-3 脂肪酸的人，可能會記憶力不佳、情緒起伏大、憂鬱以及疲勞。吃魚能提升注意力及改善情緒。富含油脂的魚類

包括鮭魚、鱒魚、鯖魚、鯡魚、沙丁魚以及鹽醃或晒乾的魚（kipper），鮭魚還多了一項保護皮膚免受紫外線傷害的益處。

水：思路的發電機

水是長生不老的靈丹妙藥，能為大腦提供思考與記憶過程

 所需的電能。研究也已證實水能幫助我們思考更快更專注、思路更清晰且更有創意。人體的每項功能都需仰賴水分，所以讓身體獲得充足的水分是很重要的，早上起床後喝杯水來展開一天是很棒的。

黑巧克力：紓壓又振奮情緒

耶！研究證實我們可以吃黑巧克力，但這並不包括市面上販售的大多數巧克力，因為它們常含有大量的糖分、玉米糖漿及牛奶，所以各位可別忙著囤貨啊。

專家推薦的是黑巧克力，它含有鎂，能刺激體內生成健康的化學物質，例如腦內啡及血清素，此二者能幫忙紓壓及振奮情緒，讓我們擁有好心情。

請選擇可可含量 70％以上的黑巧克力，我剛開始嘗試時覺得有點苦，但過一陣子就習慣它的味道了。想不想一次吃到兩種超級好食物？在融化的黑巧克力上灑一些亞麻籽，再鋪上新鮮的藍莓，然後放進冰箱冷凍。

對了，購買黑巧克力時，不妨參考大家耳熟能詳的老話：「好東西都是小分量的。」

亞麻籽：強化腦功能

亞麻籽富含鎂、維生素 B 群、Omega-3 脂肪酸以及食物纖

維，全都是有助於減重與使頭腦清晰的好東西，當然也有助於專心。亞麻籽還富含 α - 亞麻酸，這種健康的脂肪能刺激大腦皮質，進而提高腦功能。[88] 亞麻籽的食用方法很簡單，把它們灑在沙拉、優格、大燕麥片以及早餐穀麥片即可。

堅果：延緩腦部老化

堅果富含抗氧化的維生素 E，能延緩腦部認知功能隨著年齡老化，而且每天只需攝取約 28 公克的維生素 E 即可享有這個好處，堅果還富含能促進專心的精油和胺基酸。

每天吃一些杏仁能提升注意力、覺察力以及記憶力。核桃能提升認知功能，並讓記憶力維持在最佳狀態。但堅果的攝取不宜過量，吃一小把就能獲得最好的效果。

咖啡：提高警覺與專注力

聽說有件印著「先來杯咖啡吧」的 T 恤賣得很好，有些人一定要喝杯咖啡才會「完全清醒」，咖啡富含咖啡因，可以提高我們的警覺性和專注力，不過咖啡因對人的影響程度會因人而異。

雞蛋：增加多巴胺，促進生產力

把雞蛋納入膳食中是有益健康的，因為雞蛋富含維生素 B

群、抗氧化物以及 Omega-3 脂肪酸，它們全都
能刺激腦部的認知功能。一天吃兩顆雞蛋能獲
得顯著的改善。雞蛋還富含酪氨酸，會刺激體
內多巴胺的生成。多巴胺被稱為「動機分子」
（motivation molecule），能提高注意力、動
力以及能量水平，進而提升我們的生產力。[89]

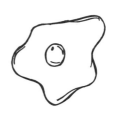

甜菜：減輕疲勞，更有動能

雖然甜菜無法贏得所有人的喜愛，但研究
業已證實它提升專注的威力強大。甜菜能增加
大腦的血流量，為大腦提供更多氧氣，進而提
升腦功能。甜菜還可減輕疲勞，刺激我們的運
動表現。[90]

好消息是，這些益腦的食物也是超級食物 —— 有助於改善
我們的整體健康。[91]

省心的早餐

我們每天都會遇到決策疲勞，賈伯斯每天都穿黑色的 T
恤，就是因為這樣可以少做一個決策，從而少傷點腦筋。

在這個全力專注的一年間，我測試了在家時每天都吃相同
的早餐，理由跟賈伯斯一樣：少做一個決定。這份健康的早餐

能確保我攝入足夠的營養來開啟新的一天：

- 1 片蛋白餅：把 100％的蛋白倒入小平底鍋中適時翻面
- 1 杯蔬果昔（香蕉、蜂蜜、菠菜嫩葉、薄荷、毛豆、鳳梨、植物性蛋白質粉、奇亞籽、冰塊）
- 1 小顆酪梨
- 5 顆小番茄
- 幾片無鹽火雞肉

　　由於我是熟食店的常客，店裡的人一見到我上門便開始切無鹽火雞肉片。

　　有天我老婆跟我穿著同款的教會志工襯衫一起去熟食店，店員問我：「你知道店裡有個女孩穿著跟你一樣的襯衫嗎？」

　　我回答：「哦，那是我老婆啦。」

　　店員得意地對著同事們大聲說：「看吧！我就跟你們說她是無鹽哥的老婆嘛。」

　　因為我總是買熟食無鹽火雞肉，竟然被取了「無鹽哥」綽號，更搞笑的是我老婆安娜‧瑪麗亞（Ana Maria）現在多了個「無鹽哥老婆」綽號。

用運動趕走瞌睡蟲

　　下回你下午想打瞌睡時，先別急著喝咖啡、茶或任何提神飲料，不妨試試快走或爬樓梯。喬治亞大學（University of Georgia）的德瑞克・藍道夫（Derek Randolph）以及派崔克・歐康諾（Patrick O'Connor）發現，做 10 分鐘的適度運動，提神效果優於攝取 50 毫克的咖啡因，約等於一罐汽水或一杯義式濃縮咖啡。

　　用運動來忙裡偷閒，能改善我們的身心健康，要是能在戶外運動效果會更棒，還能幫助我們晚上睡得更好。很多人一到下午就犯睏，於是想喝杯咖啡提神，但這麼做很可能會導致晚上睡不好，造成隔天下午又覺得疲倦，並想靠攝取咖啡因來提神的惡性循環。讓身體動一動的休息方式，能幫忙破除這種不良慣性。

　　現在久坐已被視為新型的吸菸，白天工作一段時間就適時起身動一動能增強體力。走動式會議（walking meeting）*是個很棒的選擇，趕緊把下一次的會議改成走動式的吧，這樣我們不僅可以從久坐辦公桌的單調乏味中暫時休息一下，而且少量體能活動的提神效果更勝於咖啡。[92]

---

* 走動式會議指一邊散步一邊開會。透過步行的方式，避免坐著開會時的神遊情況發生，出發點是強迫自己和與會成員專注且有效率地開會。

早晨是最佳健身時段

有項研究指出，只有五分之一的美國人達到專家推薦的運動量。[93] 部分原因要歸咎於 69％ 的人選擇在下午而非早上運動，[94] 只有極少數人能堅持在下午運動的習慣。

把健身活動安排在一大早，能大幅提高堅持下去的可能性。[95] 一大早運動並在家人起床前返家，才不會剝奪你與家人或朋友相處的珍貴時間。

把晨運當成每天第一件要做的事，還有以下的好處：

1. 在吃早餐前運動會將脂肪氧化，提高燃脂效率。[96] 此一過程會分解脂肪分子，能減去更多體重，並降低罹患第二型糖尿病的風險。
2. 世界上大多數區域早晨的天氣更有利於運動。
3. 一早運動的成就感，能讓我們以高昂的士氣度過一天。
4. 這樣你一天只需淋浴一次。
5. 一早就把這件事給做完，真棒！

不確定自己明早能否不按下貪睡按鈕？不妨在睡前就把明天晨運要穿的衣服跟鞋襪準備好，研究指出這個簡單的動作能提高你去晨運的可能性。做完晨運後你會覺得精

力充沛,有動力完成今天的所有任務。

請依照對自己最有利的方式,安排你
的工作及運動時程,但如果你還沒試過一
早起床去運動,何不利用這個月試試看?

選擇能幫你專注的穿著打扮

在非常忙碌的日子裡,我們經常沒時間仔細思考該穿什
麼,匆忙間記得穿上一條褲子出門就謝天謝地了(起碼沒穿著
內褲見人),但穿著打扮其實會影響我們的專注程度。[97]

一些最成功的領導者偏好舒適的穿著,例如臉書的創辦人
馬克·祖克柏(Mark Zuckerberg)很愛穿休閒服,他常穿同款
的灰色 T 恤配牛仔褲去上班,因為他想把心思放在更重要的事
情上。賈伯斯也總是穿著黑色 T 恤配牛仔褲,這樣的穿搭完全
無礙於他成為世上最具影響力的企業家。維珍集團的創辦人理
查·布蘭森則是拒絕打領帶。[98]

既然有誓死都要穿休閒服的商業領袖,自然也有堅決擁護
穿正式套裝的成功人士。Bespoke Tailor 西裝訂製店的羅貝托·
雷維拉(Roberto Revilla)表示:「一般而言,你在辦公室的
穿著打扮,會對你的工作效率造成一些影響。我有一位擔任企
業執行長的客戶便曾說,我在辦公室的時候是去做生意的,我
的穿著要展現我認真的態度;當我回家陪孩子或上場比賽橄欖

球時,則完全是另外一回事,所以我會嚴格區分上班與休閒的穿搭,絕不會搞混。」[99]

儘管各有各的堅持,但研究顯示**穿著確實與我們的思考以及處理訊息的方式有關**。各位想必也看出來了,我非常喜愛超級英雄,想擁有超級英雄的思考方式嗎?英國赫特福德大學(University of Hertfordshire)的一項研究發現,穿上超人 T 恤的男女,會感覺自己變得更強大,並對自己更有信心。[100]

有科學家對「衣著認知」(enclothed cognition)進行研究,目的在了解穿著會對我們的思維與專注力產生什麼影響。穿上醫生或實驗室研究人員的白袍,往往會令人聯想到此人是個工作勤奮、行事精準且知識淵博的人。該研究將參與者分組,一組在進行不同試驗時都穿上實驗室的白袍,另一組則穿著普通的衣服進行試驗。結果如何?白袍加身的那組人,立即變得更專注且更注意細節,犯錯情況不到另一組的一半。[101]

我的「舞台裝」大致是相同的:綠框眼鏡、黑襯衫、白皮帶、深灰色的褲子,以及時尚的球鞋。這個招牌穿著讓我省下很多精力,並能更加關注我的觀眾與我的表現。

穿著不僅會影響別人對我們的看法,也會影響我們對自己的看法,甚至會影響我們的專注力。各位不妨利用這個月來測試一下,什麼穿著打扮對你最有利?是展現權力的商務套裝?白袍?牛仔褲?還是超人裝呢?

◉ 4 月重點

動得夠、吃得對、睡得好

最重要的那一件事

積少成多：一逮著機會就運動 10 分鐘，好過完全不運動。

自我評分：B⁻

雖然我在許多方面都有改善，但在睡眠、運動健身以及飲食方面仍有進步的空間。

本月必記重點

1. 找出你的負面觸發物，並儘量避開它們（喝啤酒、狂嗑洋芋片）。
2. 找出你的正面觸發物，並儘量接近它們（睡覺前把慢跑鞋放在床邊，方便你明天早起晨跑）。
3. 凡事皆應適可而止、有所節制。
4. 擇食相對論 —— 我要為了滿足口腹之慾現在就吃眼前的普通貨，還是我願意為了優質食物再忍一忍？
5. 偶爾可以破戒來片優質的巧克力蛋糕，享受一

下人生！為了優質美食偶爾放縱一下無妨，千萬不要飢不擇食。在你開吃之前先問問自己：「它值得我破戒嗎？我是真的餓了嗎？」

6. 多吃益腦食物能提升專注力。

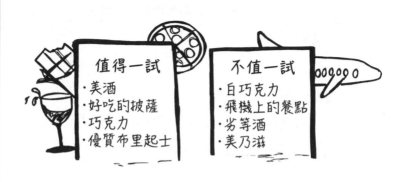

5 月

打造更密切的人際關係

　　某所綜合大學的校長寄給我一張卡片，表示他個人及全校的教職員工和學生都很喜歡我的書，由於這些書對學生和老師產生了正面的影響，校方決定授予我榮譽博士學位。

　　我覺得受寵若驚、備感榮幸，我做夢都想不到會有這種好事。這個喜訊不僅令我本人欣喜若狂，對於這一路上幫助過我、始終相信我會有出息的每個人，也都與有榮焉。

　　校方將頒授儀式安排在春季的畢業典禮中。

　　畢業典禮的致詞嘉賓只比我年長幾歲，但已是德州最高法院的大法官，她的成就非凡，演講內容引人入勝。

　　台下的聽眾除了畢業生，還有數千名前來觀禮的家長和親友。我之前也曾在德州大學的畢業典禮上致詞，所以我很清楚要做出人人滿意的演講十分困難，因為聽眾的年齡跨度很大，從青少年到祖父母都有；況且老實說，台下的大多數觀眾都巴不得你趕緊講完。

　　致詞嘉賓說道：「在現實生活中，年紀愈大、時間就過得愈快……當你 6 歲時，平安夜好像永遠不會過去……可到了 45 歲，你感覺才剛撤下聖誕節的裝飾物品，轉眼間收音機又開始播放熟悉的聖誕歌曲……」

　　真的是這樣，我們經常靠生日、紀念日和宗教節日來幫忙記住時間；例如慶祝 21 歲生日或結婚 10 週年紀念日時，我們會順便衡量一下自己的人生狀況。我們會停下來尋思：咦，這麼快又過了一年？這些年我都在幹什麼？我成就了什麼？我比一年前更快樂嗎？過得更充實嗎？我有幫助其他人過得更心滿

意足嗎？過去這一年裡我做了什麼？這 50 萬分鐘我都做了什麼事？

雖然我們每天都忙到感覺「度日如年」，但一整年的時光卻在轉眼間流逝。**我們要經常透過這些省思問自己：我是否專注於重要的事情？**

沒人知道生命會在何時結束，但我萬萬沒想到，在我獲頒榮譽博士學位短短數週後，就接到惡耗——才華洋溢的湯馬斯・普萊格（Thomas Pleger）校長突然過世，享年僅 48 歲。某天早上他起床時還健康無恙，但當天稍晚卻感到身體不適而就醫。檢查後，發現他的腦部有腫瘤必須立刻動手術，想不到幾天後他就去世了，令家人和相識者悲痛不已。

你可能也經歷過生命中某個重要人物過早離開人世的傷痛，這個慘痛的經驗提醒我們要及時努力，因為沒人知道生命會在何時劃下句點。

有句古拉丁格言「勿忘人終將一死」，世世代代一直流傳在人們心中；2,000 年前的古羅馬皇帝馬可斯・奧理略（Marcus Aurelius）甚至把這句話鐫刻在一枚硬幣上隨身攜帶，以便時時提醒自己。「勿忘人終將一死」其實是個正面的警語，它提醒大家：莫為無聊小事煩心，要專注於活出最精采的人生。而我對這句話的理解是，在追求高生產力的同時，我們也想暫停一下，專心領略周遭的美。雖然提醒自己隨時會死看似古怪，但只要我們沒有浪費生命，即使大限來臨也將了無遺憾。**「勿忘人終將一死」是用來辨明優先性、急迫性與生命**

意義的工具，它提醒我們時間是一份大禮，不能隨意浪費在無聊的瑣事上。死亡提醒我們：生命有其目的而非漫無目標。

我有幸在職業生涯中，與世界上諸多成功人士進行一對一的交談，他們來自於各行各業，包括已故的湯馬斯·普萊格校長、了不起的全職媽媽、《財星》全球五百大企業的執行長、老師、新創事業的創辦人、非營利組織的負責人以及各國總統。他們之間有一個共同點，那就是專注於重要的事（而非眼前的事）。他們專注於最重要的事情是「人際關係」，也就是與家人、朋友、鄰居、合作夥伴、隊友以及同事的關係。你是否專注於最重要的事情？別忘了「人終將一死」。

本月我將專注於深化人際關係。**想要深化任何一種關係的基本要素，就是「抽出時間專心陪伴對方」**。舉個例子，我特意抽出時間跟女兒一起吃早餐，但如果我只顧著滑手機觀看社群媒體的最新動態，那她們從我這裡得到的親子時光其實是 0。

> 「友誼……是你無法在學校裡學到的東西，如果你不懂友
> 誼的含義，你其實什麼都沒學到。」
>
> ——阿里，美國拳王

好事成三原則

暢銷書《從 A 到 A⁺》（*Good to Great*）的作者詹姆・柯
林斯曾在書中提及，如果你的優先事項有 3 個以上，等於沒有
優先事項。有句拉丁短語「omne trium perfectum」大意為「3
個一組的事物是完美的／完整的」。

身為作家兼演講者的我，對於好事成三原則算是頗有心
得。例如在寫作和演講時，用 3 件事或 3 個人物來吸引觀眾的
注意，會令他們覺得更幽默有趣，所以效果會更好。[102]

當資訊以 3 個為一組呈現時，觀眾會更有可能記住它
們，因為「3」是建立模式的最小單位。好事成三原則還有
助於營造節奏感，所以廣告中經常使用此一策略，例如家
樂氏（Kellogg's）的吉祥物 Snap、Crackle、Pop[*]，以及耐吉
（Nike）的「Just Do It」，都是大家耳熟能詳的例子。下面舉
例也都應用了好事成三原則，我們只要看到第一個字或詞，就

---

[*] 此為家樂氏用來銷售 Rice Kriespies 品牌早餐麥片的 3 個卡通吉祥物名稱。

能輕鬆說出後面的內容：

- 生命權、自由權和追求幸福權（獨立宣言〔Declaration of Independence〕）
- 停（在原地）、躺（到地上）、滾（動身體以熄滅衣服上的火）（衣服著火時的自救口訣）
- 我來、我見、我征服（相傳為凱撒大帝〔Julius Caesar〕所說）
- 呵！呵！呵！（聖誕老人）
- 聖父、聖子、聖靈（《聖經》）
- 血水、汗水、淚水（巴頓將軍〔General Patton〕）
- 好人、壞人、小人（電影《黃昏三鏢客》的英文片名）
- 培根、生菜、番茄（三明治的招牌配料）

亞馬遜創辦人兼執行長傑夫・貝佐斯在 1990 年代末期致函董事會時，也曾應用好事成三原則，來說明公司的願景。貝佐斯在信中指出他認為能確保亞馬遜持續卓越的「最重要因素」。這個最重要因素是什麼？就是「設定很高的聘僱標準」。貝佐斯認為在瞬息萬變的網路時代，缺乏卓越人才的企業是不可能成功的，團隊成員的關係將決定亞馬遜的最終發展軌跡。

為了鑑別出卓越人才，貝佐斯應用了好事成三原則，他要求所有的招聘經理在考選時問自己以下 3 個問題，以

便找到「聰明、勤奮、熱情,並把客戶放在第一位的優秀人才」。[103]

問題1:你佩服此人嗎?

所謂佩服的人,多半是指能向他們學習或可以當作榜樣的人。一直以來我拚命努力,為的就是能與我欽佩的人共事,我鼓勵各位同仁也應如此。人生苦短,應與敬佩的人為伍。

問題2:此人能提高我們的平均效能嗎?

我們的標準必須不斷提高。請大家想像一下公司在5年後的情況,希望到那時,我們每個人環顧四周後會由衷地說道:「現在的用人標準真高——謝天謝地,還好我當年進公司了!」

問題3:此人能成為超級明星嗎?

很多人擁有獨特的技能、興趣和觀點,他們豐富了我們所有人的工作環境。他的個人技可能與他們的工作無關,譬如我們這裡有個人曾經獲得全國拼字比賽冠軍,我猜想這對她的日常工作沒有什麼幫助,但要是你在大廳偶遇她,你可以挑戰她:「onomatopoeia 怎麼拼?」這會讓你在這裡的工作變得更有趣。

貝佐斯知道要找到這樣的人才並不容易，他也知道這 3 個條件的要求很高，他更知道「創造一點歷史」本非易事。

不論是寫作、演講、銷售，或是遇到生活中的複雜挑戰時，各位不妨嘗試使用好事成三原則。

與世界分享你的天賦

生命的意義在於發現我們的天賦，而且我們的人生目標就是盡力發揮我們的天賦。

著名的喜劇演員金凱瑞（Jim Carey）在瑪赫西大學（Maharishi University）的畢業典禮致詞中說得很好：

> 我父親原本可以成為一個偉大的喜劇演員，但他認為這是不可能的，所以他做出了一個保守的選擇，他找到一份安穩的工作，當個平凡的會計師。但是在我 12 歲的時候，他被解僱了，結果我們全家的生計頓時陷入苦海。
>
> 我從我父親身上學到很多很棒的教訓，其中最重要的是，既然你有可能在不想做的事情上失敗，那何不抓住機會做你喜歡的事情。
>
> 不過那並不是他教給我的唯一東西，我父親的愛和幽默對我周遭的世界產生了影響，於是我想：這是一件

值得去做的事，是一件值得我花時間去做的事。

我父親曾經非常自豪地誇我，說我不只是火腿——而是一整隻豬。他把我的喜劇才能看成是他的第二次機會。在我 28 歲時，我已經當了 10 年的全職喜劇演員，某晚我突然頓悟到：我的人生目的一直是幫別人解憂，就像我父親一樣。當我意識到這一點時，我便把我的新公司戲稱為「無憂教會」，並將我自己當成它的事工。

你的天賦是什麼？你要如何為世人服務？你的才華能為他們提供什麼？這就是你需要弄清楚的。身為一個過來人，我願以自身的經驗告訴你，你對他人的影響是世上最有價值的貨幣。

第二印象

第一印象很重要。研究顯示，一個人留下第一印象只需 7 秒鐘。[104] 雖然很多人聽過這個概念，但大多數人並不明白：**生活其實就是一系列的第一印象。即便是與相識 20 年的人互動，每次你剛見到對方的那些瞬間，都是一個第一印象，你這一生會跟同一個人產生成千上萬的第一印象。**但其實第二印象也很重要，第 700 次印象仍然很重要，當我想請我老婆幫忙時，我都會先摸清楚她當下的心情，避免「掃到颱風尾」。

「起司、美酒和朋友都是老的好。」

——古巴諺語

以下 5 個簡單的動作，能讓我們在別人心中留下好印象：

1. 讓對方暢所欲言

這個月，我打算多聽少說。聽話要快，說話宜慢。當你認識一個新朋友時，請他們多聊聊自己的事，這會令對方覺得受到重視。**研究證實人們很喜歡講自己的事情，人們的對話有 4 成的內容都是在講自己的感受或想法。**[105] 誠如戴爾‧卡內基所說的那樣：「一個人的名字對他來說，是世上最甜美、最重要的聲音。」

聽人說話的另一個好處是學習。

談論自己乃是慣性，有個方法能幫助我們把注意力轉移到對方身上 —— 簡短回答別人的提問，然後反過來問他們相同的問題。

2. 微笑

微笑是讓自己顯得更平易近人、更討人喜歡的最簡單方法。研究顯示，當我們微笑時，人們會覺得我們更有吸引力、更真誠。[106]

> 「如果你看到一個面無表情的朋友，請給他一個微笑。」
>
> ── 諺語

過去我誤以為微笑會讓我看起來很傻氣，所以我總是試圖壓抑自己生來愛笑的天性。曾有人形容我是個「愛笑狂魔」，確實如此，即便有人說了個陰暗的故事或壞消息，我都很難抑制自己的笑容。所以我經常暗自在腦中對自己說：「糟了，我怎麼還在笑，別笑了，快停下來別笑了。」

幸好我現在終於弄明白，愛笑是天賜大禮而非詛咒，所以我很想把這個禮物分送給大家。

3. 別怕向人示弱

人們欣賞真誠，所以我們大可不必掩飾我們的弱點；比起洋洋灑灑列出一堆成就，坦承我們的失敗更令人印象深刻。**承認我們的缺點需要力量，因此坦白對人說出我們的缺點，並請對方提出建議讓我們能改善自己，將會是我們最有吸引力的特質之一。**[107]

人們喜愛我們或我們的組織，並非因為我們很完美，而是因為他們願意給我們改過自新的機會。所以坦然接受自己的不完美吧，這意味著我們願意：

1. 承認我們犯了錯、出了包。
2. 認真提出修正計畫。
3. 確實改正錯誤。

4. 給予真誠的讚美

誰不喜歡被讚美？真誠地讚美某人，會給他們帶來快樂和被賞識的感覺，他們會不自覺地將這種感覺歸功於你，從而使他們對你產生好感。讚美是利人也利己的行為。研究顯示，讚美能讓稱讚者與被稱讚者雙方的心情和健康皆獲得提升。[108]

5. 說個故事

輪到我們發言時，不妨透過說故事的方式進行交流。最好事先準備一些能展現你的為人與立場的真實故事。隨手記下有趣的故事、經歷和笑話，有空時便回顧你的筆記，等關鍵時刻到來，你就可以輕鬆回想起這些故事，並讓聽眾驚嘆不已。不過能讓觀眾驚嘆的最簡單方法是先傾聽。[109]

我絕不會走下城牆

不論你是否有宗教信仰，我相信你都能從接下來的這個故事獲得一些啟發。

故事發生在西元前444年，當時的波斯國王是亞達薛西（Artaxerxes），他的身邊有個叫做尼希米（Nehemiah）的酒政（cupbearer）。酒政的工作是幫國王嘗酒，確保國王不會被毒殺。但尼希米不僅是名酒政，他還是國王的好友。他的角色跟今天的總統府祕書長非常相似。

尼希米發現耶路撒冷城的現況非常艱難，不但城牆殘破，城門也被燒毀，若其他擁兵自重的軍閥圖謀不軌，完全可以長驅直入進城為所欲為。尼希米心痛地遠眺這一切，終於有一天他再也忍不住了，決定冒險向國王進言。

雖然尼希米確實深得國王的信賴，但他的身分仍然是一個奴隸，既不能休假也不能請國王放他出宮。尼希米虔誠祈禱，請神明賜給他勇氣，讓他去問國王是否可以准他休假一段時間，去幫助耶路撒冷城的人民修築城牆。

幸好國王仁慈地回應尼希米，他不僅同意尼希米休假，而且還任命他為耶路撒冷城的市長（當時稱為猶地亞地區〔Judea〕的總督），條件是尼希米在完成耶路撒冷的工作後，必須回到國王身邊。

等尼希米抵達耶路撒冷城時，他的心沉了下去，因為這座城的狀況比他想像的還要糟糕，不僅城牆殘破且民心渙散。他

的結論是必須趕緊重建城牆保護人民，並讓他們恢復信心。

重建耶路撒冷城是一項艱鉅的任務，尼希米召集全城居民，還邀請周圍城市的民眾一同前來，並提出重建城牆計畫。這個故事中並未出現奇蹟，有的只是尼希米堅定不移全心重建城牆的事蹟。

尼希米召集所有人後宣布：

1. 我們正面臨一個問題
2. 這是它的解決方案（重建城牆）
3. 為什麼我們現在需要做這件事（保護家園）

他用這 3 個簡單的聲明讓全城百姓團結起來。

儘管這是一項極其艱鉅的工作，但每個人都摩拳擦掌興奮不已，並開始獲得一些進展。可是那些被阻擋在城牆外的人很不高興，許多人將強大的耶路撒冷視為潛在威脅。

反對重建城牆聲音最大的人是桑巴拉特（Sanballat），他派間諜到處散布謠言，企圖勸阻人們築牆。當計謀失敗，他便派軍隊攻擊在城牆上工作的人。雖然桑巴拉特的行為阻撓了修築城牆的進度，但尼希米仍然堅定地站在城牆上，城牆也愈來愈高。

桑巴拉特隨後計畫殺死尼希米，只要除掉尼希米，群龍無首的工人就無法繼續做事。

桑巴拉特的軍隊給尼希米寫了一封信，請他到基非林村

（Chephirim）與他們見面。尼希米知道桑巴拉特和他的手下打算傷害他，便毫不客氣地拒絕了桑巴拉特的提議：「我正在做一件很重要的事，不能停手。」

這句話的威力異常強大。

想想你被託付的那個最重要的職位／責任，你是否也像尼希米那樣堅定不移地表示：「我正在做一件很重要的事，不能停手。」

一想到能像尼希米那樣專注且全心投入，肯定會令我們興奮不已。舉個例子，假如有一封電子郵件要求我提供某些資訊，我就能立刻回覆對方：「抱歉，我正在專心寫我的新書，現在沒有餘力處理其他事情，還請見諒。」這是我的「尼希米宣言」，各位不妨想想你的版本會是什麼，你會發現這麼做真的很愉快。

尼希米提出質疑：「我正在做一件非常重要的事，為什麼我要拋下工作去找你，害得工程必須停止？」

桑巴拉特那幫人一共發送了4個不同的訊息，試圖說服尼希米走下城牆，但每一次尼希米都發送類似的回覆，那情況就跟我們現在每天飽受大量電子郵件干擾差不多。雖然現在的人並沒想要殺死我們，卻耗光我們寶貴的時間。

如果尼希米沒有繼續專注於重建城牆，而是下來與桑巴拉特的人會面，他們早就要了他的命。而我們要考慮的重點則是，**不專注於我們的目標，不單可能會破壞我們的幸福，有時甚至可能會毀掉我們的人生。**

　　沒錯，你的確可以花更多時間打高爾夫球，看更多電影，追逐更多金錢，追求更大名氣，你也可以更常和朋友出去廝混，但你必須明白自己正在做一件很重要的事。對許多人來說，這件最重要的事就是陪伴我們的朋友和家人。所以當你跟你的男朋友、女朋友、孩子或配偶見面時，記得對自己說：「我正在做一件很重要的事。」

　　尼希米的敵人仍不放棄，他們開始散播謠言，說尼希米建造城牆是想要當猶地亞地區的國王，並建立自己的帝國來對抗亞達薛西王。謠言散布者認為這麼做，肯定能誘使尼希米走下城牆為自己辯護，但尼希米沒有這樣做，他只是簡單地說：「我不會從這堵牆上走下來。」

　　接下來，自認是尼希米朋友的示瑪雅（Shemaiah）前來見他並說：「尼希米你知道嗎，你在城裡有不少敵人，這裡的許多商人靠著跟城牆外的人進行貿易為生，他們擔心城牆建好後會阻礙貿易。有人打算趁你熟睡時謀殺你，尼希米為了你的安全，跟我一起去祭壇吧。」

　　尼希米只是說：「我不相信你，我不會因為睡夢中被謀殺的謠言、其他機會、害怕國王聽信謠言，就從這堵牆下來；沒有什麼事情能把我從這兒帶走，我正在做一件很重要的事，我會繼續做下去。」

　　由於尼希米的專注，他和他的幫手在短短 52 天內修好了城牆。這面巨大的城牆已在廢墟中躺了數百年，竟然如此迅速重建起來，震驚了列國和尼希米的敵人。當這幫人看到完工的

城牆時，頓時失去了信心。

我們已經知道我們的城牆是什麼，也知道想把我們從城牆上拉下來的是什麼 —— 有些人是看太多電視；有些人是過度使用社群媒體；還有些人是酗酒、沉迷於電子遊戲，或是看別人打電玩、打撲克牌、聊八卦。我們當中有些人同時追逐太多機會，另一些人則是被捲入家庭糾紛中。無論是什麼力量想把你從城牆上拉下來，你都不要屈服。對你而言，你正在做的重要大事可能是：

- 關心與陪伴你的家人
- 完成劇本
- 回學校進修
- 創辦公司
- 結束一段糟糕的關係
- 還清債務並重整財務
- 完成能讓你的事業更上一層樓的專案
- 花更多時間到你最喜歡的非營利組織當志工
- 學習一種語言
- 過更健康的生活方式，這樣你才能活著見到曾孫出生
- 為了跑馬拉松訓練體能
- 諸如上述的事

不管你要完成的那件重要大事是什麼，都別再繼續混吃等

死，現在就爬上梯子並留在城牆上。

　　各位手中的這本書，就是幫助我們堅持完成目標的指南。我也跟各位一樣，每天都受到各種誘惑，想從城牆上偷偷溜下來。例如我寫這本書的原訂目標是每天都寫個幾頁——況且這還是去年訂下的目標；但是生活中總是充滿了意外，我會連續好幾天一個字都沒寫，甚至完全忘了這回事。雖然我努力保持專注，卻還是一直被從城牆上「拉」下來。

　　幸好經過幾個月的堅持，我愈來愈能專注，因為我不斷訓練我的身心靈繼續待在城牆上。當你沿著階梯登上城牆時，外面的一切都沒有改變。**你的時間沒有變多，你的錢沒有變多，你的資源沒有變多，但你的心態變了。我們的問題，根本與缺乏時間或資源無關，而是分不清輕重緩急。**面對每天層出不窮的干擾，我們只需要像尼希米一樣大聲表示：「我正在做一件很重要的事，我絕不會走下這堵牆。」

「想唱歌的人總能找到一首歌來唱。」

——瑞典諺語

看見目標才能達成目標

　　1952 年 7 月 4 日，芙蘿倫斯・查德威克（Florence

Chadwick）即將成為第一位泳渡卡塔利娜海峽（Catalina Channel）的女泳者，她奮力對抗著敵人——濃霧、鯊魚以及冰冷刺骨的海水。

她已經筋疲力盡，但要是她知道岸邊就在不遠處，她肯定能堅持下去。然而她每次透過護目鏡都只看到濃霧，由於一直看不到岸邊，她最終選擇放棄。可是，她其實離海岸只有大約 800 公尺，**她會放棄並非意志不堅，而是因為她看不到自己的目標。**

兩個月後她再度挑戰，這一次沒有濃霧來攪局，她可以清楚看到海岸——這就是她的目標。當她大步踏上陸地時，有人告訴她，她的成績竟比男子紀錄快了兩個小時。

能清楚看到目標及目的地，是非常重要的。

我們的專注地圖

心智圖（mind maps）是一種能幫助我們組織和處理資訊的視覺輔助工具。身為一名視覺型學習者，我是心智圖的忠實粉絲。顏色、圖像、符號和文字被整合到這些地圖中，能幫助我們的大腦建立連結。就像 mindmapping.com 的說明：

> 心智圖是一種將資訊傳入和傳出大腦的高效方法，心智圖能「畫出」你的想法。

　　心智圖會以符合大腦把事物視覺化的方式，將一長串資訊轉換成一個井井有條的好記圖表。

　　理解心智圖的一種簡單方法是，把它想像成一張城市地圖。市中心代表主要思想；從市中心向外延伸的道路代表你在資訊處理過程中的關鍵思想；次要或分支道路代表你的次要想法，以此類推。

　　你可以將你的想法按任何順序記下來，然後再重組它們。

我們可以從諾貝爾獎得主羅傑・斯貝里博士（Roger Sperry）的研究中看到心智圖的有效性，他證明了大腦皮層分為左右兩個半球。[110]

　　心智圖統整大腦的左右半球，左半球負責處理文字、邏輯和數字，右半球負責處理圖像、顏色、空間和節奏。我們的左右腦合作得愈好，大腦就愈能以最佳效率工作。[111]

　　有項特別的研究發現，心智圖可以增強大腦的資訊處理能力，有助於改善記憶的形成。具體的例子是醫學生運用心智圖將事實的回憶提高了一成。[112] 心智圖也有利於兒童發展，心智圖成功提高了兒童的單字回憶率，使用心智圖比使用列表提高了 32%。[113]

　　簡言之，無論你是 8 歲還是 80 歲，心智圖都是能幫助你快樂學習的有用工具。

立場堅定態度委婉

我最喜歡的活動之一是在我的教會擔任主日學志工，說實話，我真心認為我的收穫比孩子多。所以如果各位還不清楚下一步該做什麼，不妨考慮以下各種選項：

1. 讓自己休息一下。在人生的某些季節，我們都會有不知何去何從的困惑。
2. 抽出時間幫助別人。當你感到無所適從時，不妨做做志工。

除了在主日學擔任志工陪伴孩子學習《聖經》之外，我也為了演講和簽書會經常旅行。因此，我很想被分配到我女兒的班上做志工（算是一舉兩得），於是向校長提出請求。

然而需要幫手的往往是男生班，因為我不想被人當成一個難搞的志工，所以當男生班缺人手時，我多半會同意代班。然而每次把女兒送到她們的班級，我都會依依不捨地跟她們告別。雖然能在男生班幫忙也很棒，但終究不如在我女兒的班上幫忙來得開心，我更喜歡花時間和我的女兒們在一起。

專注計畫讓我審視了我生活中的各個層面，我的第一順位是花更多時間陪伴家人，因此我寄了一封信給校長：

親愛的凱莉：

　　感謝你讓我擔任志工陪伴孩子們學習，我跟我太太都很歡喜！由於我平日經常出差，我希望週末能儘量多陪陪女兒，包括週日早上。如此一來，我們夫妻可以有更多時間陪伴我們的女兒並幫助其他學生，我跟我太太很樂意在以下的班級擔任志工：

- 二年級女生班
- 三年級女生班

結果我們很高興收到以下的回覆：

　　好的，艾瑞克，這個要求非常合理。謝謝你的來信，也謝謝你和你太太總是提供幫助！

　　接下來的這一週，我如願被分配到我小女兒的班上當志工，這成了我這一週最開心的一件事。

　　但隔週我收到了下面這封電子郵件：

親愛的艾瑞克：

　　這個週日你願意帶領三年級的男生班嗎？

　　收到這封信後，我的第一個反應和往常一樣，回覆「我很樂意幫忙」，畢竟習慣沒那麼容易說改就改。但因為我正在進行專注計畫，正好利用這個機會做個實驗；要是我跟以前一樣

無法堅守立場，那我進行專注計畫的意義何在？況且，我想到另一個格言提醒自己：如果你對某件事（你願意幫忙帶男生班嗎？）的第一反應不是「好」，那你就該對它說「不」。

在大多數情況下，給對方一封「堅定／斬釘截鐵的回絕信」是最好的應對方法。但是考量到教會的文化後，我認為恐怕不宜向校長的要求「斷然說不」。

於是我複製貼上我的第一次信件：

哈囉，凱莉！

謝謝你的來信，感謝你讓我擔任志工陪伴孩子們學習，我跟我太太都很歡喜！由於我平日經常出差，我希望週末能儘量多陪陪女兒，包括週日早上。如此一來，我們夫妻可以有更多時間陪伴我們的女兒並幫助其他學生，我跟我太太很樂意在以下的班級擔任志工：

* 二年級女生班
* 三年級女生班

雖然我很希望告訴各位我溝通成功了，可惜並沒有，我很快就收到這樣的回信：

嗨，艾瑞克！

感謝你的來信，並願意在這麼臨時的通知下擔任救援志工。你有收到我請你在週日擔任三年級男生班志工

的通知嗎？

她這著棋下得可真高明啊！現在我不得不使出殺手鐧以避免被對方「將死」，以下是我的回覆：

嗨，凱莉！

　　謝謝你的回覆！我很樂意在這個週日擔任三年級女生班的志工，所以如果三年級女生班的其他老師願意帶男生班，那麼我很樂意跟他們換班，由我來帶女生班，他們去帶男生班。如果我能幫忙，請告訴我！

罪惡感及羞愧感籠罩著我：我這算哪門子的教會志工？有條件的志工？就好像我只願意在溫度適中且陽光明媚的日子裡擔任教堂的停車志工，罪惡感及羞愧感輪流在我心中湧現。

我把手伸進專注計畫的籤詩袋裡，取出抽到的籤詩：「做出真正的改變真的很難。」

為了減輕我的罪惡感及羞愧感，我不斷提醒自己：我是女生班的好老師，我很期待去女生班當志工。讓真心想帶男生班的人去擔任志工吧，他們比我更有體力能應付精力充沛的小學男生，這樣的安排才會皆大歡喜。

幸運的是，沒過多久我就收到了這封郵件：

嗨，艾瑞克！

有位老師很樂意帶三年級的男生班，要是你願意帶三年級的女生班就太好了。

雖然我心中仍殘存些許罪惡感及羞愧感，但一想到能夠與我的女兒共度時光，這份喜悅大大消除了我的愧疚。況且，能以創意性的方式幫助教會填補志工空缺，我還滿開心的。

那天上午我跟女兒以及其他孩子一起做的趣事，將成為我終生難忘的美好回憶。在展開專注計畫之前，我很可能錯過這美好的時刻；最重要的是，帶男生班的老師發現她更喜歡帶男生班！

這是個雙贏的結局，但並非每件事的結局皆能如此順利美好；**重點是如果每個人都能勇於表達自己的願望，你會發現找到藏金罐的頻率竟然不低**（接下來我將用「阿比林悖論」〔Abilene Paradox〕來說明此事）。

> 「美好的婚姻就是夫妻雙方都覺得自己占到了便宜。」
> ——安·拉莫特（Anne Lamott），美國作家

阿比林悖論：不想成為唯一唱反調的人

由管理學專家傑瑞·哈維（Jerry B. Harvey）撰寫的《管

理中的阿比林悖論和其他思考》（*The Abilene Paradox and other Meditations on Management*）一書中，提出了課堂上廣為人知的「阿比林悖論」。

它的基本劇情如下：

某個炎熱的下午，德州科爾曼郡有一家人正在玩桌遊。岳父提議去阿比林吃晚飯，女兒隨即表示：「好主意。」儘管女婿對於在高溫下長途跋涉頗有疑慮，但心想自己不該不合群，所以他沒有多說什麼，而是回答：「我也覺得不錯，就看岳母願不願意去了。」岳母回答：「我當然想去，我已經很久沒有去阿比林了。」

前往阿比林的車程很長，天氣又很炎熱，沿路更是塵土飛揚。好不容易到達目的地後，他們找了一家餐館用餐，然而食物並不好吃。吃完飯他們開車回家，到家時所有人都筋疲力盡且非常不開心。

但岳母不敢說實話：「這真是一趟很棒的旅行，不是嗎？」雖然她寧願待在家裡，但她還是去了，因為其他3個人看起來都興致勃勃，這時女婿卻老實表示：「我其實玩桌遊玩得很開心，也很樂意繼續這樣做，我是不想讓你們其他人掃興才跟著出門的。」

女兒接著表示：「我也是為了讓你們開心，否則我才不想在那麼熱的天氣裡出門呢。」岳父則說，他最初提議去阿比林，是因為他以為其他人可能會覺得一直玩

桌遊很無聊。

一家人癱坐在沙發上，搞不懂他們為什麼會集體決定進行一次沒人想去的旅行。他們每個人其實都更喜歡待在家裡，舒適而愉快地享受下午的時光，只是當時沒人敢承認這一點。

進行專注計畫的主要目的是，讓我們做出正確的決定並說出我們的想法，但這並不是一件容易的事。換作我們是岳母，她是決策樹（decision tree）*中的最後一人，我們是不是也會像她那樣行事？想想你是否曾多次對自己說：「好吧，我不想成為唯一一個唱反調的人。」

直言無諱地表達我們的意見是非常必要的，畢竟我們每天要做的決定那麼多，所產生的可能性也是無限多的。

若時光能倒流，岳母改成這樣表達意見會更好：「對我來說，最重要的是大家相聚在一起，這樣我就很開心了，我很樂意繼續待在家裡。去阿比林的車程很長，而且今天天氣很熱，我覺得不如待在家裡比較好；但如果只有我一個人這樣想，那我很樂意和大家一起去。」

請注意，她並沒有說：「那是個愚蠢的想法」或是「我不同意你的觀點」；而是說出自己的觀點，包括她最在意的事

---

* 決策樹是利用像樹一樣的圖形或模型，將每個事件可能引出的其他事件畫成如樹幹般的分支，進而使人們更容易理解並解決問題的工具。

（大家聚在一起），還順便讚美了其他人（跟你們在一起讓我很開心），展現了正面積極的帶頭者角色。

下次當我們在家裡或辦公室主持會議時，我們必須展現一定程度的開放性，以便其他人能如實說出他們的真實意見。艾倫‧穆拉利（Alan Mulally）在擔任福特汽車公司的執行長時，曾經講過一個類似的故事。當時他正在主持管理團隊的最新進度會議，為了方便識別專案計畫的狀態，他要求主管們仿照紅綠燈的設計，用紅、綠、黃 3 種顏色來標示專案的現況。

每個主管先大致報告專案的現況為綠色（一切正常）、黃色（目前看來一切正常，但需要留意）或紅色（有問題），但在頭幾次會議中，所有專案的現況都是綠色。

對此穆拉利感到有些困惑，因為他被任命為執行長的主要原因之一，就是福特的經營狀況很差需要扭轉頹勢，但是管理團隊卻告訴他相反的情況 ── 一切都很好。

終於在某次會議上，有人非常惶恐地用紅色標示了一些專案，穆拉利的反應如何？他為之鼓掌叫好，結果在接下來的會議中，幾乎所有的專案都是紅色的。穆拉利表示，從那時起他們總算有了重大的進展，因為員工能安心陳述真實情況 ── 即使狀況慘不忍睹。身為領導者的穆拉利帶頭展現這種開放性，讓管理團隊得以更專注更快速地做出解決問題的決策。

你永遠不會聽到有人說：「我真的很尊敬某某某，不管我說什麼他都沒意見，因此我永遠不知道他真正的想法是什麼，他真是個了不起的好好先生！」然而你經常會聽到：「她說的

話不一定中聽，但我尊重她，因為她總是說出自己的想法。」

　　學會有禮貌地說出你的想法，而非說些言不由衷的違心之論，這樣你才不會經常遇到事與願違的情況。

避免罹患錯失恐懼症

　　在松鼠型的人眼中，每個機會看起來都「不容錯過」；這種人很容易被「下一件大事」吸引，無法專心完成手上正在做的專案。諷刺的是，你正在做的這件事，之前其實也是你眼中的「下一件大事」。

　　我們該如何導正這種深怕自己錯過某個天賜良機的心態？只要認清一個事實：**成為某件事的先行者（first mover）未必是優勢，反倒有可能是劣勢。**

　　美國的創業文化普遍認為，率先進入市場的人注定會成功，然而傑若德‧提利斯（Gerald Tellis）和彼得‧戈德（Peter Golder）合作的研究，發現事實恰恰相反。他們比較了先來者（pioneers, first movers）與後到者（not first to market）的成功機率，發現先來者的失敗率是後到者的 5 倍以上，準確地說，兩者的失敗率分別為 47％與 8％。所以結論是，耐心觀察事態的發展好處多多，最典型的例子就是 iPhone。在 iPhone 推出之前，市場上已有幾款智慧型手機產品，其中最著名的是 Handspring Treo 300。它雖然是一支智慧型手機，卻是掀蓋式

手機，所以體積跟磚塊一樣大。

當年我很幸運拿到一支它的測試版，結果遭到親友們的群起圍攻：「它看起來像支傻瓜手機，體積也太大了吧！」他們還故意把 A4 筆記本放到耳邊說：「你好，是的，休士頓，老鷹降落了。」他們質疑說：「為什麼做這麼大支，難道我是想用手機發送電子郵件，還是用手機看影片嗎？」

賈伯斯和蘋果電腦好整以暇地等待正確的時機來臨，適時推出一款性能更好、設計前衛的智慧型手機，徹底改變了手機業的遊戲規則。

諷刺的是，賈伯斯曾信誓旦旦表示：「蘋果絕不會製造手機！」該公司一位高級主管回憶說：「管理團隊試圖說服史蒂夫，製造手機對蘋果來說是個好主意，但他並不認同。」

許多組織及創辦人犯下的失敗之一就是他們衝太快了，他們領先市場太多，市場尚未做好迎接新產品的準備。**反之，後到者可以耐心靜觀，等待市場準備就緒。領先競爭對手一年很重要，但永遠不要領先市場一年。**

先來者確實有優勢，但是後到者有等待的優勢 —— 幫我們避開錯失恐懼症。它能幫助我們避免到頭來落得一場空。事業成功的關鍵是把眼光放遠：短期靠堅持，長期靠耐心。

「黎明前的夜色總是最黑暗的。」

5月重點

打造更密切的人際關係

最重要的那一件事

記住「人終將一死」,時間是天賜的禮物,切莫虛擲光陰;「人終將一死」提醒我們,生命有其目的而非漫無目標。

自我評分:B⁺

這個月我有種醍醐灌頂之感。過去我不自覺地把人生中的重要關係放到次要地位。痛改前非之後,我感覺這個月收穫頗豐,每一通電話、每一次午餐和每一次聯繫,都讓我精神為之一振,並提醒我人際關係是我人生中最重要的事。

本月必記重點

1. 每週安排兩次午餐聚會,每週打電話給兩個人,向他們表示謝意。

2. 繪製未來 12 個月的心智圖。

3. 一定要說出你的觀點(阿比林悖論)。

6 月

從想要變一定要
做到的學習

　　我女兒的生日快到了，這正是驗收我西班牙語實力的好時機。我太太的娘家來自哥倫比亞，所以我很想利用這次家族聚會，向那些講西班牙語的親戚展現我的西班牙語能力。

　　結果我的西班牙語檢定考成績慘不忍睹，雖然我學西班牙語已經十多年了，但感覺還停留在「牙牙學語」階段。那場生日派對殘酷地提醒了我，我的進步十分有限。要是 10 年前你問我，10 年後我能不能說一口流利的西班牙語，我肯定會毫不猶豫回答你——「當然沒問題！你會把我誤認成拉丁歌手夏奇拉（Shakira）呢。」

　　沒想到事實是殘酷的，我只會說一些簡單的字彙。所以這個月我將全心全意學習西班牙語，它會是我這個月的頭號焦點，並且提醒我當時想要展開專注計畫的初衷。對於許多人來說，認真苦讀一個月勝過 10 年的蜻蜓點水。

　　切若基族（Cherokee）印地安人有個古老的寓言：

　　　　一位老酋長正在給他的孫子講述人生的道理……

　　　　老人說道：「我的內心有兩匹狼在打架，一隻是邪惡的狼，牠貪婪、憤怒、嫉妒、悲傷、後悔、傲慢、自憐、內疚、怨恨、自卑、撒謊、虛榮、自大且自我；另一隻是善良的狼，牠謙遜、喜悅、和平、愛、寧靜、希望、善良、同情、慷慨、真理、同情和信仰。你的內心也有相同的打鬥——每個人的內心皆是如此。」

　　　　孫子想了想，問爺爺：「哪隻狼會贏呢？」

老酋長簡單的回答道：「我們餵養的那隻。」

　　而我沒有好好「餵養」我的西班牙語。

　　平時我太太只會跟女兒說西班牙語，我必須提高我的水平，這樣我們才能全家都說西班牙語。過去我太太沒有耐心用西班牙語跟我對話，但我不怪她。

　　最理想的學習方式應該是我們全家到哥倫比亞住一個月，當地人通常只講西班牙語，這樣我就能以「完全沉浸其中」的方式學習西班牙語。

　　但是現在前往哥倫比亞的條件並不具足，所以我只能退而求其次，來個半沉浸式的（semi-immersion）學習——我決定跟我的岳父岳母一起到邁阿密度假一個月！兩老非常好相處，而且我岳母和朋友在家裡只說西班牙語。

　　之前我是自己一個人透過「多鄰國」（Duolingo）這個應用程式在線上學習西班牙語，所以很難找到同伴練習口語對談。某天我女兒表示對這款應用程式有興趣，她們的口語比我流利，但我在閱讀和寫作方面更勝一籌，我發現跟她們一起學習有趣多了。

　　我還發現到，每當我老婆跟其他人說西班牙語時，我會不由自主退到一旁，而非把握機會加入話局。我就像漫畫《史努比》（*Peanuts*）裡的某個小孩，只要是大人在說話，查理布朗（Charlie Brown）、史努比（Snoopy）、露西（Lucy）或其他人，耳裡聽到的都是「哇啦哇啦……」我決定痛改前非，

從現在開始，只要我們家在用西班牙語對話時，我會「積極加入」而非「默默退出」。

剛開始我以為所謂的沉浸式學習法，只要張開嘴巴說西班牙語就行了，但我很快意識到，要學好西班牙語，我的所有交流方式都必須使用西班牙語！專心這麼做之後，我的學習曲線真的提高了，以前我習慣用英語發簡訊給我太太，但現在我必須改掉這個習慣。

改用西班牙文發簡訊給我太太後，我的功力不但立即提升，而且很有趣！我真的非常認真，遇到不認識的單字和文法，我會勤快地查出它們的意思。

當我偶爾出錯時，還能為全家人帶來歡笑。例如某次聊到一位朋友，我想說她真的「好八卦啊」，但我的西班牙文簡訊卻打成「她好三八啊」。

> 「不論你是 20 歲還是 80 歲，只要停止學習就是老人，不斷學習的人能永保年輕，人生中最棒的事就是讓你的頭腦永保年輕。」
>
> ——亨利·福特

儘管我的西班牙語還是錯誤百出，但大家看到我那麼認真學西班牙語後，每個人都竭盡全力幫助我。

有用就做吧

以下是某天我女兒放學回家後，我們之間的對話：

我：「你今天在學校過得很開心吧？我們趕緊收拾一下，準備好就出門，這樣我們才可以第一個抵達克蘿伊（Chloe）的生日派對。」

蘇菲亞：「這次的派對很棒哦！有大型滑水道，還有獨角獸和美人魚。但是爸爸我要先練習鋼琴 15 分鐘，因為鋼琴老師要我挑戰連續練琴 100 天，我已經連續練琴 43 天了，我不想中止這個紀錄。」

我：「那當然，讓我們接著挑戰第 44 天吧！快去練習，練完我們就去參加派對。」

每當我回想起這段對話，心中都充滿感動，我感謝 (1) 鋼琴老師的用心，她給我女兒灌輸了責任感和興奮感；而且 (2) 鋼琴老師設下的挑戰跟我的專注計畫理念不謀而合 —— **行動中的人往往會保持行動。**

我使用的那款西班牙語應用程式，也設計了連續學習紀錄（streaks），只要一天沒練習，我的連續學習紀錄就會歸零。

但其實你可以花錢更改中斷的連續學習紀錄，而且我有朋友真的這樣做。我原則上不想花錢讓歸零的紀錄起死回生，因為我覺得那麼做不對，但 10 天以上的連讀紀錄則另當別論

——可惡！我幹麼這麼堅守我的道德原則？

為了學有所成，我們必須保持高昂的士氣，無論是西班牙語應用程式的運用紀錄，還是連續 40 天沒吃巧克力，或是我女兒的連續 100 天彈鋼琴 15 分鐘挑戰。只要是管用的方法，就去做吧。

我們必須徹底改變心態：從「想要」變成「一定要」做到。 過去 10 年我的心態是「想要」學習西班牙語，但現在變成我「一定要」學會西班牙語。試想萬一我們全家前往南美洲，而我女兒發生了緊急情況，卻因為我不會講西班牙語造成女兒身受重傷或死亡，我肯定會遺憾終生。

所以我把我的心態從：

為了促進跟家人的交流，我「想要」學習西班牙語。

變成：

**為了成為世上最棒的老爸／老公／家族成員，
我「一定要」學會西班牙語。**

心態的轉變大大加快了我的學習速度。

本月還多了一個意外收穫，那就是我發現有研究顯示，會講兩種語言的人，比只會講一種語言的人，更能集中注意力並保持專注。[114]

> 「我沒時間給你寫一封短信，所以我寫了一封長信。」
> —— 馬克・吐溫

找到你的基石

我本打算花一個月的時間每天練打高爾夫球，看看我能進步多少。可惜這個項目沒能成功，所以我很想把它當成下個月的專注主題。

我認識一位在衛斯理女子學院擔任高爾夫球隊教練的高手，他提到剛接下教練一職時，隊員 18 洞的平均成績是 101桿；但僅僅過了一年，平均桿數就降到 81 桿！了不起的進步。

其中的祕訣何在？他規定每週 6 天的練習中，有 5 天專門進行短桿訓練（即切球和推桿）。大多數人在練習高爾夫時，偏愛練習開球，看著小白球飛高飛遠真的很有趣；相反的，切球和推桿讓人覺得無聊乏味（什麼？這也叫高爾夫！）。

但這位教練的焦點恰恰相反，他很務實，所以他重視基本功，因此他把球隊的訓練重心放在練習推桿和切球。高爾夫球界有句行話：「開球只是作秀，推桿才是錢流（Drive for show and putt for dough）」。

我們當中有多少人能專心做那些不起眼但卻是成功關鍵的基本功？不論你是想要學會神準的切球，還是想要說一口流利

的外語，基本功都是最重要的。

建築裡最重要的石頭被稱為基石（keystone），它能為拱門提供穩定性，而短桿就是高爾夫球的基石。

基石被用來指稱任何事物中最重要的部分，所以今天我們應該：

1. 找到我們的基石
2. 瘋狂專注於我們的基石

例如省錢的基石是不再使用信用卡，或是不再購買昂貴的鞋子；擴大事業人脈的基石則是每週安排 5 次商務午餐。

學習新單字是學習外語中有趣的部分，但我發現一味增加我的西班牙語詞彙量，並非學好西班牙語的基石，反而像是在高爾夫球練習場裡拚命練習把開球打得又長又遠。相反的，學習西班牙語的文法既枯燥又乏味，但卻是讓實力突飛猛進的基石。

玩桌遊也作弊？

孩之寶公司（Hasbro）是知名桌遊「大富翁」（Monopoly）的製造商，該公司一直努力研究如何從這個品牌開發出更多的收益。多年來他們研發出各種版本的「大富翁」，成績也都不

錯；但直到他們把焦點從公司內部轉移到外部，才真正取得了重大突破。

孩之寶對使用者做了意見調查，獲得一個令人吃驚的發現——半數以上的人會在玩大富翁遊戲時作弊。雖然這個數字聽起來很瘋狂，但我請各位想想，在你認識的人當中，是不是就有一個人會在玩大富翁時作弊，你已經想起那個人的名字了，對吧?!

基於這一發現，孩之寶推出一款名為「大富翁：騙徒行者版」（Monopoly Cheaters' Edition）的新桌遊，它成了該公司一百多年來最成功的商品。

這就像是把 T 恤翻面時的情況，大多數人或組織在思考時，都是由內往外翻轉，而非由外往內轉變。當你想要由外而內思考時，不妨請教家人或朋友：「如果你們是我，你們會怎麼做？」因為他們非常了解你，所以他們會建議你專注在哪些事情上呢？此外，由於本月的專注主題是學習，而最棒的學習方式之一，就是取得外部觀點，這正是當時孩之寶公司的做法。

「即使你懂 1,000 件事，仍要請教只懂一件事的人。」
——土耳其諺語

不被科技奴役，要駕馭科技

發明家費羅・泰勒・法恩沃斯（Philo Taylor Farnsworth）從小就夢想打造一個更美好的世界，14 歲時他想把光捕捉到一個空罐子裡，再從那裡把光傳輸出去。到了 1927 年，正值 21 歲的費羅成功打造出第一個電子式電視傳輸；後來費羅不斷改進他的第一個模型，還讓他太太佩姆（Pem）成為史上第一個被傳輸的人類圖像。「瞧！佩姆出現在電視螢幕上。」

費羅深愛電視能讓世界變得更好的所有可能性，他相信電視可以改變我們的教育體系。他的太太指出：「費羅將電視看作一個奇妙的教學工具，有了它，人們再也沒有成為文盲的藉口，家長可以和孩子一起學習，大家也能即時看到新聞和體育賽事。」

費羅對他的新發明充滿熱情且深受啟發，他曾說：「當人們可以目睹音樂家的演奏，就比較聽得懂交響樂，現在我們可以在自家的客廳裡觀看教育電影。」費羅指出：「未來總有一天，我們能夠看到和了解其他地方的人們，如果人人都能更理解彼此，那我們就可以在會議桌上解決分歧，而不必發動戰爭。從本質上講，電視可以幫忙推倒這些文化障礙。」

但隨著電視的進化，費羅對自己的發明態度大為轉變，他不喜歡電視節目日益商業化的情況。就像賈伯斯禁止他的孩子使用 iPad，費羅則是禁止他的兒子肯特（Kent）看電視，肯特回憶他父親對電視的看法時表示：「他似乎覺得自己創造出一

個怪物，一種讓人們浪費生命的方式。」費羅原本認為電視能擴大人們的視野，幫助人們過上更充實的生活，但隨著電視的演進，他看到了電視的局限。他發現電視阻止人們外出探索世界，因為人們只需坐在舒適的家中就能看到世上的一切。[115]

時至今日，令我們分心的媒體和工具愈來愈多，但這並不表示這些工具的本質是不好的，相反地，它們可以成為很棒的學習工具，問題出在我們毫無節制的使用和消費，而費羅憂心的就是這種漫不經心的使用情形。

> 「如果你不願意學習，沒人能幫你；如果你決心學習，沒人能阻止你。」
>
> ——吉格·吉格拉

有意思的是，我們正在目睹歷史重演。我指的不是電視，而是社群媒體和電玩。別誤會，身為《社群新經濟時代》作者的我，非但不反對科技，我還特別喜歡科技。只不過我與費羅英雄所見略同。**我愛科技是因為它具有教育功能，而且能讓全世界的人連結；當我們愈了解彼此間的文化差異，就愈不需要開戰來解決這些差異。**

就跟電視一樣，**使用這些科技工具對我們而言究竟是好是壞，端看我們使用的方式而定。**費羅阻止兒子看電視，賈伯斯

則是阻止孩子使用 iPad，他說：「我們家不准用 iPad，我們認
為它對孩子來說太危險了。」顯然賈伯斯有意識到 iPad 多麼
容易讓人上癮。[116]

為了獲得更好的結果，我們必須學會善用這些了不起的
科技工具。刀也是一種神奇的工具，它可以用來切碎食物餵飽
人類，可以用來當作護身的工具，手術刀甚至可以用來挽救人
命，但卻有人拿刀來傷人或殺人，難道我們因此就要沒收世上
所有刀具？當然不是！只是我們也絕對不能把鋒利的刀具交給
還在蹣跚學步的幼童。這就是我們使用科技的方式，無論是不
懂事的幼兒還是年邁的老人，使用科技時都需要非常留意。

● 6 月重點

從想要變一定要做到的學習

最重要的那一件事

完全沉浸式的學習途徑通常是最棒的,但未必能做到;況且我們的目標不是完美,而是進步。

自我評分：B

這個月同樣過得很精采,但我沒給自己打 A 的原因是:(1) 我沒有做到完全沉浸式的學習;(2) 我顯然沒有語言天賦,所以必須再加把勁練習;(3) 有時全家人用西班牙語交談時,我仍然會因為走神而沒能搭上話。

本月必記重點

1. 當我們過度專注於某件事時,會不自覺地看到周遭跟它有關的所有事物,這種情況稱為「選擇性注意」(selective attention)。比方說吧,當我們專心學習西班牙語時,不管走到哪裡,似乎都有練習西班牙語的機會,例如:幫我們正在觀看的電影配上西班牙語字幕、跟會講西

班牙語的咖啡師閒聊。

2. 我們必須把心態從「想要」學習,調整為「一定要」學習。

7 月

讓腦袋放空，把空檔排進行事曆

我實踐專注計畫的目的是想到達一個境界：專注於能給我們帶來快樂的活動。除了繳稅之類的法定義務，凡是不能帶給我們快樂的事，為什麼要做？

當我們做自己喜歡的事情時，我們就會開始集中精神，並進入全神貫注的狀態。

說到創意，不論是創辦公司、組建團隊、撰寫劇本或是設計汽車，我們一直對它有個天大的誤會。我相信大多數人小時候都曾學過某種樂器或運動，而且從幼兒園起我們就被灌輸一句格言：「熟能生巧。」可惜這句格言百分之百是錯的，因為**如果我們是以錯誤的方式練習，只會養成錯誤的習慣**。如果我在練投罰球時，未拿出跟比賽時一樣的專注度，只是漫不經心投籃 50 次，那我很可能會養成壞習慣。

曾經效力於美國國家美式足球聯盟（National Football League, NFL）並贏得超級盃冠軍的四分衛德魯‧布里斯（Drew Brees）最懂正確的練習有多重要，他們隊上擔任前鋒（wide receivers）的馬奇斯‧柯思頓（Marques Colston）是這麼說的：

> 我最記得的就是他對所有事情都要做到完美的強迫症，他這個人會一直做一直做，而且每次都必須是完美。我們會重複跑這些進攻路線，直到他覺得已經達到比賽的水準為止……我記得他每天都保持著極為相似的作息，只要有點凸槌，他就會大受影響。

　　起初你會覺得這很可笑，但是等你看到他獲得了那麼大的成功，你才明白他這麼做的道理。你看到這些日常作息的重要性，並想見賢思齊。我從他身上學到了——養成好的作息，並且貫徹始終。現在我明白，要是不遵循這套作息……我的比賽就會亂了套，所以我也會好好堅守我的作息。

　　很多時候我們只是做做樣子，並沒有好好練習，因為我們認為這不是我們想做的事，而只是我們必須做的事，或爸媽、老闆、社會認為我們該做的事……但重點是，其實每個人都知道我們在敷衍了事，你唯一騙倒的人其實是你自己，而那是你最不該欺騙的人。

　　無論是學校的老師還是企業的執行長，我們都經常陷入這種自欺欺人的陷阱。

> 「正確的練習才會進步，錯誤的練習只會養成很難改正的壞習慣。」

　　所以哪怕只有一時半刻，或一天，甚至是這一生，你都不要敷衍了事。忘掉熟能生巧，相反的，在你努力追求創意時，請謹記以下箴言：「正確的練習才會進步，錯誤的練習只會養成很難改正的壞習慣。」

　　所謂正確的練習，最簡單的方法就是做能帶給我們快樂的事情，著名的神話學家約瑟夫·坎貝爾（Joseph Campbell）把它稱之為「追隨你的幸福」。

　　金錢買不了快樂，也買不了時間。**專注計畫的主要目標是：找出管理時間的最佳方法，讓你能盡情展現所有的創意思考能力。**比爾·蓋茲曾經寫道，他從巴菲特那裡學到的最寶貴經驗就是正確把握時間。

　　巴菲特說：「我可以買到任何我想要的東西，但我買不到時間。」

　　蓋茲表示：「每個人的一天都是 24 小時，但巴菲特最懂這句話的真諦。他絕不會把自己的行事曆塞滿無用的會面，但是他會為重要的會面，例如發展人際關係，騰出時間；他樂於抽出時間與他最重視的人共處，他對於信任的人從不吝於撥出時間。」[117]

　　某次兩人一起受訪時，蓋茲聊起他第一次看到記載巴菲特每日行程的小記事本。

　　巴菲特把他的小記事本交給記者檢視。

　　「這裡面什麼都沒寫啊。」記者邊翻看邊驚訝地說道。

　　巴菲特回答：「沒錯。」

　　蓋茲開玩笑地說：「這是非常高科技的東西，所以你可能看不懂。」

　　記者翻到 4 月的某一週，並指出整個月只記載了 3 個行程，巴菲特則表示：「到時候可能會變成 4 個行程。」

蓋茲說：「我行程滿檔，一分鐘都不得閒，因為我認為這是做事情的唯一方式，但巴菲特教會了我留點時間給自己思考是很重要的。」

蓋茲說：「你的時間由你自己控制。雖然我有那麼多事情要處理、那麼多人要見，但是坐下來思考對我而言非常重要。**把每一分鐘都排滿行程，並不能代表你的認真程度。**」

這就是權衡利弊得失後做出取捨，巴菲特刻意空出大部分時間，這樣他才有空跟他重視的人（比如蓋茲）共度時光，同時也讓自己有時間進行深度思考。

理查·布蘭森也很認同蓋茲和巴菲特的**觀點**，他建議道：「打開你的行事曆，為你的夢想安排時間，把它視同開會鄭重地記在行事曆中。太多人成日忙於做事而搞得心力交瘁，從不花時間思考和感受。試著撥出 5 分鐘，1 小時，1 天，甚至一整個假期，要是你能騰出一些時間來自由思考，你將更容易看清大局。」

史丹佛大學同情暨利他主義研究與教育中心（Center for Compassion and Altruism Research and Education）的科學主任艾瑪·塞帕拉（Emma Seppälä）證實巴菲特和布蘭森的發現是正確的。

塞帕拉指出：「從梵谷（Vincent Van Gogh）到肯伊·威斯特（Kanye West），藝術家始終給人一種飽受折磨的憂鬱形象。但研究顯示，創意其實與焦慮無關，相反的，**最具突破性的想法往往出現在人們心情放鬆的時候**。歷史顯示，許多著名

的發明家都是在思緒天馬行空時想出新奇的想法；簡言之，當你放任思緒海闊天空，或是大做白日夢、無所事事放空，創意就會萌發，這就是為什麼很多靈光乍現的創意，往往出現在我們淋浴時。」[118]

最有生產力的行程表，其實是安排一些時間讓腦袋「放空」，這是我的親身體驗，它確實幫助我在寫書或寫劇本時創意爆棚。

做出取捨也對我的寫作很有幫助。在飛往越南的 15 小時航班上，我會花較多的時間寫作，而非瘋狂追那些最新最熱門的劇集。請別誤會我的意思，雖然我剛剛才大力強調休息時間的重要，但我這裡要強調的重點是平衡，所以我不會一口氣追完 10 集，而是看個 2 集就打住。

我還頓悟了一件事：**雖說我們沒有浪費時間，但我們對於時間也太不在意了**。這會導致我們雖然沒偷懶，卻落得跟懶蟲一樣的下場 —— 一事無成。我們沒有達成自己設定的目標，更糟糕的是，我們沒有在做喜歡的事情，因為我們誤以為有在做事就是進步。

> 「有些人打混了幾十年什麼也沒幹成，但有些人幾週就幹成了幾十年的大活。」
>
> —— 列寧（Vladimir Ilyich Lenin）

直接對談，少發簡訊

我們原本計畫與一家位於東岸的客戶進行一次電話會議，但因為我人在舊金山，早上 10:00 左右要與前國務卿萊斯（Condoleezza Rice）女士同台，所以我們把電話會議的時間安排在一大早。

我在酒店的健身房運動時，收到團隊發來的簡訊，說客戶取消了電話會議。萬歲！我一下子多出 45 分鐘的時間。

沒想到團隊開始發簡訊給我，說是因為沒跟客戶開會，所以沒有客戶的任何指示。我邊騎健身自行車邊讀他們傳來的簡訊，例如：我們該給客戶發個簡訊或電郵嗎？內容該說什麼？我的團隊成員都是很有能力的年輕人，但他們喜歡用簡訊溝通更勝於直接對話，這種做法對於某些專案或許很有效，但如果打個電話能更快解決問題，或是發電子郵件比較好時，就不該頻頻發簡訊。我瞄了手錶一眼，發現我們已經來來回回傳簡訊 50 分鐘了，實際開個會效率還高些！

對於他們傳來的每個簡訊，我都必須停下來想一想：「這需要回應嗎？」答案往往是否定的；像這樣一來一往傳簡訊，卻不保證能立即得到答案，我決定直接輸入：「如果你們想要更清楚的回覆，請打電話給我。」

我的頓悟感言：聽話要快，說話宜慢。

化繁為簡，去蕪存菁

Instagram 的創辦人凱文·斯特羅姆（Kevin Systrom）曾提到 Instagram 誕生的關鍵時刻。他們原本做的是一個名為「Burbn」的簽到應用程式，但 Burbn 沒有成功，而且現金也快用完了，兩名創辦人打算解僱所有員工並解散公司。用戶對這個應用程式提供的任何功能都不感興趣，唯一的例外是，用戶非常喜歡貼出一些風格化的照片，讓大家看看他們正在做什麼。這概念跟當時的推特非常相似，唯一的差別在於他們只用照片來更新狀態，而大家都知道「一張圖片勝過千言萬語」。

一般人失敗時的心態通常是拚命採取補救措施，看還能不能再多加點什麼東西，就像鐵達尼號明明快沉了，你還拚命往上頭扔椅子。但是當 Burbn 快要沉沒時，它的創辦人卻做了完全相反的事情──他們開始把該扔的東西全扔掉。

這可不是件容易的事。

兩位創辦人對於是否要親手毀掉他們的「孩子」，內心其實也非常掙扎；他們可是花了大量的時間、金錢和情感才「孕育」出 Burbn 的，要去掉這些功能真的很心痛，然而他們做到了。他們咬牙刪除其他部分，只留下相片功能，人們都認為他倆瘋了。某天晚上，斯特羅姆和妻子在海灘上散步，他問妻子是否喜歡這款新的應用程式（當時他們還未將它命名為 Instagram）：

妻子：「我可能不會用它。」

斯特羅姆：「為什麼？」

妻子：「因為我的照片不像你或你朋友拍的照片那麼漂亮好看。」

斯特羅姆：「那是因為我們用了濾鏡，所以比較好看。」

妻子：「這樣啊，那你或許應該在新的應用程式中加上濾鏡，這樣我就可能會用它。」

那天晚上斯特羅姆立刻為 Instagram 加上第一個濾鏡「X-Pro II」。斯特羅姆解釋說：「要是你很擅長某件事，那就夠了。**其實許多厲害的企業家做很多事都沒成功，然後他們決定專心做那一件會成功的事，並把那一件事做到極好，結果其他的事情也水到渠成。**你要做的就是成為某件事最頂尖的那個人，並忘掉其他的事。」

人們非常喜歡 Instagram 新增的這些濾鏡，而它的人氣也隨之爆增，流量多到他們必須再添購一、兩台伺服器來處理大量的數據。雖然市面上有現成的簡單編碼可用，但斯特羅姆堅持採用威力更強大的軟體解決方案。

然而被寄予厚望的這款軟體卻很難執行，幾週過去了，它仍然無法正常運行。幾天後，斯特羅姆的共同創辦人兼首席工程師，只花兩小時就寫出一個簡單的編碼把問題解決了。斯特羅姆意識到自己總是把簡單的事情搞得很複雜，他應該從一開始就寫一個簡單的編碼，後續也不用浪費那麼多時間和金錢，

還做了白工。

　　儘管波折不斷，Instagram 仍繼續快速成長，最後還被臉書出價 10 億美元買下，斯特羅姆和 13 名員工每人分到大約 7,700 萬美元。

　　多年後，斯特羅姆歸納出他們成功的關鍵：「一般人常不自覺地把生活搞得太複雜，幸好我們沒那樣。」

> 「我的作品清淡如水，大師的作品醇美如酒，但是天底下每個人都得喝水。」
>
> ── 馬克・吐溫

暢銷書作者的成功祕訣

　　喬治・馬丁（George R.R. Martin）是本世紀最成功的商業小說家之一，他將自己的非凡成就歸功於「堅持使用上個世紀的老科技創作」。

　　喬治・馬丁在 1971 年畢業於西北大學（Northwestern University）並獲得新聞學士學位，但他的第一部小說直到畢業 13 年後才出版；而且他的第 4 本書更是一大失敗，這點就連作者本人也坦承不諱，他解釋說：「這場災難毀了我當時的小說家生涯。」在那之後他只能靠著為電視台寫劇本糊口，直

到 1991 年才再度執筆創作小說。多年後他撰寫的奇幻系列小說《冰與火之歌》（*A Song of Ice and Fire*）一炮而紅並被改編為電視影集，該系列的第一本書《權力遊戲》（*A Game of Thrones*），還成為有史以來最受歡迎的電視影集之一。

馬丁的創作量已接近 200 萬字，但他仍勤耕不輟，而且用的是一套古董程式，老到我們大多數人都沒聽過它的大名。他使用的 WordStar 4.0 程式是 1977 年發明的，最後一次更新是在 1999 年。馬丁用的 DOS 作業系統因為沒有網路功能，所以不受外界干擾，他甚至沒在自家的主屋裡工作。

但馬丁能專心工作，正是拜一切從簡之賜，他表示：

> 我的朋友都說我是一隻恐龍，一個還活在 20 世紀而非 21 世紀的人。沒錯，我的電腦已經用了 20 年，雖然我會用桌機跟 Windows 上網，但我的寫作全是在那台使用 DOS 作業系統的老機器上完成的。我用的 WordStar 4.0 堪稱是文字處理軟體界的杜森伯格豪車（Duesenberg），老而彌堅且無與倫比。我有自己的網站，但是由別人代為經營；我還有個部落格帳號，雖然我特意把我的部落格命名為「非部落格」，但顯然我希望自己不寫部落格的願望落空了。[119]

> 這就是我。

> 我不上臉書。

> 我不玩推特。

我不跟流行。

我沒有時間、精力和興趣，親身接觸上述任何社群媒體，因為我要幹的活太多了。

這樣的專注造就了馬丁的成功。馬丁為該系列小說創作的虛構地圖，建立與定義了該部戲劇的空間和地形，讓讀者可以領略維斯特洛（Westeros）*和自由貿易城邦迷人的地理環境。要繪製出如此錯綜複雜的世界，肯定要花很長的時間，對吧？

但全神貫注的馬丁僅花了「約 30 分鐘」便繪製完成。[120]

這並不表示馬丁可以毫不費力地全神貫注。當粉絲們為了該系列的最後兩本書望眼欲穿，馬丁卻一再錯過截稿日。節目製作人必須竭盡所能完成這部電視劇，但錯過截稿日並非出於馬丁的本意，只是隨著該節目的走紅，他逐漸無力抵擋外界的打擾。

馬丁跟大家分享了他的心路歷程：「我並不是因為文思枯竭而寫不出東西，罪魁禍首其實是分心。」他指出：「最近這幾年，我因為接下了太多事而導致顧此失彼。由於書和影集大受歡迎，所以我經常受訪，也經常外出旅行，譬如有人突然邀請我免費去南非或杜拜一遊，誰會放棄這種好康？但是當我出門在外時，我是沒辦法寫作的，我沒辦法在酒店的房間裡寫作，我沒辦法在飛機上寫作，我真的必須待在我自己的屋裡不

---

* 為《冰與火之歌》故事中四塊大陸的其中一塊，又稱日落國度。

受干擾地寫作。我這一生大半輩子沒人打擾我，但現在每天每個人都在打擾我。」[121]

> 「想要提出新的提問、新的可能性，必須發揮創造性的想像力，從一個全新的角度看待老問題。」
>
> ── 愛因斯坦

迴紋針幫你加薪 20 萬美元

創意不僅適用於寫作、音樂和藝術等領域，還能應用在我們所做的任何一件事上。以下這個故事出自詹姆斯・克利爾（James Clear）所寫的《原子習慣》（*Atomic Habits*）一書，它引起了我的注意。

拿 120 個迴紋針就能讓你的薪水增加 20 萬美元，你相信嗎？早在 1993 年就有人做到此事，關鍵就是發揮一點創意。

在加拿大的阿伯茨福德市（Abbotsford），23 歲的證券經紀人特倫特・戴斯米德（Trent Dyrsmid）第一天上工時，並沒有任何跡象顯示他未來會做得有生有色。同事都比他有經驗，並且被分派到富裕的蛋黃區，但是戴斯米德仍胸有成竹。

入職的第一週，他就在辦公桌上放了一個罐子，裡面裝了120 個迴紋針；接著他拿出另一個空罐子，放在第一個罐子旁

邊，兩個罐子都擺在觸手可及的地方。

　　每天早上戴斯米德都會向他的罐子打聲招呼，然後開始打電話向客戶推銷。他既沒查看新聞也不聽廣播，以免分散自己的注意力，他只專注撥打推銷電話。

　　每打一通電話，不管成功與否，他都會把一個迴紋針從滿罐子移到空罐子裡。每天工作結束時，他都會因為看到空罐子裝滿 120 個迴紋針感到非常自豪，這代表他當天撥打了 120 通電話。

　　透過這個習慣，戴斯米德在 18 個月內為公司帶來數百萬美元的收入，他的薪水也跟著水漲船高；不久後他再度加薪，他現在的工資已經是原工資的 3 倍。

　　你從這個故事學到什麼？我學到的是「**工作的重點在於養成正確的做事習慣**」。那麼，你能否想出自己專屬的迴紋針工作法，並應用在你的日常工作中？你不妨把放在廚房流理台上的一堆硬幣，當作你完成某個目標的視覺提示（visual cues）。

　　如果你想在白天做 100 下伏地挺身，就去拿 5 個硬幣，你每完成 20 下伏地挺身，就移動一枚硬幣。或是你想每天寫兩封感謝信，你可以沿用移動硬幣法，或是乾脆把這兩封還沒寫的感謝信放在桌子上，讓它們一直出現在你眼前，不斷提醒你趕緊寫完它們，視覺提示雖然簡單但功能強大。

　　你甚至不需要借助於實物——我是從我女兒身上學到這點的。我聽到廚房裡傳出她倆的吵架聲，小女兒卡蒂亞大聲對姐姐說：「輪到我了！」這並不是什麼新鮮事，因為她倆的吵架

半數以上都跟「輪到我了」有關。不過這次爭搶的內容卻是新的。蘇菲亞剛動完某個手術，為了幫助復原，她必須在一週內服藥 21 次；為了確保服藥無誤，她們會用一支黑色的馬克筆，在一張舊圖紙上畫一條直線做統計。重點是，前 4 條都是垂直線，但是第 5 條她們會畫成對角線，現在卡蒂亞爭的，不僅是輪到她畫，而且她想畫那條很酷的對角線。

看到這個方法對於蘇菲亞的服藥產生那麼棒的效果，我決定如法炮製，隔天立刻當成我的寫作策略。老實說，雖然我很喜歡專注  計畫，但有時候還是會在寫作方面遇到困難。我想每天寫兩小時，所以我仿照蘇菲亞和卡蒂亞標記藥物攝入量的方法，我每寫 20 分鐘就做個標記，當我達到 6 條直線或 6 個標記時，就完成了當天的工作量。這方法太好用了！儘量發揮創意找出對你管用的視覺提示，例如手畫的直線，或是迴紋針這種簡單的東西都無妨。計時器也很有幫助，要是我被打斷了，就會暫停計時。

安排特定的寫作時間也很有幫助，我偏好在早上寫作，但如果出門在外，或是要配合家庭活動則另當別論。要是某天早上我已經寫了兩個小時，想不到下午竟然又能擠出一些額外的寫作時間，我開心得像撿到寶物一樣。

「當你的想像力失焦時,你就不能指望你的眼睛了。」

—— 馬克‧吐溫

音樂有助於專注

「你的音樂太大聲了,一直聽這些鬼東西是學不到任何東西的!」某個媽媽正氣急敗壞對著她的孩子大吼。但這位媽媽,妳可能搞錯了哦,如果我告訴妳某些類型的音樂,甚至是流行歌曲、饒舌樂及搖滾樂,其實能改善我們的專注力與提高智力,妳相信嗎?

研究顯示,在工作時反覆聽同一首歌有助於提升創意和專注力。[122] 不同類型的音樂會影響大腦的不同部位,進而有利於不同領域的學習。

每個人都有能提振其精神的專屬聲音,一旦找到這種聲音,聆聽它就可以幫助我們專注,從而獲得最佳的學習成果。古典音樂被公認為可以提高數學成績。一般而言,12%的學生在聽過莫札特(Mozart)和貝多芬(Beethoven)的音樂後,能取得更好的考試成績。至於能提升創意的流行歌曲,則與英語、戲劇和藝術等科目相得益彰。

這些歌曲如何影響大腦呢?格雷博士(Dr. Emma Gray)指出:「重點是找出曲速在每分鐘 50 拍至 80 拍範圍內的音

樂，它們有助於誘發所謂的阿爾法心態（alpha state of mind）
—— 兼具冷靜與警覺性，能激發想像力並提高專注力，被視為
是最適合學習的心態。」[123]

　　格雷指出，在學習時聽這種具有鎮定情緒作用的音樂，可
以促進專注，讓學生能更理性且有邏輯地思考。格雷解釋說，
每分鐘的拍數是影響大腦反應力的最重要因素：「專注力並非
無限的，所以音樂不能讓聽眾分心，而應讓他專心完成任務，
所以**最好選擇沒有歌詞或是對歌詞不熟悉的音樂，且音樂只能
在背景播放。哪種音樂會令人分心因人而異，取決於聽眾個人
的興趣及好惡。**」[124]

　　格雷推薦古典樂、爵士樂以及環境音樂（ambient music），
這些都是能幫助你保持情緒穩定的曲風，因此有助於學習數
學、科學以及語言這些需要邏輯思維與解決問題能力的科目。
至於藝術、時尚、媒體和戲劇這些主題，則與流行歌曲、龐
克、搖滾及舞曲更加搭配。

　　這個月我測試了在寫作時聽音樂，結果喜憂參半。有時
它的提神效果不錯，但有時卻會分散我的注意力；聽音樂在編
輯時給我的助力要比寫作時高些。依據格雷的觀點，最適合我
的音樂是迪士尼歌曲，不過是不含歌詞的鋼琴或交響樂演奏版
本，而且在背景播放的效果會優於用耳機聆聽。

晒晒太陽心情好

許多人常困在辦公桌前，坐等創意找上我們，這是個必須小心提防的陷阱。美國人平均有9成的時間都在室內度過，但我們其實應該多在戶外辦公。所以我設法逐漸增加走到戶外的機會，例如把某些會議改在戶外召開，趁著講電話的時候在室外快走，在樹下寫作，或是在戶外吃午餐。

> 「面向太陽，陰影就會落在身後。」
>
> ── 毛利諺語

植物會把太陽的光線轉化為能量，我們也該如此，以下內容就是關於陽光對我們的正面影響。

改善睡眠品質

陽光有助於改善我們的睡眠品質，當我們的眼睛曝露在陽光下，會通知松果體停止產生褪黑激素，它是一種誘發睡眠的激素；[125] 一旦太陽下山，我們的身體就會通知自己，可以開始產生褪黑激素，於是我們會開始感到疲倦。若我們整天待在室內，我們的眼睛就看不到陽光，導致在白天分泌過多的褪黑激素，所以我們的睡眠品質不佳，是因為身心都不知道現在該睡

覺了。**當我們睡飽睡好時，大腦才有辦法發揮創意並進行策略性思考。**

綠色能提高創意表現

　　當我們走進大自然，置身於樹林和植物中，會讓我們的心情更快樂，還能提高生產力。德國的史蒂芬妮・里希登費爾德（Stephanie Lichtenfeld）博士做了一項研究，[126] 她讓受試者分組觀看不同顏色的矩形，結果觀看綠色矩形的受試者，在執行創造性任務時的表現，優於觀看白色、灰色、藍色或紅色矩形的受試者。里希登費爾德創造了一個新詞「綠色效應」（the green effect）來形容此一現象。為何只要觀看綠色植物兩秒鐘就能令我們獲益？因為大腦會將綠色與成長聯繫起來，所以我們會渴望接觸大自然。

增強腦力

　　晒太陽可以改善大腦功能，劍橋大學（University of Cambridge）的神經科學家大衛・盧威靈（David Llewellyn）透過研究發現，受試者的維生素 D 水平降低時，認知功能也會降低。[127] 而陽光是我們獲得維生素 D 的主要來源，吸收太陽的光線會對大腦處理資訊的方式產生正面的影響。

降血壓

　　愛丁堡大學（University of Edinburgh）的研究人員發現，

當陽光照射到皮膚上時，會釋放一氧化氮（一種能降血壓的化合物）到我們的血流中。[128] 降低血壓有助於降低心臟病發作和中風的風險，進而有可能延長我們的壽命。曝露於更多的氧氣中會使血清素增加，讓你感到平靜、快樂和放鬆。[129]

搭機時別用 Wi-Fi

飛機上的 Wi-Fi 不大可靠、速度慢到令人心煩，況且躬著身子在距離腰圍僅僅幾公分的地方使用熱乎乎的電腦打字，並不是一種很棒的體驗。再者，要是你前面的乘客把椅背往後靠弄壞了你的電腦，這趟旅程恐怕會非常不愉快。

在我實踐專注計畫的過程中，如果遇到某些事情未能給我帶來快樂或幸福，我就會問自己：「我能翻轉這個情況嗎？我可以讓情況變成對我有利嗎？」

所以我決定搭飛機時不使用 Wi-Fi。（我還特地想了個「No WiFly」口號，把它印在 T 恤上應該很酷吧？）現在我會利用搭機的時間專心閱讀、寫作、放鬆和省思。

這樣做以後，飛行就不再是苦差事了。飛行對於我的演講工作堪稱是「必要之惡」，但現在我不再害怕它們了，因為我會趁著在飛機上的這段時間好好整理我的想法。

說到這個 No WiFly 規則，不禁讓我回想起當年飛機上剛安裝 Wi-Fi 時一位前輩的評論，她說：「我喜歡坐飛機，因為

這是我唯一不必跟別人連線的時候，讓我可以享受一時半刻的平靜，所以我真的很不希望他們開始在飛機上裝 Wi-Fi，這對我來說會破壞這種平靜。」

當時我覺得她瘋了，有了 Wi-Fi 飛行才不再那麼漫長。當我跟她說了我的想法後，我看到她眼中閃爍著無所不知的光芒：「啊，小蚱蜢，你要學的東西太多嘍。」

我現在終於明白她的智慧了。

請善用一天當中的零碎時間，當你陪孩子上鋼琴課時，請不要浪費時間猛滑手機，而應好好利用這些空檔閱讀、寫日記、打電話問候老友，或是去做任何你想做但似乎永遠抽不出時間去做的事情。我會利用這些時間寫作、放鬆、省思和休息。好好運用看病時的候診時間、上下班的通勤時間，以及其他任何的零碎時間。

另一個翻轉時刻則跟寫作有關，相較於我對寫小說的熱愛，撰寫商業書籍比較需要費心琢磨，所以我想出了一個解決方案：寫商業類書籍時少點技術性多點人性，並為它們注入更多的創意。這樣做之後，寫作的喜悅以及內容的可讀性雙雙飆升。

> 「邏輯會把你從 A 帶到 B，但想像力會帶你到任何地方。」
>
> ──愛因斯坦

● 7 月重點

讓腦袋放空，把空檔排進行事曆

最重要的那一件事

創意通常會在腦袋放空時產生；為了避免浪費時間，不妨安排一些留白時刻。「空檔」說不定是最具生產力的時間運用方式。

自我評分：B⁺

哇，這個月過得真開心！我保留了一些時間給自己進行深度思考和寫作。那為什麼我沒給自己打 A⁺ 呢？因為有幾次我忙著處理眼前的事，而非應該優先處理的重要事項，導致我不得不在月中喊卡，並按下「重新啟動按鈕」。此外，我的「禪咖啡店」沒能如願開張那麼多天。但綜合考慮所有因素後，這個月仍不失為一個充滿創意的美妙月分。

本月必記重點

1. 找出可以善加利用的零碎時間（例如搭機時不連網）。

2. 把你想要做的事（寫作）跟你喜愛做的事（喝

咖啡）結合起來。

3. 考慮在戶外辦公。

8 月

給予愛和展現同理心

　　本月的重點是，不論是與家人、朋友、隊友或陌生人互動，都要記得給予愛和同理心，讓對方獲得更多能量。與他人互動時，不是我們付出愛給對方，就是從對方那裡取得愛。依現代人平均壽命 80 歲來計算，如果我們每天遇到 3 個新認識的人，我們有很多機會發揮同理心。大多數人只能記住 5 歲以後遇到的人，所以我們一生中可能遇到的人大約是（80-5）× 3 × 365.24（考慮閏年）= 82,179，我們這一生可以對 8 萬多人產生正面的影響！即便只有其中 1％的人來參加我們的葬禮，也將近千人。

　　各位將會在本月持續看到「愛」與「同理心」這兩個詞，我曾考慮過將這一個月的主題定為「愛」，但其實兩者不能混為一談。**愛通常涉及某種程度的同理心，但同理心未必等於愛**。坊間有許多專門討論這些主題的書，有興趣的人請自行參考。本月我將專注於為周遭世界注入更多的同理心和愛，因為研究顯示，這麼做能讓你在公私兩方面都活得更快樂、更成功。有興趣的人不妨閱讀亞當・格蘭特（Adam Grant）所寫的《給予》（*Give and Take*），能對此一課題有更深入的了解。

　　我這個月的目標是每天跟人擁抱 3 次，有些擁抱很容易獲得。想要成為我女兒心目中的「世上最棒的爸爸」，其實也意味著當個「世上最棒的丈夫」。因為孩子們把一切都看在眼裡，並從觀察中學習，所以要讓孩子知道未來的配偶該如何正確對待她們，最好的方式就是爸媽的身教。

　　對你的配偶表達愛意，就是向孩子展示愛的最佳方法。當

人們擁抱或親吻所愛的人時，體內的催產素水平會升高，所以催產素常被稱為「擁抱荷爾蒙」或「愛情荷爾蒙」。事實上，荷爾蒙在所有物種的配對結合（pair-bonding）中扮演重要的角色，催產素不但是構成個人和社會信賴的基礎，也是憂鬱情緒的解毒劑。[130]

經常擁抱我太太與牽她的手，能給我女兒做個好榜樣；孩子不見得會聽爸媽的話，但他們肯定會觀察我們的所作所為。更重要的是，擁抱是與太太重溫當年情的好方法。

表達愛或同理心也意味著專心陪伴，我們經常出現人在心不在的情況，像是整個心思都在滑手機而非活在當下。最好的例子就是，登機口的工作人員通常會對旅客說：「祝您旅途平安、一路順風。」很多客人會漫不經心地回說：「你也一樣。」但正確的回答應該是：「祝你有美好的一天！」因為那些工作人員並不會搭上飛機，所以我們要經常提醒自己別再行屍走肉般地活著──活在當下就是送給自己最好的禮物。

認真活好每一年

今年對我爸來說，是很重要的一年，因為今年他將滿75歲，同時也是結婚50週年。我很幸運能在這麼重要的時候，與他一起喝啤酒並回顧過去的歲月。

我：「老爸，你現在的生活真是多采多姿呀。」

父：「是啊，兒子，那是因為我把它們稱為我的『最後十五強』。」

我：「啊？什麼意思？」

父：「『最後十五強』是我現在的座右銘，因為我想我應該還能身心健康地活個 15 年沒問題。我不想浪費這難得的機會，因此我要盡力去做我想做的所有事情，認真過好這最後 15 年。所以我減重 20 公斤，現在的體態是我這輩子最好的狀態了。我的腰圍變小，成了買新衣服的好藉口，因為最棒的身材能穿出最好看的衣服。反正死了錢也帶不走，所以我們正在整修房子裡的一些小問題，它們已經困擾我很久了，我打算在接下來的 6 個月內完工，因為我不想再拖下去。」

我超喜歡我老爸這個「最後十五強」的樂活概念，受此啟發我也想出了自己的「最後四強」。我最近剛參加老友比爾的 50 歲生日派對，一晃眼我倆居然相識二十多年了，但感覺彷彿昨天才在洗手間認識彼此。

沒錯，洗手間。

當時我在洗手間換上西裝襯衫和運動夾克準備拍照。那天早上，我匆匆忙忙四處尋找我僅有的那件西裝襯衫，發現它被扔在洗衣籃裡皺得跟梅干菜似的。我急著出門，所以只熨平了襯衫會出現在照片中的那一小塊三角形區域，其餘皺巴巴的部分，就靠外套把它們隱藏起來吧。

剛穿上襯衫，我就聽到一陣帶著濃濃波士頓口音的爽朗笑聲：「哇！好一個選擇性熨燙！厲害哦。」我倆隨即成了一見如故的好友。

我即將在 4 年後迎來我的 50 歲生日，所以我仿效我爸的做法，努力過好通往我 50 大壽的「最後四強」。

有什麼事情能幫助你重新聚焦於生活？參加高中同學會？在即將到來的大型海灘聚會上大展身手？再過幾年就要退休？畢業？你想在 30 歲之前寫一本書？想在 40 歲之前擴大你的事業版圖？

替這些能夠幫助你重燃熱情的「生活技巧」，冠上一個響亮的名稱吧。

靠數字、格言和習慣，幫助專注

喜歡傳簡訊的人想必都很熟悉 143 的象徵意義，它是英文「I Love You」的縮寫，源自於每個單字中所含的英文字母數量：1（I）、4（Love）、3（You）。

但它是從什麼時候開始有這層意思的呢？答案可能會令你大吃一驚。

我能找到的第一個把 143 跟「我愛你」聯想在一起的紀錄，居然是從 1894 年開始的；當時位於波士頓港東南方有座名叫邁諾特的壁架燈塔（Minot's Ledge Light）剛剛裝上了一

種新型的閃光燈。[131]

　　美國的國家燈塔委員會（The National Lighthouse Board）給每座燈塔一個專屬的閃光序列，而這座燈塔被隨機分派到的閃光序列就是「1-4-3」：閃 1 次，接著閃 4 次，最後閃 3 次。

　　不久之後，人們開始把「1-4-3」跟「我愛你」聯繫起來，這座燈塔很快就被暱稱為「情人之光」。如果你有機會造訪邁諾特的壁架燈塔，就會看到它在兩個世紀之後依舊遵循著相同的閃光模式。

　　如果你從小就觀看兒童電視節目《羅傑斯先生的鄰居》（Mister Rogers），那你應該很清楚「143」是什麼。

　　以下是湯姆・朱諾（Tom Junod）講述他當年訪問羅傑斯先生的情景：

> 　　羅傑斯先生站上一台磅秤，出現了數字「143」；三十多年來，羅傑斯先生拒絕做任何會改變他體重的事情。每天早上他在匹茲堡運動俱樂部游完泳後都會順便秤下體重，磅秤顯示他的體重是 143 磅。這種情況發生太多次了，以至於羅傑斯先生開始將這個數字視為一份命中注定的禮物，他說：「因為數字 143 的意思就是『我愛你』。」

　　對某些人來說，143 只是一個數字，但是對羅傑斯先生和登上邁諾特壁架的戀人來說，它是一份禮物，是愛的象徵。專

注於 143 讓羅傑斯先生、邁諾特壁架附近的人們，以及其他篤信 143 是天賜大禮的人們，有了可以依靠的東西。各位是否也依靠某些數字、格言、慣例或習慣，來幫助你保持專注？

勿投機取巧

這個月我不斷被提醒，**專注會讓我們更容易獲得成就，但那並不表示我們要專注於容易辦到的事情。其實情況恰恰相反——我們要少做簡單的事情，例如減少回覆電子郵件，這樣才能專注於重大的目標**。重大的目標並不容易達成，否則它們早就已經完成了。

專注在某些方面跟我們養育及對待子女的方式很類似，譬如我們常以為愛孩子（或愛兄弟姐妹的孩子）的最佳方式，就是讓他們輕鬆過生活，但這其實是最糟糕的做法，因為我們剝奪了孩子自己努力做事所能得到的回報。這令我想起了掛在我孩子學校裡的一段標語：「你可以為孩子鋪好路，或是讓孩子有能力自己去鋪路。」

「我們需要收到同理心，才有辦法給出同理心。」
——馬歇爾・羅森伯格（Marshall Rosenberg），
美國心理學家

有位智者曾說：「兒孫自有兒孫福，莫為兒孫做馬牛。」

在某年的棒球教練年度大會中，有超過 4,000 名棒球教練齊聚田納西州的納什維爾（Nashville），當天的主講人是高齡 78 歲的退休大學棒球教練約翰‧史考利諾斯（John Scolinos）。

他在脖子上掛了一個全尺寸的純白色棒球本壘板，步履蹣跚地走上舞台。

「各位可能想知道為什麼我的脖子上掛著一塊本壘板，我

雖然老了，但我沒瘋。我今天站在這裡，是要跟大夥們分享我在人生中學到的一些東西，講講我在這 78 年裡學到的關於本壘板的知識。」

「你們知道少棒的本壘板有多寬嗎？」

現場一陣沉默，幸好隨即有人開口回答：「約 43 公分。」

「沒錯。」史考利諾斯說。

「那青棒的本壘板有多寬？」

底下的聽眾信心十足地回答：「約 43 公分。」

「答對了！」史考利諾斯大聲宣示。「那我請問大學教練，成棒的本壘板有多大？」

「約 43 公分！」眾人齊聲說道。

「這裡有職棒小聯盟的教練嗎？你們的本壘板有多寬？」

「約 43 公分！」

「沒錯！那麼大聯盟的本壘板有多大？」

「約43公分！」

「4、3、公、分！」他大聲地確認：「要是一位大聯盟的投手，沒辦法把球投進好球帶，球隊會怎麼處置他？」他環視聽眾，然後大聲喊出：「他們會把他送去波卡特洛（Pocatello）*！」台下哄堂大笑。

「但是他們絕不會說——沒關係的，吉米，你投不進43公分的目標內，那我們把本壘板加寬成45公分、48公分，或把它改成50公分如何？這樣你就更有機會把球投進好球帶了。要是這樣還不行，我們會把它改得更寬，比如60公分。」

他停頓下來。

「各位教練啊……」

他再次停頓。

「……當隊上最厲害的球員訓練時遲到，我們該怎麼做？要是他被逮到喝酒了，又該怎麼做？我們會追究他的責任嗎？還是我們會為他改變規則？我們會把本壘板改得更大嗎？」

他把本壘板轉向自己，並用一支白板筆開始畫一些東西。當他把本壘板尖頭朝上轉向聽眾時，他們看到了一間房子，有一扇新畫的門和兩扇窗戶。「這就是今天我們家裡的問題。我們的婚姻，我們養育孩子的方式，我們的規矩，全都出了問

---

* 波卡特洛為美國愛達荷州小聯盟棒球隊。此處即表示投手能力不足，因而從大聯盟球隊被下放到能力較差的小聯盟球隊。

題。我們不教孩子必須承擔責任，未達標準也不須承擔任何後果，我們把本壘板加寬了！」

「要是我夠幸運，」史考利諾斯教練總結道，「你們今天會記得這位老教練的一件事 —— 如果我們不能堅守一個更高的標準，一個我們明知是正確的標準；如果我們不能用相同的標準對待我們的配偶和孩子；要是我們的學校、教堂和我們的政府，不能對他們所服務的人們負責，那我們肯定會迎來……」

他將本壘板翻面抱在胸前，露出了暗黑色的背面。

「……黑暗的日子。」[132]

史考利諾斯教練深諳一個重要的道理：**想要積極改變我們的人生，最好的方法並非降低標準而是提高標準，然後依此高標準要求自己以及身邊的人。**正如史考利諾斯教練所懇求的那樣，請不要加寬你的人生本壘板。真正的同理心，是給對方「責之切的愛」（tough love）也就是在了解某人的情況後，給予適當的指導和教誨，讓他擔起責任努力解決自己的困境，這樣的愛才是最好的愛。

心靈力量大

愛也與我們的職業及嗜好息息相關，因為當我們做著自己熱愛的事情時，就能讓潛力獲得充分的發揮。而我們的愛好能

否大獲成功，又跟我們內在和外在的關注焦點環環相扣。

例如網球名將阿格西（Andre Agassi）曾在職業生涯的黃金時期遇到困難，當時他的手腕受傷、信心喪失，且因為一直沒贏球而導致世界排名一落千丈。

當時他在妻子布魯克・雪德絲（Brook Shields）的催促下，極不情願地找上勵志教練東尼・羅賓斯諮商，阿格西其實並不相信這一套，但他別無選擇。

羅賓斯給阿格西看兩場不同網球比賽的影片，一場是阿格西贏球的比賽，另一場則是阿格西慘敗的比賽。這些短片並未顯示阿格西擊球的鏡頭，只顯示了阿格西進入體育場並開始熱身的片段。

羅賓斯：「你還記得這場比賽嗎？」

阿格西：「當然，那是我第一次贏得溫布頓大賽。」

羅賓斯：「看看你從通道走進球場時，臉上的自信微笑、兩眼閃閃發光。此刻你看著對面的對手，心裡在想什麼？」

阿格西：「我心想他 X 的這傢伙（戈蘭・伊凡塞維奇〔Goran Ivanišević〕）還有種上場？我要擊潰他。」

接著羅賓斯切換到另一個影片。

羅賓斯：「你還記得這場比賽嗎？」

阿格西：「當然，這是我最丟臉的敗局之一。」

羅賓斯：「看看你是如何走出通道的，注意你的姿勢。你明明正值壯年，身影卻像個 90 歲老人，你是拖著腳走路的。

你還記得當你看到你的對手（山普拉斯〔Pete Sampras〕）時，你心裡在想什麼？」

阿格西：「我想起我敗給這個人的所有場景，每次都是那麼的痛苦，我真的不想再經歷一次。」

羅賓斯：「我知道你今天帶著懷疑的心態來到我的辦公室，你認為我說的『你的心理狀態會影響你的身體表現』全是鬼扯。但是從我們剛剛觀看的兩個短片中，你已經清楚地看到這點 —— 兩場比賽的結果在開打之前就已成定局了。在打溫布頓時，你的步伐昂揚，你的身體素質對你的心理素質產生了積極正面的影響。你想擊潰此人，而你也的確擊敗了他。相反的，在輸球的那場比賽中，你像個老人拖著腳走進球場，你的身體狀態對你的心理狀態產生了負面影響；你已經向自己和世界展示，輸掉這場比賽是什麼感覺。」

在那兩場比賽中，阿格西在賽前的關注焦點已經決定了比賽的輸贏。

說到這種精神關注與比賽輸贏之間的關聯，曾有機構也對籃球運動員進行了類似的研究；芝加哥大學（University of Chicago）的伯拉斯洛托博士（Dr. Blaslotto）在 1996 年的研究，針對心想事成（visualization）的強大威力做了測試。

伯拉斯洛托隨機挑選一群學生並將他們分成 3 組。他先測量學生的罰球命中率，然後要求各組按照他的指示回去練習罰球，一個月後再來檢測他們的罰球命中率。

實驗方式

第 1 組：完全不碰籃球，既不練習也不打球。

第 2 組：每天到球場練投罰球半小時。

第 3 組：每天花半小時在健身房，閉著眼睛想像自己在練投罰球。

30 天後，召集 3 個小組回到球場練投罰球。

結果揭曉

組別	條件	改善程度
第 1 組	完全沒練	0%
第 2 組	真的有練	24%
第 3 組	想像有練	23%

光靠在腦中「想像練投罰球」的第 3 組，命中率的改善程度竟與每天真的練投罰球的第 2 組不相上下。

我們對於身體狀態的關注，真的會影響到我們的心理狀態，反之亦然，這是因為身心確實是合作無間且息息相關的。所以全神貫注於我們想要的結果真的很重要，**如果我們的想法很負面，就很可能出現負面的行動；反之，如果我們的想法很正面，就比較可能獲得好的成果**。就跟阿格西的情況一樣，我們身體的姿勢和狀態，會對事態產生正面或負面的影響。

就連別人如何看待我們，以及我們如何看待自己，也都會受到我們自身姿勢的影響。《歐洲社會心理學期刊》（*European*

Journal of Social Psychology）中有一項研究顯示，良好的姿勢會對個人在求職面試中對自己的看法產生積極影響。[133] 即便我們沒那麼有自信，但只要抬頭挺胸地端坐或站著，展現出自信的風度，便能影響我們的想法。俗話「扮假成真」就是這個意思，即便身體不大舒服，但只要面帶微笑站好，就能讓我們的精神為之一振。基本上，我們必須更愛自己。

善用「權力姿勢」，減輕壓力

戴娜・卡妮（Dana R. Carney）、艾美・卡迪（Amy Cuddy）和安迪・葉（Andy Yap）在《心理科學》（*Psychological Science*）期刊上率先提出「權力姿勢」（power posing）一詞。她們的研究指出，**我們的肢體語言會支配我們對自己的看法和感受，因此身體擺出的姿勢，會影響我們的注意焦點。**最有名的例子是請面試者在面試前先擺出超人或神力女超人那種威風凜凜的姿勢。卡迪發現那些展現出「位高權重者」坐姿的人會自覺更有力量，在模擬面試時的表現也比那些採取普通坐姿的人更好。她的第二個發現是權力姿勢會改變身體的化學組成。卡迪的研究顯示，那些擺出位高權重者姿勢的人，睪固酮會增加且皮質醇會減少，而這有助於減輕壓力。[134]

雖然該項研究關於特定荷爾蒙影響的部分經常受到爭議，但我還是決定親自嘗試一下。我個人曾對 55 個國家的觀眾進

行測試，結果發現像超級英雄一樣威風凜凜站著，真的很有趣而且令人振奮！95％的聽眾都覺得有效，要是再穿上超人或神力女超人的 T 恤，就更有感了。

「每個人心中都住著一個超級英雄，我們只需拿出勇氣穿上披風就行了。」

——超人（Superman）

敢於與眾不同

我很榮幸曾與太空人馬克·凱利（Mark Kelly）同台演出，他的演講中有一點特別引起共鳴，他說在太空總署裡工作的人，都奉行一項理念：「這裡沒有從眾的蠢人。」但是避免群體思維說來簡單，真要做到卻很困難，因為人類是天生的群居動物。細數之前發生過的醜聞和騙局，從水門事件（Watergate）*到安隆案（Enron）†，再到伯納·馬多夫（Bernie

---

* 水門事件為 1972 年美國總統大選期間發生的案件，當時候選人尼可森為了獲得對手情報，安排他的團隊潛入華盛頓水門大廈安裝竊聽設備，雖然尼克森最後當選總統，但也因此事件最終辭職下台。

† 安隆案為美國大型企業破產案。每年營收達千億美元的安隆公司，在調查與員工爆料下被發現其實是假造財務報表、違背會計法規，才得以偽裝出高營收的公司形象。

Madoff）的龐氏騙局[*]，乃至於宣稱從指尖採血就能驗出百病的
Theranos 公司[†]，騙局之所以能不斷「推陳出新」，原因之一就
是群體思維。

其實只要抱持專注的心態，你就能當個旁觀者清的局外
人。但是大多數人不想專注，反而出於本能地想跟其他人一
樣；他們會模仿其他人的不專注行為，就像一顆小行星被較大
的行星吸引一樣。為了抵抗周圍不專注行為的吸引力，我們必
須弄清楚人類為什麼喜歡從眾。

請記住，從眾行為或一致性未必全都是負面的。譬如當
某人以一種低沉緩慢的語調和你說話，而你也以相同的口氣回
應對方時，那個人就會感到安心。這種自然的傾向有助於讓對
方放心，厲害的推銷員和政客很會運用這種稱為「鏡像行為」
（mirroring）的操控手法。在史前時代，一個人很難在荒野中
存活下來，唯有融入部落才能獲得保護，一起對抗其他部落的
侵略，從眾行為能幫助你留在部落中──因為你融入其中了。

但是跟著大家一起不專注是不利的，我們必須力抗這種人
云亦云的傾向。

---

* 龐氏騙局為 1990 年代的案件，案件主角馬多夫以向投資人保證可以拿到高報
　酬的方式獲取資金，但最後被揭發他是以新客戶的資金去向老客戶支付報酬，
　藉由此手法製造賺錢假象，騙取投資人的信任。
† Theranos 是 2003 年由伊莉莎白（Elizabeth Holmes）所創立之公司，目標是研
　發以小貼片檢驗疾病的技術。可惜公司技術遲遲沒有突破，在營運的危機下，
　伊莉莎白匆忙將產品上市，導致使用的醫療機構出現檢驗結果偏誤的情況，
　最後公司因真相被揭發而倒閉。

著名的心理學家所羅門・阿斯契（Solomon Asch）在 1950 年代做了一些關於從眾偏見的實驗。他想知道，為了配合大多數人的意見，我們會無視於自己的感受和資訊到什麼地步？

阿斯契做出圖表 8-1。

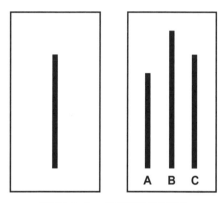

圖表 8-1　阿斯契的實驗

把左側的這條線與右側的 3 條線 A、B 和 C 做比較，哪條線與左側這條線的長度相同？

我們可以清楚地看到，線條 C 與左側那條線等長，但是當阿斯契進行實驗時，竟然有 76％的參與者否定了自己的感覺，並選擇了線條 A 或線條 B。他們為什麼會給出這麼荒唐的答案？

請注意，阿斯契的實驗其實是以之前由心理學家穆札法・謝里夫（Muzafer Sherif）所做的「羅伯山洞」實驗為基礎。謝里夫發現，當某人必須對一項答案模棱兩可的測試做出判斷

298 最有專注力的一年
The Focus Project

時，此人會以他人的意見做為參考。

這種做法其實是合理的，對於自己不確定的事，我們可以向其他人求證，但前提是我們無法用自己的感官（眼視、耳聽、手觸）去確認。

但是在這個實驗裡，參與者明明可以清楚看到兩條線的長度相同，為什麼會有 76％的人做出眼見不為憑的判斷？

從眾實驗

實驗的過程是這樣的：阿斯契一次帶一名參與者進入一個房間，裡面已經坐了 8 個人，他們也「參與」這個實驗。然後研究人員會問房間裡的人哪條線較長，這位實驗中的「白老鼠」被排在第 6 位作答，而在他回答之前，其他 5 名參與者都給出錯誤的答案。

實驗結果讓阿斯契大吃一驚，居然有高達 5 成的人，給出同樣的錯誤答案——他們被群眾動搖了。

阿斯契很好奇為什麼參與者會跟著大多數人瞎說，所以他在實驗結束後採訪了他們，許多人的回答頗令我們心有戚戚焉。圖表 8-2 左方是 1950 年代參與者的回答，右方則是現代人會有的類似反應。

1950 年代	現今
許多人因為遭到同儕的反對而感到焦慮和不自在。	如果周遭的每個人都很焦躁、匆忙和不專心,我們就會模仿他們的行為。
他們信賴團體的判斷高於自己的看法。	要是大家都 5 分鐘就看一下社群媒體,或許我也該這麼做……
有些人明知小組的看法是錯的,但不想顯得與眾不同,所以選擇附和小組的意見。	如果每個人都在「追」這個劇,那我也該花時間看看——雖然我覺得這很浪費時間。
5%的人表示他們的看法確實跟小組一樣,這也太可怕了。	

圖表 8-2　作答對照表

這項突破性的研究吸引了其他心理學家的關注,並對其進行了進一步的深入探究。

從歷史的角度來看,從眾在東方社會中往往被視為一種正面的行為,因為跟其他人一樣,就代表你「融入」了。相反的,**有人認為矽谷之所以能不斷推陳出新,是因為這裡不歡迎從眾行為,原創才會獲得讚揚**。賈伯斯經常以瘋子或海盜稱呼他的小團隊,他甚至在蘋果公司的旗桿上掛了一面海盜旗,宣示他將不惜一切代價避免從眾。

「那又怎樣」的意思是,如果大多數人都不專注,而且他們確實如此地不專注,那我們當然也想跟大家一樣。從人類學的角度來看,這麼做也是合理的,因為在數千年前,人們必須組成部落才能保障身家性命的安全。

被部落驅逐形同被判死刑，大腦天生就知道要保護好自己。阿斯契的研究指出，**知道人類天生有從眾的傾向，是避免掉入從眾陷阱的關鍵一步。當周遭的人都在隨波逐流時，我們必須極力避免隨之起舞**。[135]

社會情境對我們的影響極大，我們必須努力對抗這股強大的勢力。所以，大家都去參加會議時，並不表示我們也得去；你周圍的人都上傳影片到社群媒體，並不表示你也必須這樣做。就算春假期間其他 3 位家人都要去海邊，但只要你們全家更喜歡「在家度假」，因為那樣更輕鬆更愜意，那你們就待在家裡呀。

避免從眾的最好方法，就是專注於做自己，而且是做最棒的自己。這個月我試著多多練習這一點，發現這麼做讓我能更善待身邊的人，因為我不必再經常天人交戰，而且能對我的工作夥伴、朋友和家人付出更多。

鏡子與窗戶

我和一位事業有成的企業家聊起我的這本書，他聞言後開懷大笑，並跟我說了一件事：

企業家：「我正好也在考慮為我的團隊成員編寫一本書，講講他們經常專注於錯的事。」

我：「快告訴我這是怎麼一回事？」

企業家：「前幾天我們公司大樓的供水出了點問題，所以沒辦法泡咖啡。結果我收到一位團隊成員的簡訊，問他們能否在家工作，因為來了也沒有咖啡喝，他們比較想待在自己家裡工作……有夠扯的！」

但你猜怎麼著？那天早上另一名員工刻意比平常早起，開車到城市的另一頭，那裡有家正常營業的咖啡店。然後她早早就進到辦公室，並為所有同事買來咖啡、貝果及甜甜圈。你猜猜後來誰升職？誰離職了？

面對相同的情況，兩個人採取了截然不同的應對方式；試問我們該哀號沒咖啡可喝，還是設法為整個團隊買來咖啡？

你是一面鏡子還是一扇窗戶？鏡子只能看到自己的身影，但窗戶能看到周遭的世界，並想著怎樣才能讓它變得更美好？

用點心，垃圾也能變黃金

18 歲的少年麥克‧格利克曼（Mike Glickman）住在加州一個環境優美的社區。他想當個房屋仲介，但這一行的競爭非常激烈，像麥克這樣的年輕菜鳥，很難獲得客戶的信賴，所以他的行銷傳單全都泡了湯。沒想到屋漏偏逢連夜雨，當地的垃圾清運業者決定罷工。

隨著罷工的持續，這些漂亮的房子外面逐漸堆滿垃圾，看到社區變成這樣，麥克很憂心。他想為社區做點事，於是他萌生一個念頭──如果由他來清掉垃圾會怎麼樣呢？

但社區裡有太多戶了，他一個人做不了，他必須花錢請私人公司代勞。這費用可不便宜，要價 5,000 美元，這數目對麥克來說猶如 500 萬美元的巨款，但他認為這是該做的事。

結果他不但自掏腰包請人清掉垃圾，還為善不欲人知。

隔天全社區的人都很高興，因為髒臭的垃圾都清乾淨了，社區也美麗如昔。住戶原本以為這是因為罷工結束了，但沒想到晚上收看當地的新聞報導，卻聽說罷工還在如火如荼進行中，這讓住戶們很納悶：「如果不是清潔工把垃圾運走，那會是誰呢？」

幾天後答案揭曉，垃圾是麥克請人清除的，他的業務隨即一飛沖天、應接不暇！後來他成了全美最熱門的房地產市場中，業績最傑出的房地產經紀人之一。[136]

當我們調整自己的注意焦點，用不同的視角（尤其是從他人的視角）來看事情時，往往能把垃圾變成黃金。

毅力與耐心

我在嘗試專注計畫失敗的一年半之後，突然頓悟到：我會失敗是因為對過程缺乏耐心。我從未抱持「長期作戰」的心

態，所以我從一開頭就做錯了。我總是心血來潮地說，我要從這個月開始如何如何改掉舊習，但沒多久就故態復萌。關鍵是不要動不動就灰心，而應鼓勵自己：「欸，這還挺有趣的。」

「不做計畫注定失敗。」

我不是個天生有耐心的人，我的心態多半像這樣：「主啊，請賜給我耐心，而且請『現在』就給我！」短期保持專注要靠堅持，長期保持專注則要靠耐心。最終，我受夠了自己的沒耐心，於是乖乖耐下心來完成這個專注計畫。

8 月重點

給予愛和展現同理心

最重要的那一件事

衡量我們是否成功,不是看我們能從世上拿走什麼,而是看我們留下了什麼。

自我評分:A

每天的勝利使這個月有所收穫,我原本不大相信我真的能在每一次的互動中,專注於發揮同理心並付出愛,結果我每天都能數次見到這種行為產生的立即影響。相反的,當我心情不佳時,我能感覺到我一進門就給整個房間帶來負面的能量,於是我會 (1) 轉換心情,或是 (2) 等「風暴」過去後再與對方互動。雖然我做得還不夠完善,所以沒能得到 A⁺,但整體而言,這個月的表現還是很不錯的。

本月必記重點

1. 避免群體思維,不要人云亦云。
2. 我們就像電池,在每一次的互動中,我們不是正能量就是負能量。

3. 你有能力花錢買時間的話，就那麼做吧，因為
   你是在爭取更多時間陪伴你所愛的人。

9 月

抱持正念，
隨時隨地安定當下

　　本月的專注主題是正念（mindfulness）。一想到正念，我的腦中立即浮現出寧靜安詳的 spa 畫面，伴隨著令人心情鎮定舒暢的音樂和水滴聲。但其實正念的練習，並不一定要在隔音的房間裡焚香打坐，而是抱持正念的心態去做任何事情，例如彈鋼琴、清晨在海灘上散步、縫衣服、不戴耳機慢跑、安靜寫日記，或陪孩子在公園玩耍。**實踐正念的關鍵不在特定的地方，而是不論你身處何處，你的心神都能安定於當下。**

　　例如我每次帶孩子去公園玩時，總會對她們說：「我們『必須』出門了！」我經常用這種口氣對孩子們說話，絲毫不以為意。

　　但其實我們哪有什麼事是非做不可的，當然啦，有時候我們確實「必須」回家吃飯，「必須」參加足球練習或生日聚會。但其他很多時候，我是「想要」而非「必須」去做某事，但我卻說了「必須」兩字。這說穿了只是在發號施令罷了。

　　所以在接下來的幾週，我會耐心地等到女兒要求出門時才動身。說實話，由於每次去公園一待就是好幾個小時，所以每次帶女兒去公園玩，我的心中都暗暗叫苦。但一想到我這個當爸的，並不享受跟孩子相處的每一分鐘，說著：「不行，我已經幫妳推鞦韆 1,000 次了。」我其實滿內疚的。

　　我明知遲早有一天她們會大到不想去公園玩，難道那時我才要遺憾地想著以前怎麼會懶得推她們盪鞦韆？

　　起初我真的是耐著性子等她們玩到盡興，但是一段時間之後，我開始真心享受這段不受打擾的親子時光。能在陽光明媚

的日子裡，跟女兒一起在戶外呼吸新鮮空氣，真的很幸福。我開始去注意她們的一顰一笑，看她們倒掛在單槓上時，披頭散髮的樣子好有趣。

我還發現，我在其他領域的專注力也改善了，這樣的進步其實並不罕見。哈佛大學教授喬·德古迪斯（Joe DeGutis）指出：「專注於一項複雜的任務，可以提高你專注於其他任務的能力。」而且養成這種習慣可以讓你進入「注意力狀態訓練」（attentional state training），在這種狀態下，你能以一種輕鬆但專注的狀態進行其他活動。[137]

坊間早已有不計其數的研究指出，正念有益身心健康，許多受到啟發的學校、監獄、醫院、退伍軍人中心等機構，紛紛推出各種實踐正念的專案。[138]

正念是用一種溫和且生生不息的眼光，時時刻刻覺察我們的念頭、感受、身體的感覺以及周遭的環境。

但是活在當下並非停留在當下，心理學博士萊恩·尼米耶克（Ryan M. Niemiec）在《今日心理學》（*Psychology Today*）期刊中指出：

> 人們常把正念誤以為是停留在當下，有些人練習冥想沒多久就感到沮喪，因為他們的心思不喜歡停留在當下，他們會大嘆：「我無法做到正念，因為我無法停留在當下！」但天底下沒有人的念頭會一直停留在當下，我們只能把走神的心思再帶回來；我們可以隨時把心思

帶回到當下，回來專注於呼吸。正念是抱持一種好奇、開放和接納的態度，去調整我們的注意力。[139]

雖然人不可能時時刻刻活在當下，但這個月我會努力儘量做到。

「我全心全意看著我自己的草，所以渾然不知你的草是否比較綠。」

鍛鍊超強意志力

我們大多數人都想說對話、做對事，吃有益身心健康的食物，但往往意志不夠堅定而無法貫徹目標。既然我們的意志力那麼「不給力」，難道我們這輩子注定要完蛋嗎？答案當然是否定的。

雖然之前我曾說過，想要單憑意志力達成目標，不如建立一套可靠的程序並養成習慣，但如果我們能努力強化意志力，對於達成目標必能如虎添翼。強化意志力跟學騎自行車很像，只要堅持不懈，幾乎任何人都能學會騎自行車。

意志力是可以打造與加強的。史丹佛大學的心理學家凱莉·麥高尼格（Kelly McGonigal）博士的研究發現，意志力其

實是身體向大腦的前額葉皮質傳送更多能量的能力，讓它持續關注我們的目標，並幫助我們打消想要放棄的衝動和渴望。[140]

意志力也跟肌肉一樣，經過一天的操勞後會消耗殆盡，意志力的耗損被稱為「自我耗竭」（ego depletion），這就是為什麼我們會在午夜時打開冰箱偷吃點心的原因，難怪爸媽老是告誡我們：「大半夜還不睡覺肯定沒好事。」

「自我耗竭」還說明了為什麼早上一開工就處理重要任務是有利的，不過這並不表示所有的夜貓子都不走運。[141]

麥高尼格是這樣解釋的：「這就像鍛鍊自己成為一名意志力運動員；如果把意志力比喻為一塊肌肉，那麼它應該是可以被訓練的。**就跟體能運動一樣，使用你的自制力肌肉可能會很累，但是經過一段時間的鍛鍊，你的意志肌力和肌耐力就會增強。因此起初覺得很困難的事情，做一段時間之後就會變得容易些；當你養成鍛鍊意志力的習慣後，就比較能抗拒誘惑。**」

如果大腦可以像肌肉一樣訓練，那便衍生出另一個問題：努力鍛鍊之後，我們的大腦會出現實質的變化嗎？麻州綜合醫院（Massachusetts General Hospital）裡的哈佛大學研究人員決心找出答案。

在研究開始的兩週前，研究人員先對參與者的腦部做了磁振造影（MRI），然後將參與者分成兩組：一組練習冥想（平均每天 27 分鐘），另一組則不練習。

僅僅 8 週後，「冥想組」海馬迴的灰質便增加了。原本灰質會隨著年齡的增長而自然減少，因此冥想可以幫助灰質增長

這一事實非常重要。灰質對於學習、視覺、聽覺、衝動控制、語言和記憶至關重要，且能提升我們的自我意識、同情心及內省能力。灰質能幫助大腦處理資訊和計算，而白質則像連接中樞神經系統各個部分的高速公路。

表示壓力增加的參與者，與其杏仁核中的灰質密度升降有關，眾所周知杏仁核在焦慮和壓力扮演重要角色。當俗稱壓力荷爾蒙的皮質醇升高時，會減損大腦正常運作的能力；壓力會殺死腦細胞，甚至降低腦容量。慢性壓力會使前額葉皮質萎縮，前額葉皮質是大腦中負責記憶和學習的區域。[142]

雖然壓力反應始於腦部，卻是一種全身性的生理反應。**應付壓力最好的方法之一，就是專注於你自身及周遭正在發生的事情。**這句話乍聽之下似乎違反常理，但專注確實是培養正念的第一步，正念是一種能夠治療諸多心理（以及生理）問題的技術（a therapeutic technique）。[143]

總之，在研究期間，冥想者的灰質變化情況是這樣的：在它能產生正面影響的區域（海馬迴：學習、記憶、自我意識、同情心、內省）灰質會增加，在它會產生負面影響的區域（杏仁核：焦慮／壓力）灰質會減少。

只要做一點冥想，就能使大腦產生顯著的正面增長，這真是個令人振奮的發現。該研究的資深作者莎拉・拉薩爾（Sara Lazar）博士提出了她的觀點：

雖然大家早就認為內心的平靜與身體放鬆以及冥想

有關聯，而冥想者更強調冥想有益心理健康與改善認知，且能持續一整天。這項研究顯示，冥想者宣稱的某些改善，或許是拜腦部結構的變化之賜，而不單是因為他們花了時間放鬆才感到心情愉快的。

另一位研究者布麗塔・歐賽兒（Britta Hölzel）則指出：

　　拜大腦的可塑性之賜，冥想可以積極主動地改變大腦，從而提高我們的生活品質與福祉。[144]

冥想就像用牙線清潔大腦。麥高尼格博士指出，運動也可以獲得類似的好處：

　　運動也會使大腦發生類似的變化，尤其是前額葉皮質，但目前還不清楚原因。定期運動，包括高強度的心血管訓練，以及瑜伽之類的修心運動（mindful exercise），也能增強身體和大腦承受壓力的韌性，對意志力有很大的促進作用。

大量研究顯示，鍛鍊意志力的兩大良方是「持續運動」和「冥想」。
除了運動和冥想，香港大學的研究人員周傑森（Jason Chow 音譯）與劉順恩（Shun Lau 音譯）想了解環境是否會影

響自我耗竭，進而影響意志力。

他們向參與者展示很多圖像，有些人看到的是生活繁忙的城市景觀，另一些人看到的則是大自然的場景。他們發現，置身於大自然會帶給我們力量，且有助於對抗自我耗竭。[145]

要是我們能利用午休時間到一個漂亮的公園裡冥想，會比待在室內冥想獲得更多的好處。

這項研究幫忙解釋了為什麼在海灘上做瑜伽似乎比在練習室裡做瑜伽更有感，以及為什麼在樹林裡慢跑似乎比在跑步機上跑更令人感到心滿意足。

難怪業界的龍頭公司，都會在他們的辦公園區廣植樹木，好讓員工能在樹林裡散步或靜坐休息。

所以下次當我們發現自己又被手機螢幕召喚時，不妨試試以下這些有科學根據的方法來增強意志力：

1. 設置提醒。利用便利貼或鬧鐘，提醒你在晚上 9:30 關閉 3C，並開始準備睡覺。
2. 冥想。
3. 吃富含蛋白質的餐點。當我們飢餓時，意志力會變得薄弱，蛋白質能讓我們感覺飽足。
4. 許下承諾。我們必須擬定計畫與設置里程碑，來幫助我們增強意志力。這就是為什麼匿名戒酒會提出的擺脫酒癮行動，會分成 12 個步驟而非一步。
5. 原諒自己。惠妮・休斯頓（Whitney Houston）的歌說

的沒錯：「世上最偉大的愛就是學會愛自己。」懊悔會使我們的意志力消耗殆盡，這或許可以解釋為什麼我們明明能夠忍住一整週都不吃女童軍餅乾，卻在週五晚上嗑完一整盒餅乾！我們就是學不乖，老是會做出令自己懊悔的事。

為了更深入了解原諒自己是怎麼一回事，研究人員對參與者進行了一系列關於後悔的研究。[146]

他們發現，感到後悔的參與者，在往後的任務中表現更差；不過相對地，**要是他們能夠在感到後悔的任務中找到一項好處，那他們在往後的任務中，就會表現得比較好。**

在前述的女童軍餅乾例子中，你可能覺得自己應該獲得一點獎賞，因為你一整週都表現良好。你吃餅乾時的想法可能是這樣的：「嗯，吃這些餅乾能讓賣餅乾的女童軍高興，因為有一部分的銷售收入會拿去幫助窮人，所以他們也會很高興；況且把餅乾吃光，我就不會再面對餅乾的誘惑，腦袋裡也不會再不時出現『吃片餅乾吧』的聲音。」

換句話說，學會原諒自己，或是在令人後悔的任務中找到好處，其實會帶來正面的效益。別讓後悔引發骨牌效應，放過自己吧。

欲速則不達

　　因為我趕著要去做下一件事，所以我非常用力地握住油槍，以為這樣可以快些把油加滿！沒想到弄巧成拙，因為這台加油機的抽油泵浦有一個流量調節器，要是我太用力它就會自動關閉。因此，用力握油槍反倒出油更慢，等到汽油終於開始流進油箱時，我的思緒已經飛到我需要做的 100 萬件事上。因為我沒留神，一不小心把油箱加滿了，我立刻抽出油槍，結果被還在流淌的汽油濺了一身。坐在車裡的女兒發出一陣歡樂的尖叫聲，完全不知道她們的老爸闖了大禍。而我也突然醒悟我搞砸了，我又走回不專注於當下的老路。這趟加油站之行是個隱喻 —— 生活也跟握油槍一樣，太用力就會搞得一團糟。

寫一句話日記

　　每天寫日記的好處很多，包括減輕壓力、提升免疫功能、保持敏銳的記憶力、改善情緒與促進心理健康。[147] 光靠自己的腦袋想記住所有事情，就像走鋼絲穿越大峽谷一樣；哪怕是最廉價的筆，記下生活中點點滴滴的功力，也勝過世上最厲害的記憶力。

　　我的挑戰是我沒時間寫日記。之前我已多次挑戰再度提筆寫日記都沒成功，所以寫日記對我來說不僅沒有好處，反而是

一種負擔。我發現問題出在我每次都是以同樣的方式進行，所以每次都失敗。

我沒能汲取愛因斯坦的智慧：「瘋子就是一遍又一遍做同樣的事情，卻期待有不同的結果。」

我必須改變我的做法，這次的做法與之前有兩大差別：

1. 就算每天只寫一句話也行。要是我一整天只能湊出一句話，那就先這樣吧，總之至少要寫一句話。這個做法挺務實的，畢竟過去幾次的經驗已經證明，某些時候我真的是一天都抽不出 15 分鐘來寫日記。
2. 不要記流水帳，而是回想 5 年至 10 年前我最喜歡的某個記憶或故事，並且記下來。

例如寫下小學老師的名字，寫下你的球探朋友的名字，或是畫出小時候住過的老家以及附近的房屋，並寫出那間屋裡住的是哪戶人家。

我發現每週都設定一個主題會很有幫助，譬如這週專門寫高中時的回憶，下一週則寫我在雅虎工作時的往事。有時候這會促使我幾十年來第一次打電話給某人，或是給我小學五年級的老師寄一張謝卡。

「如果你靜靜坐著觀察，就會看到自己的心有多麼不安，如果你努力想讓心平靜下來，只會讓事情變得更糟。不過一段時間之後，它確實會平靜下來，當心平靜下來時，就有空間聽到更微妙的事情 —— 那時你的直覺開始綻放，你更能看清事物並活在當下。」

—— 賈伯斯

不同年齡層的腦波

在 24 歲左右，我們大腦的處理速度會開始下降。[148] 隨著處理能力的下降，任務切換與處理干擾的能力也會跟著下降。例如，我們年紀愈大時，就愈難在人聲鼎沸的餐廳中過濾背景噪音，這就是為什麼我們經常會聽到父親或祖父說：「這家餐廳太吵了，我什麼都聽不到。」

這不單是因為耳朵本身的聽力變差了，還因為年紀較大的人，阻絕噪音和干擾的能力比年輕人差，所以老年人關注不相干訊息的可能性要比年輕人高出一成。[149] 在一大早的時候，老人的腦力比較像 19 歲至 30 歲的人，這就是為什麼先前本書一再強調：「得早晨者得天下。」研究顯示，參與者在早上進行認知任務的測試時，表現會更好。[150]

年紀較大的人在專注方面還有其他的優勢，哈佛大學的

喬‧德古迪斯教授指出，年紀較輕的員工較難專注於乏味的任務；再者，年紀較大的人在專注度較高的工作上表現更好，也比較不會在執行艱鉅的任務時走神或恍神。

曾在海軍陸戰隊服役 26 年的鮑伯‧麥肯（Bob McCann），將他的軍旅生涯成就歸功於他的專注能力。他認為對細節的關注至關重要，並表示：「年輕人無法集中注意力，他們關注的事情太多了，整天都在滑手機是不可能成功的。」

狄德羅效應：越得到越不滿足

1765 年，時年 52 歲的法國哲學家德尼‧狄德羅（Denis Diderot）即將要嫁女兒。狄德羅因主編法國版的《百科全書》而聞名，這是當時最多人閱讀的百科全書之一。不過，狄德羅雖然名氣很大，手頭卻很拮据，根本沒錢為女兒準備嫁妝，更別提為女兒辦一場體面的婚禮了。凱薩琳大帝（Catherine the Great）得知他的困境後，花錢買下了狄德羅的私人圖書館。

一夕暴富的狄德羅買了一件奢華的睡袍當作慶祝，並隨手把舊長袍當垃圾給扔了。狄德羅的新衣非常漂亮，卻顯得與周遭的環境和物品格格不入，狄德羅覺得他必須升級他的沙發、椅子和鞋子，才能配得上這件華麗的新長袍。

這樣的行為最終導致狄德羅欠下比暴富之前更多的債務，他用高檔皮椅取代舊的草編椅子；簡樸的舊書桌退位給華美

的新書桌；昂貴的新版畫換下了平價的舊版畫，狄德羅寫道：
「我曾經是舊睡衣的主人，但現在我已淪為新睡袍的奴隸。」[151]

　　新的物品常會引發骨牌效應，令我們想要獲得更多類似的高級物品，以為這樣就能變得更快樂，但其實之前沒有這些奢侈品時，我們明明也是心滿意足。狄德羅起初非常喜歡他的新長袍，但最終對它產生了反感。

　　各位搞不好也在生活中經歷過同樣的骨牌效應：

- 你把你女兒的臥室漆成閃閃發光的紫色，現在她想讓房間裡的一切都閃閃發光。
- 你買了一輛新自行車，現在你需要新的打氣筒、安全帽、水壺、車燈、手套、自行車褲、上衣、汽車的自行車架、自行車專用眼鏡、里程表、輪胎測量儀等，你從來不知道騎自行車需要這麼多配件。
- 妳買了一件新襯衫，現在妳需要一條新裙子、一雙新鞋、一條新腰帶和一條新手鍊。
- 你更換了你家泳池中的水底燈，現在似乎還需要買新的躺椅、桌子和烤架。
- 你買了最新款的 iPhone，現在你覺得你還需要買一個新的手機保護套、一台新的蘋果筆電和新的平板電腦。

　　生活中有股強大的萬有引力促使我們想得到更多東西，想創造更多人生成就，並相信得到愈多東西人生就會更美滿。

暢銷書《原子習慣》的作者詹姆斯‧克利爾是行為心理學專家與極簡主義者，他提出了對抗狄德羅效應的好建議：[152]

1. 購買符合你生活現況的物品。例如購買新衣服時，請尋找跟衣櫃裡其他衣服能搭配的物品；升級電子產品時，請選購能與現有產品相容的器材，才不必買新的充電器、轉接器或連接線。

2. 一個月內不買任何東西。

3. 買一捨一。每購入一樣新商品，就送走一樣東西，例如買了台新電視就把舊的扔掉，而不是把它搬到另一個房間，這樣可避免你的東西不斷增加。除了能為你帶來快樂和幸福的東西，其他雜物一概不准進入你的生活。

4. 放下想要買東西的貪念。物慾是無止境的，萬事萬物永遠都會有更棒的版本。買輛新的本田車，就會想升級到賓士車；有了新的賓士車，就會想升級到賓利車；有了新的賓利車，就會想升級到法拉利；有了新的法拉利，要不乾脆買架私人飛機？請大家切記──物慾只是個選項，而非必須遵循的命令。

我們該做的是不斷檢視生活中可以移除哪些東西，但我並不是說我們不該擁有美好的物品。關鍵是只添購能創造成就感的東西，並移除無用的事物。

狄德羅效應是負面的骨牌效應，但我們可以追求正面的

骨牌效應。例如開始專注於運動健身，並抱持運動員的心態，那麼你在點菜時，就更有可能選擇烤雞而非熱狗，因為熱狗與你的新人生不匹配。當你點菜時你會思考：「一個重視健康的人是不會點熱狗的，既然我現在是一個追求健康的人，我當然不會點熱狗。」度假時你會選擇前往新墨西哥州來趟山地自行車之旅，而非前往賭城試手氣。或是你會選擇加入 CrossFit 健身房來幫你戒菸，因為吸菸已經不符合你的新人生了。由此觀之，你正在為自己打造正面積極的士氣。無論我們是努力製造，還是從各式各樣的良好行為自然獲得正面積極的士氣，關鍵是要明白一輛移動的自行車更容易轉向，而且這個轉向能幫助我們走上更好的道路。

北歐人的生活哲學

　　無論我們住在哪裡，都可以向其他國家和文化「取經」來學習正念。瑞典有個簡單的概念叫「fika」，意思是喝咖啡悠閒地聊天，這是瑞典文化中根深柢固的概念，並受到法律的保護，所以瑞典的上班日甚至是上學日，一天中會有兩次的「喝咖啡時間」*。

　　Fika 最棒的部分是會提供 7 種配咖啡的餅乾。

---

* 通常在上午 10:00 與下午 3:00 各休息一次，每次 10 分鐘。

別再匆匆忙忙買星巴克的得來速咖啡，然後又食不知味地在車上大口喝掉。Fika 的精神就是慢活──刻意放慢腳步讓自己休息一下。除了瑞典以外，其他文化也有喝咖啡或喝茶的忙裡偷閒儀式。

德文的「gemütlich」是指一群好友坐在舒適的椅子上，喝著熱茶聆聽輕柔的音樂。

丹麥的休憩藝術叫「hygge」，這個單字不僅很難發音（hooga），也很難充分解釋它的意思，它不單指舒適而已。Hygge 這個概念，是描述我們一直想要但很少擁有的東西，可粗略翻譯成：「放眼望去都是令你感到舒適、溫柔且心平氣和的事物，完全看不到任何令人心煩意亂或是難以招架的事物。」它意味著營造一種溫馨的氛圍，並享受生活中的美好事物，難怪丹麥被公認為世界上最幸福的地方之一。當兩個以上的丹麥人聚在一起時，hygge 指的是大家愉快地談天說地、不時舉杯敬酒的友好陪伴感。聖誕節就是 hygge 精神的極致，親朋好友齊聚一堂共享 gløgg（熱紅酒）。

「Friluftsliv」則是挪威的休閒概念，直譯為「自由、空氣、生活」，指的是走到戶外去探索與欣賞大自然，它的形式包羅萬象，包括冥想、拍照、露宿戶外，甚至是跳舞。

實踐 friluftsliv 生活不需要金錢、設備或特定的環境，就跟到戶外散步一樣簡單。

以上 4 種休閒概念（fika、gemütlich、hygge、friluftsliv）我全都嘗試過，每一個都改善了我的心情。我最喜歡的是

friluftsliv，因為它需要最少的計畫、免費且有益健康，不過不可否認的，fika 的 7 種餅乾也是很棒的選擇！ [153]

避免走神的 3 種方法

哈佛大學的研究人員馬修・吉林渥斯（Matthew Killingsworth）和丹尼爾・吉伯特（Daniel Gilbert）發現，走神（a wandering mind）其實是不快樂的；[154] 更令人憂心的是，我們竟然有一半的時間都在走神。[155]

我們腦中所想與實際所做，其實差距很大；研究結果顯示，我們在工作時最容易走神。

了解這一點的確很有幫助，但我們更需要弄清楚 —— 當我們想專心時，如何防止自己走神。

以下是《EQ》（*Emotional Intelligence*）一書的作者丹尼爾・高曼（Daniel Goleman）提出的 3 項建議：

1. **管理**：管理好那些會令你分心或是引誘你分心的事物，會令我們分心的東西大多數是數位產品。

2. **正念**：每隔幾分鐘檢查一下你的大腦和你正在做的事情。「等等，我不是應該在寫報告嗎？怎麼會浪費時間在做這事？」

3. **冥想**：就像聆聽自己的呼吸一樣簡單。高曼表示，每天

練習冥想，就像每天練習舉重來鍛鍊肌肉的記憶；正念能強化大腦的迴路，快速察覺到你走神了，於是立刻打住，並重新專注於你要做的事情。[156]

改掉 7 個浪費時間的壞習慣

以下內容的靈感多來自暢銷書作家提摩西・費里斯。[157]

1. 不接不明來電。
2. 留意你的時間都花在哪兒，並消滅頭號時間殺手（例如你必須設置更嚴格的參數來擺脫某個難纏的奧客），或戒掉一個浪費時間的壞習慣（例如沉迷於社群媒體）。
3. 每個會議都需要有議程、目標和結束時間。
4. 不失禮地減少閒聊。你只要表明「我正在忙」就好了。
5. 集中處理電子郵件。我個人偏好一天兩次。要是你經常分心去看電子郵件，那麼你就是在讓其他人占用你優先處理最重要事務的時間，千萬不要一早開工第一件事就是查看電子郵件。
6. 對社群媒體設定時間限制。
7. 預先訂妥餐廳。早做規劃更省時省事。

勇於改變，人生會更好

現在的你忙到沒時間閱讀這一段內容；你的急事多到應接不暇；你一口氣開了 25 個瀏覽器分頁標籤，全都是必須執行的任務。當生活壓得你喘不過氣來，你的「預設反應」卻是加倍努力工作。你告訴自己提早一小時起床，不吃午餐，疲倦時就再灌杯咖啡撐下去。你相信只要越過這座壓力大山，人生就會一帆風順，但其實那只是海市蜃樓，等你真的爬上山，眼前只會出現一座更高更大的山。所以下一次當生活又壓得你喘不過氣來時，**與其埋頭做更多你一直在做的事情，不如徹底來個改變。**

我們的大腦一直很努力保持專注。有項研究發現，當我們聽到無聊的上課內容或演講時，大腦會自行改編或換個說法，讓它聽起來更有趣。為了刺激我們集中注意力，大腦真的是煞費苦心，而且這麼做會消耗能量。[158]

當我做出改變時，大腦會很歡喜，試問：哪種情況下你可以做更多次引體向上？是在剛開始運動時，還是在練習舉重兩小時後？可能是在一開始的時候吧。大腦的運作方式也是如此，如果你一直盯著最新的報告看了 3 個小時卻沒有任何進展，那就別再看了；相反的，該換個任務了，前述研究指出：「長時間專注於單一任務，其實會阻礙表現。」所以我們做同一件事情時，需要適時休息，例如不要連續 30 分鐘一直做伏地挺身。[159]

「簡單生活的問題在於，雖然它很快樂、豐富且充滿創意，但它並不簡單。」

——多麗絲‧詹森‧朗艾克（Doris Janzen Longacre），作家

下面介紹的一些方法，可以幫助我們適時切換做一些新的任務，並養成有益健康的好習慣。

3 個護眼原則

我們還不清楚整天盯著數位產品，長期下來會產生怎樣的後果，但我們確實知道短期的影響。在正常情況下，我們的眼睛每分鐘平均眨眼 18 次，但在使用數位產品時會驟減至 4 次，減少的程度高達 7 成。再者，不斷凝視藍光會導致眼睛疲勞，而眼睛疲勞會連帶讓全身都感到疲倦。

為了對抗眼睛疲勞並提高工作效率，我開始測試 3 個護眼原則：

1. 每工作 20 分鐘便適時休息一、兩分鐘。
2. 讓身體動一動，例如從椅子上站起身來，或走到飲水機。
3. 望著 6 公尺外的某個固定物體（例如一棵樹或某個標誌）20 秒。

這 3 個護眼原則是由「視覺人體工學」專家傑夫・恩雪爾（Jeff Anshell）醫生所推廣。恩雪爾醫生經常遇到許多患者因「奇怪」的視力問題前來就診，他發現他們唯一的共同點是長時間使用電腦。

恩雪爾醫生表示，研究發現更頻繁的短暫休息，對於肌肉骨骼方面的疾病很有好處，於是他把這項資訊應用到視覺系統，提出了這 3 個護眼原則。[160]

雖然每 20 分鐘休息一下對大多數人都有效，但並不適合所有人，你需要自行測試怎樣的休息方式最適合你。有些人可能工作 30 或 40 分鐘後再休息一下效果最好。我個人非常喜歡這 3 個護眼原則，但我仍要介紹其他流行的休息技巧。

番茄工作法

這個名稱源自於番茄形狀的廚房定時器。**番茄工作法是指每工作 25 分鐘後，就休息 5 分鐘，動動腿，喝杯水，去趟洗手間。當計時器再次響起時，你就回去繼續工作。好消息是，在第 4 次過後，你可以休息 15 分鐘或更長的時間。**[161] 我是在上大學時頭一次聽說這種工作技巧，當時我爸媽還買了一本名為《有志者「試」竟成》（*Where There is a Will There is an A*）的學習指南給我，其中有個方法令我獲益匪淺；該書強調「化整為零」的學習

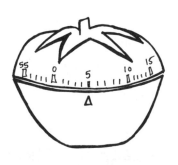

法，也就是把要讀的內容分割成較小的部分，如此不但更能記住內容，而且能延長我的學習時間。用了這個方法讓我的成績突飛猛進，我在圖書館念書時，總是每 20 分鐘就休息一下，走到飲水機那兒歇歇；如果我需要休息更長的時間，我就會走到更遠的男女混讀區。偶爾讀累了，我還會把教科書當成枕頭小睡一下（這沒什麼好大驚小怪的，我們都做過這事）。

52/17 法

時間管理應用程式 DeskTime 所做的一項研究發現，工作 52 分鐘後休息 17 分鐘的人，工作效率最高。[162]

此法的成功祕訣是「全神貫注理論」（100％ dedication theory）。換句話說，無論你在做什麼事，都要全神貫注。DeskTime 指出：「在那 52 分鐘裡，你必須專注於完成任務，把事情做好、取得進展。然後在 17 分鐘的休息時間裡，你要從你正在做的事情中完全抽離出來——徹底休息。」

工作休息交替進行法

這個方法獲得能量計畫網站（The Energy Project）的創辦人東尼・史瓦茲（Tony Schwartz）的認可，它與上一個方法使用的技術頗為類似，它建議工作（pulse）和休息（pause）交替進行。[163]

此法的每個工作週期大約為 90 分鐘，東尼的研究指出：「人類每過 90 分鐘會從全神貫注且精力充沛自然轉變為生理

疲勞。身體會向我們發出它需要休息才能恢復體力的信號，但我們卻企圖用喝咖啡、喝能量飲料和吃糖讓它繼續工作……甚至透支我們的儲備能量，直到耗盡為止。」[164]

我的建議仍是請各位自行測試，確定哪些方法適合你。所有工作法的共同點都是「要適時讓大腦休息」。對我來說，那3個護眼原則的效果最好，但各位可能更適合別的方法。

匿名戒酒會的戒酒 12 步驟

如果你曾經進行過某個包含 12 個步驟的復健計畫，那你極有可能知道它是以一套戒酒計畫做為基礎的。由於匿名戒酒會提出的戒酒計畫成效卓著，因而獲得許多其他的計畫參考與沿用。

我們可以善用這套計畫中的特定技巧，來幫助我們專注。其中有個方法能幫助我們確定哪些事情不要做，並將它們列入「勿做事項清單」上。

多項研究業已證明，我們很可能對智慧手機和社群媒體上癮。要是你會因為手機不在手邊而感到焦慮，那你很可能是成癮了 —— 沒錯，就是這麼一回事。雖然在大多數情況下，手機成癮症不像毒品、酒精或性成癮那麼嚴重，但它仍然是一種必須解決的成癮問題。

原版的 12 步驟戒酒法

1. 我們承認無力抵抗酒精，以至於無法掌控生活。
2. 我們開始相信有個更偉大的力量可以讓我們恢復理智。
3. 我們決定將我們的意志和生命交給上帝照看。
4. 我們將毫不畏懼地列出自己的道德瑕疵。
5. 我們要對上帝、自己與他人坦承我們所犯下的錯誤本質。
6. 我們已經準備好讓上帝去除這些品格上的缺陷。
7. 我們謙卑地懇求上帝除去我們的缺點。
8. 列出所有曾被我們傷害過的人員清單，並補償他們。
9. 我們會盡可能直接補償這些人，除非這樣做會傷害對方或其他人。
10. 我們會持續關注自己的行為，一犯錯便認錯改過。
11. 我們將透過禱告與沉思冥想，讓自己能神智清明地接近上帝，祈求我們能明白祂的旨意，且有能力付諸實行。
12. 實踐以上步驟，能讓我們的靈性覺醒，之後我們要試著將此資訊傳達給其他酗酒者，並在日常生活中實踐這些原則。[165]

　　若單憑上述 12 個戒酒步驟的原始版本，想戒除我們的手機成癮症可能有困難，最好再參考美國心理學會（American Psychological Association）所提出的摘要版，或許更容易理解該如何應用這些步驟來戒除手機成癮症：[166]

- 坦承你本身無力控制自己的成癮症或強迫行為。
- 承認那高於凡人之（神）力能賜予我們力量。
- 在有經驗的前輩幫助下，檢視我們過去的錯誤。
- 修正這些錯誤。
- 學習以新的行為準則活出新的人生。
- 幫助其他有相同成癮症或強迫症的人。

如果你本人或你所愛的人，整日沉迷於某些事物（例如手機、社群媒體、購物等），不妨求助於相關的戒治團體與復康計畫。

「心中盼望不如制定計畫，因兩者所需心力相同。」
—— 艾蓮娜・羅斯福（Eleanor Roosevelt），
已故美國前第一夫人

個性會因長大而改變嗎？

對於許多人來說，新焦點是打造一個「煥然一新的我」。

這便引出一個問題：我們的個性是與生俱來且無法改變的，還是會因長大而改變並更加成熟？

數世紀以來，大家普遍認為個性是天生的而且很難改變，

就像俗話說的：「江山易改、本性難移」。

但在過去數十年間，上述想法受到了挑戰；**現在許多人相信，一個人其實能夠設定目標刻意改變自己的性格特徵，並變成一個更棒的人。**

我向來認為杯子是滿的——一半是氧氣、一半是水。所以我堅信個性肯定是能變好的，但科學能證明人的個性是可以改變的嗎？

對於這個問題，有項研究匯集了半世紀以上的數據，或許能夠提供一些真知灼見。

研究顯示，雖然一個人個性當中的某些組成部分會長年保持一成不變，但其他部分則有可能發生重大變化。該研究觀察人們從高中到退休（長達 50 年的時間跨度）這段期間的性格變化。

該項研究的第一作者是休士頓大學（University of Houston）心理學教授蘿迪卡・戴米恩（Rodica Damian），她指出在大多數情況下，這些變化都是正面的：「一般而言，每個人都會變得更認真、情緒更穩定、為人更隨和。」體貼、親和力以及情緒穩定，皆是長年存在的性格特徵。[167]

根據《心理學與衰老期刊》（*Journal of Psychology and Aging*）上發表的一項研究指出，一個人的個性會隨年紀而改變。參與者的平均年齡為 77 歲，他們的任務是填寫一份性格評估表，對青少年時期的自己做出評價。個性的變化通常是漸進的，經過一段很長的時間，比較容易看出這些變化。[168]

除了盡責（conscientiousness）與情緒穩定之外，研究人員幾乎找不到兩者之間有任何重大相似之處，就像是處於不同人生階段的兩個人，一個是少年時的我、一個是老年的我；研究指出：「兩項評估間隔的時間愈長，兩者之間的關聯性就愈薄弱。我們的研究結果顯示，當間隔拉長至 63 年時，簡直是判若兩人。」[169]

一些研究顯示，人的個性確實會隨著年齡而改變；有時候變化可能小到看不出來，但是經過較長的時間跨度，變化就會非常顯著。

我們的記憶有多容易被誘導

心理學家伊莉莎白・羅芙托斯（Elizabeth F. Loftus）以及約翰・帕馬（John C. Palmer）在 1974 年做了一項「車禍實驗」，其目的是想揭示我們有多容易被自己的記憶欺騙。他們特別想知道：提問時的措辭，是否會影響目擊者的證詞？只是改變問題的表述方式，是否會改變證人的回憶？

在第一個實驗中，他們先給參與者看一段交通事故的影片，看完影片後便請參與者描述車禍現場的碰撞情況。

研究人員提出的具體問題包括：「當兩車撞毀／衝撞／撞到／碰到／輕觸時，它們的車速是多少？」參與者會因問題中使用的動詞（撞毀、衝撞、撞到、碰到、輕觸）不同，而給出

不同的答案。

像「撞毀」這種頗具攻擊性的動詞，會讓參與者相信車子開得飛快；但若是改成「碰到」這樣比較輕描淡寫的說法，就會讓參與者覺得車速並不快。實驗結果顯示，提問時使用的措辭不同，確實會影響參與者的感知和回憶。

這個實驗不但與本月的專注主題有關，而且還印證了一句老話：「遣詞用字至關重要（words matter）。」不論是對他人還是對我們自己說話，都不要隨便脫口而出。我們都是如何跟自己對話的？記得常用積極正面的話語激勵自己，切莫用汙言穢語來打擊自己。[170,171]

9 月重點

抱持正念，隨時隨地安定當下

最重要的那一件事

浪費腦力是件可怕的事，大多數人都會騰出時間改善身體，卻很少人懂得也該騰出時間來精進我們的思想。

自我評分：C⁺

這個月我只得了 C⁺，但是與之前缺乏正念的我相比，已經獲得大幅改善。我需要花更多時間來實踐正念，幸好我現在正朝著正確的方向前進。

本月必記重點

1. 刻意什麼都不做，有時是最好的選擇。
2. 活在當下。
3. 改變心念，你的心情就會振作起來。

10 月

懂得奉獻，
更能有效運用時間

　　研究顯示，當我們主動幫助他人時，我們的心情會變好。不需要研究告訴我這個結果，我早就知道了，每次去當志工總是令我感覺自己的福杯滿溢。然而要在忙碌的行程中找出時間，真的是一大挑戰。幸好這個月的主題是「付出」，我可以專門騰出時間去當志工，我決定先從每週日到我們的教堂當志工開始做起。跟許多志工前輩相比，我的奉獻根本微不足道，但是對我個人而言，算是朝著正確的方向邁了一大步。

　　在我展開專注計畫之前，每次遇到忙不過來時（老實說，一直都是這樣），我頭一個想到的就是賴掉當志工來「偷時間」。不論過去還是現在，這種行為都很不應該，我必須把我的心態從「想要」去當志工，變成「一定要」去當志工。

　　下面我要講述的一些故事，可能跟當志工這個主題無關，但這個月我突然頓悟到，我愈專注於做好與慈善或志工無關的事情時，那麼當天或當週，我就會有更多時間可以用來從事慈善活動。所以我在本章中提到的許多研究和故事，都是教我們如何更有效地運用時間，這樣我們才能把我們的時間、金錢與才能，奉獻給需要它們的人。

> 「如果你想要快樂一小時，就去睡個午覺；想要快樂一整天，就去釣魚；想要快樂一整年，繼承一筆財富；如果你想快樂一輩子，就去幫助別人。」
>
> —— 中國諺語

幫某人的水桶裝滿水

我 7 歲的二女兒今年許下的新年願望是每天幫某個人的水桶裝滿水，這個想法源自於卡蘿·麥克勞德（Carol McCloud）所繪著的《你今天裝滿一桶水了嗎？兒童日常幸福指南》（*Have You Filled a Bucket Today? A Guide to Daily Happiness for Kids*）這本書。

作者說我們每個人都有個看不見的水桶，它們必須被裝滿。**我們可以用良善的行為裝滿別人的水桶；相反的，欺凌或是嘲諷別人，猶如從對方的桶裡偷水；你從別人那裡偷來的快樂，並無法放進你自己的水桶裡**。事實上，欺凌、辱罵或其他負面行為，不僅會耗盡別人桶子裡的水，同時也會耗盡你自己水桶裡的水。

如果直接問女兒：「妳那天做了什麼事？」有經驗的父母都知道得到的答案會是：「沒做什麼事。」

所以我改問她們：「妳今天有幫誰的桶子裝水嗎？妳讓誰

今天的心情變好？今天是誰令妳露出微笑？」
我很期待她們的回答，因為這能幫助我開始
尋找該去裝滿的水桶，並感恩有人裝滿我的
水桶。

這還幫助我避免對一些雞毛蒜皮的小事
耿耿於懷：「我已經跟你們的服務人員說 3
遍了，我孩子的漢堡裡少放了片起司，做好你們的工作有那麼
難嗎？」這個月每當我感到心煩意亂時，我就會暫時放下手上
的工作並且深呼吸一下，問問自己：「我能裝滿誰的水桶？」
來轉換心情。

你記得我的名字嗎？

記住別人的名字是表達感激之情的好方法，可惜我很不
擅長記人名。為了給自己一個挑戰成功的機會，我特意在手機
上記下我最有可能遇到此人的場合（例如學校、餐廳、籃球比
賽、工作），這樣我去領取乾洗衣物時，就知道店員叫「柯斯
汀」而非「克莉斯汀」。

還有，當你被介紹給某人時，最好跟對方說：「很高興見
到你。」而非「很高興認識你。」否則萬一你們早就見過幾次
面，那可就尷尬了。

「你還記得那個棄權的孩子叫什麼嗎？我也不記得。」

不准打 7 分

在編輯本書的過程中，我運用了某位校長教我的一個技巧
──絕對不要在評分表上寫下數字「7」。

$$-1\cdot2\cdot3\cdot4\cdot5\cdot6\cdot\cancel{7}\cdot8\cdot9\cdot10-$$

我請我的家人、朋友、粉絲和團隊成員閱讀這本書，並按
1 到 10 分，對每個部分進行評分。唯一要注意的是，他們絕
不可以給 7 分，任何數字（例如 3、5 或 9）都行，唯獨不能
打 7 分。

因為我們只想保留書中「最精華」的內容，所以我們制定
了一個篩選規則：**低於 8 分的部分將被刪除。**

訂下了「不准給 7 分」的規則後，評分過程就變得非常順
利，你要是覺得這部分不錯就打 8 分，6 分則代表勉強及格。
剔除 7 這個不上不下的安全數字後，整個動能就發生了變化。

我還用這個方法來了解家人或團隊成員的狀況，真的特別
管用。

不知你們有沒有發現，當我們問候別人過得怎樣時，他

們通常會機械式地回答「不錯」或「很棒」；有許多人明明陷入困境了，卻還是回答「很棒」。這就跟餐廳服務員問我們用餐情況時，我們給服務員的回答一樣。我們即便餐點難吃的要命，但只要沒有食物中毒，通常只會敷衍地回答：「不錯。」

打從我踏入社會並與團隊合作迄今，我就很不認同很多公司只有在打考績時才去了解員工的狀況，那真的很莫名其妙。因為我認為我們應該每天（而非一年一次）關懷隊友的狀況，所以我開始詢問我的隊友和家人：「請用 1 到 10 分來說明你今天的狀況如何？」

為了避免實問虛答的狀況，我給出兩個參數。

回答的兩大原則：

1. 你不能說 7 分。
2. 你也不能說 10 分。沒有人是完美的，9.99 是可以接受的答案，但滿分不行。

大多數人在執行此一任務時，都會犯一個相同的錯誤，我最初也是這樣；為了幫助各位避免犯錯，我會說明正確執行此事的關鍵，就讓我們一起來看看吧。

我會請我的隊友，以 1 到 10 分對自己的工作狀況做出評價。從理論上來說，這是很合理的，因為我們是同事，當然要聊工作。尤其我是團隊的負責人，我必須小心不要讓任何人感覺我在針對他（她），並因此感到不愉快。但後來我才發現，

我們要了解的關鍵，其實是隊友的整體表現，包含家庭、健康、工作、精神等各個方面。之所以要問的這麼廣泛，是因為這樣才能了解問題的來龍去脈。

以前我還不懂得如何正確問出隊友的生活狀況，所以我們之間的對話是這樣的：

我：「莎拉，在1到10的範圍內，妳會給自己的工作表現打幾分？」

莎拉：「我想大概8或9分吧。」

哇嗚！她是一位快樂的隊友。但是隔天或一週後，我再問她相同的問題。

我：「莎拉，在1到10的範圍內，妳會給自己的工作表現打幾分？」

莎拉：「大約3分吧。」（嘆氣）

天呀！大事不妙，這週我們做了什麼事讓莎拉不開心？如果她的評分是3，那她搞不好想離職！她對我們的團隊非常有價值，我們喜歡她積極任事的態度，我們究竟做了什麼事害她心情這麼差？我腦中開始浮現各種世界末日的可怕場景，因為我對她的不開心毫無頭緒。

我不知道是因為莎拉的狗生病了，還是因為她最近在股

市賠錢？難道是她的父母決定離婚？又或者是她打算跟伴侶分手？我完全不清楚事情的來龍去脈，因此我現在會請同仁分別對生活和工作狀況進行評分。

　　我：「莎拉，在 1 到 10 的範圍內，妳會給自己的生活狀況打幾分？」
　　莎拉：「大約是 3 吧。」（嘆氣）
　　我：「那團隊的工作狀況呢？」
　　莎拉：「8 分。」

　　這下我有頭緒了，現在我知道工作對她的生活產生了正面的影響。如果莎拉不介意的話，我們可以聊聊她的煩惱，看看我能否幫得上忙。

　　我們必須讓工作與生活都順利，如果莎拉的工作狀態不佳，那她在家裡的狀況恐怕也好不到哪兒去，反之亦然，因為兩者會互相影響。有些人可能會認為，公司辦活動並邀請員工的家人一起來參加，是件瘋狂的事，但我卻認為這麼做很有意義。而且我還體認到，**所謂的做慈善，不只是到慈善機構出錢出力，也包括關心你所愛的人以及職場中的同事，你要讓他們知道你真的很在乎他們。**

　　請好好記住：**人們根本不在乎你知道什麼，除非他們知道你在乎。**

富蘭克林效應：求助讓你更討喜

一般人向他人開口求助時，多半會感到焦慮或不舒服，因為**我們擔心自己的問題會給他人造成負擔，我們害怕向他人尋求幫助，有可能會導致對方不喜歡我們。**

但是富蘭克林並不這麼認為，他的做法正好相反。在富蘭克林政治生涯的某個時刻，他必須獲得某位政治人物的支持，但此人向來堅決反對富蘭克林的政策。

此人擁有一本很珍貴的書，愛讀書的富蘭克林竟然寫信給他，要求借閱這本書，而對方居然答應了。幾天後富蘭克林把書還給對方，並附上一張謝卡。經過這次交流之後，此人不但收起敵意接納了富蘭克林，兩人最終還成了一輩子的朋友。

富蘭克林堅信，向別人求助會讓對方更喜歡他。[172] 但這是真的嗎？請別人幫忙真的能讓對方更喜歡我們？

在富蘭克林死後近兩世紀的 1969 年，終於有兩位心理學家喬恩·傑克（Jon Jecker）和大衛·蘭迪（David Landy）聯手檢驗富蘭克林的理論。他們將參與者分成 3 組，並由一位「祕書」告訴第 1 組參與者，這項研究的費用是由心理學系支付的，但資金快用完了，問他們是否願意退還車馬費。接著由「實驗者」本人告訴第 2 組參與者，說這項研究的費用是他自掏腰包支付的，但資金快用完了，問對方是否願意退還車馬

費。第 3 組受試者則可以保留他們得到的錢。研究結果發現，在這 3 組中，由實驗者本人親自開口要求還錢的那一組最喜歡實驗者，而可保留費用不必還錢的那一組最不喜歡實驗者。此一結果顯示富蘭克林的理論有一定的道理 —— 當你親自向別人求助時，人們會更喜歡你。

　　東京法政大學的心理學家新谷裕也在美國和日本進行了類似的研究。他發現，當參與者親自向其他參與者尋求幫助時，對方會更喜歡他。但如果是實驗者要求大家幫助那位參與者時，他們並不會更喜歡那人。換句話說，如果是由「中間人」代表某人向別人求助，他們並不會更喜歡那人。**其實大多數人都喜歡做好事，但希望由當事人親自開口求助，而非請他人代勞。**

　　我們這個月的主題是做善事，其中包括勸募。誠摯邀請大家一起來發揮愛心，有錢出錢有力出力，體驗行善帶來的正向情緒。[173]

　　此外，當其他人主動表示要幫助你時，不要拒絕他們的好意，因為他們為你做了一些事情後，也會對自己的善行感到自豪，所以結果是雙贏的。但許多人很難接受這種想法，我們常常很固執，只是淡淡地表示：「多謝你的好意。」或是拒絕接受幫助，不想給別人造成負擔。請趕快改變你的心態，因為**當你允許某人幫你忙，你其實是在幫助對方獲得行善的快樂！**

　　所以這個月請各位幫自己一個忙：開口請求別人幫助你。並記得試一試「不准給 7 分」的強大功效！

累積財富能助人

如果你已經展開自己的專注計畫，「財務」將會是相當重要的主題。無論是擺脫債務還是分散投資組合，調整你的財務狀況和制定未來的財務計畫，都需要專注。

我之所以沒把財務當成專注計畫的主題，是因為我在展開專注計畫的幾個月前，就深入了解我的財務狀況。我閱讀了大量的財經書籍，並請教和採訪一些世界級的財務專家，然後整理出以下幾個重點：

1. 立即開始儲蓄 —— 試著把 10％的收入存起來。
2. 不要欠卡債，如果已經欠了，要盡快還清。
3. 在場外等待合適的投資時機，比將資金投入股市更危險，因為沒人能算準時機。
4. 投資指數基金而非個股。從長遠來看，世上最厲害的炒股專家也無法擊敗指數基金。
5. 投資要多元化（房地產、股票、不同地區或國家的指數基金、債券、存款憑證等）。
6. 投資於有經常性收益的項目（例如出租物業、有股息的指數基金等）。
7. 不要支付隱性管理費，因為長期累積下來的金額很可觀。
8. 嚴守投資紀律，抱持長期投資的心態：「時間是你的朋友，複利則是你最好的朋友。」

9. 不要忘記上一條規則。

最棒的生活公式：如果我們儲蓄更多錢，就會有更多資源可以幫助他人。

訂下非做不可的期限

想要善用時間，就必須學會不浪費時間，尤其是在工作的時候。

> 「窮人不是擁有太少而是渴望更多的人。」
>
> ——塞內卡（Seneca），古羅馬哲學家

在職場中，近半數的員工只工作了 15 分鐘就會分心[174]，卻要花上 25 分鐘才能收心回到原來的任務。[175] 微軟研究實驗室（Microsoft Research Lab）發現，受試者常因為某件事的干擾，例如回覆一封電子郵件，以致有 4 成的工作時間會分心到不同的任務上。

超過半數的受試者表示，每天會因為干擾而浪費一小時或更長時間。會害我們分心的事物不勝枚舉，例如電子郵件收

件匣、健談的辦公室清潔工、疲勞或壓力，幾乎任何事情都會害我們分心。[176]《紐約時報》與卡內基美隆大學（Carnegie Mellon University）合作，設計了一個實驗來確定大腦受到干擾時腦力的損失程度。他們把參與者分成 3 組各自完成一項任務，在執行任務期間，參與者會經歷不同程度的干擾。

為了方便起見，我們將受試者分為：

第 1 組：專心無擾組
第 2 組：飽受干擾組
第 3 組：高度警戒組（隨時有可能被干擾）

大家多半認為專心無擾組的工作表現肯定優於另外兩組，情況也確實如大家的預測。比較令人驚訝的是受到干擾的這兩組人，錯誤率比專心無擾組整整高了 2 成。

測試的第二部分非常有趣，因為這次高度警戒組實際上並未被干擾，在預期的干擾未出現的情況下，他們最終的表現提升了 44％，甚至優於對照組！**想不到預期自己可能受到干擾，竟大大幫助我們完成任務（即便實際上並未被干擾）。**

此外，許多人在工作或任務截止日期前的表現特別出色。事實上，許多人在沒有截止日的「鞭策」下，根本沒辦法做事。**我們必須為重要任務訂下完工時間的另一個原因是，這種強迫停止能提高我們的決策力和生產力。**對於我們想要解決的任何事情，都應該給自己訂下一個完工期限；而我們之所以

很難硬性規定完工的最後期限,是因為這麼一來這件事就「真的」非做不可了。[177]

由於分心的成本太高,所以一些組織實施了防止分心的系統(例如禁發內部電郵)。亞培血管(Abbott Vascular)的副總裁傑米‧傑考伯斯(Jamey Jacobs)指出,他手下的 200 名員工表示,手上有多項專案同時要處理,卻不得不回覆電郵,令他們非常焦慮。

為了解決這個問題,傑考伯斯鼓勵大家多用電話溝通,案子果然更快、更有效率地完成了。[178] 傑考伯斯的行動幫助他的團隊打破了原本的預設習慣,所以一通電話能解決的事,就別發電郵或簡訊啦。

如果你在工作時經常被同事、電話或即時短訊打斷,不妨預約一間小會議室,然後拿起你的筆電進去「閉關」一下。如果你是在家,不妨去附近的咖啡館或公園躲避干擾。還有,即使沒在講電話也戴上手機耳塞,這樣別人比較不會打擾你。

大家都知道作家必須專心才能寫出最棒的作品,所以他們常常獨自一人避居到偏鄉以免被打擾。我們不必像梭羅(David Thoreau)一樣,獨居森林兩年只為專心寫下《湖濱散記》(Walden),但是在某些季節裡像這樣改變我們的生活方式倒是挺不錯的。

例如職業美式足球選手也跟作家一樣,會前往偏遠地區進行集訓。美國國家美式足球聯盟的隊伍,會離開各自的城市,到一些小鎮移地訓練數週;美國職棒大聯盟(Major League

Baseball, MLB）的球隊，則會在氣候溫暖的小鎮進行春訓。許多企業選擇在自然風光優美的地點舉辦異地會議（off-site meeting），或是到偏鄉休息放鬆（retreat），這些活動的重點就是簡化我們的生活。

干擾可分成內外兩種。外來的干擾像是辦公室裡惱人的笑聲、窗外嘈雜的車聲、聊天的同事，或是空服員在對講機上胡言亂語。**我們常以為這些感官上的干擾是主要的干擾因素，但其實很多干擾因素來自內部。**

內在的干擾主要是腦中喋喋不休的噪音，這通常是情緒性的。如果我們與另一半吵架，我們就很難專注在其他事情上，所以才會有「床頭吵床尾和」的勸世警語。為了確保晚上能獲得充分的休息，最好在睡前解決爭端，否則我們有可能會一整夜輾轉難眠。為何會這樣？因為我們的情緒和注意力的持續時間（attention span）位在大腦的相同部位——前額葉皮質。[179]

人腦天生會想要解決難題，以便我們擺脫壓力，但是在壓力被解決之前，大腦會持續與壓力搏鬥。

當梭羅避居瓦爾登湖（Walden Pond）時，他意識到自己可以把外來的干擾拋到腦後，沒了外來的干擾，他得以分配更多精力來解決自己的內在衝突——他是誰以及他想成為什麼樣的人。

加州大學聖塔巴巴拉分校（UC Santa Barbara）的心理學教授強納森·史庫勒（Jonathan Schooler）指出，人們在執行一般性的日常任務時，至少有3成時間是走神的；在某些情況

下,例如在一望無際的高速公路上行駛時,走神的時間可能高達 7 成。[180]

說不定你最近駕車時便發生過走神的情況,當你猛然回神後會非常驚嚇,因為你完全不記得過去 30 分鐘的駕駛情況。

不過思緒遊蕩也是有一些好處的,它有時會提高我們的創意,以及解決問題的能力。我們的大腦不可能一直保持百分之百的專注,我們的目標是要儘量避開干擾與避免分心,並在必要時能全神貫注。

邊開車邊發簡訊比酒駕還危險

邊開車邊發簡訊,曝露出一心多用的陰暗面。如果你一直苦勸你的配偶或子女不要在開車時發簡訊或推文,但他們置之不理依舊我行我素,請給他們看看《車與人》(*Car & Driver*)雜誌觀察到的結果,請注意兩名司機的反應時間。

該雜誌發現,與專心開車的駕駛相比,當喝醉的司機以時速 112 公里開車時,他需要多 2.5 公尺的距離,才能對危險做出反應並開始煞車。但測試結果顯示,邊開車邊發簡訊的司機,必須多 12.5 公尺才

能做出反應並開始煞車，可見邊開車邊發簡訊的司機，反應比酒駕司機慢了 5 倍。開車時一心多用，不但可能毀了你的車、你的生意、你的健康……還可能要了你的命。

福特汽車的焦點：一個團隊、一個計畫、一個目標

艾倫·穆拉利在福特汽車公司擔任執行長期間，我有幸與他同台演講，並聽到以下這段故事：剛從波音公司（The Boeing Company）轉職到福特的穆拉利，對於福特的某些公司文化相當詫異。首先是當他把車開進主管的專用停車場時，發現那裡竟然沒有半輛福特車！那些正在被清洗、打蠟和拋光的車，全是這些年來福特陸續收購的品牌，例如路華（Land Rovers）、捷豹（Jaguars）以及奧斯頓·馬丁（Aston Martins）。穆拉利馬上感到此風不可長，如果高級主管的心思全放在這些一般人買不起的豪華車款，福特這個品牌想要扭轉乾坤的機會為 0。

其次，他發現福特旗下的品牌太多，多到令人眼花撩亂，穆拉利指出：「客人是來買車的，不是來買品牌的。」經他整頓之後，管理團隊開始全心專注於恢復福特品牌的往日榮光。

決定不做什麼跟要做什麼一樣的重要，這也是專注的中心思想。就像我們之前一再提及的 —— 你的待辦事項清單其實是由你的「勿做」清單決定。

穆拉利要求全球二十多萬名員工專注於發展福特品牌,他提出「一個福特」(One Ford)概念,這個新計畫非常簡單,一共只有3點:

1. 將全球的福特員工凝聚為一個團隊。
2. 善用福特獨有的製車知識和資產。
3. 製造人們想要與重視的汽車和卡車。

為了提醒公司裡的每個人記住「一個福特」策略,穆拉利發給每位員工一張信用卡大小的塑膠卡片,其中一面寫著「一個福特」,另一面則寫著「一個團隊、一個計畫、一個目標」。穆拉利的口袋裡放著很多張卡片,準備送給沒隨身攜帶它的員工。儘管我們已經生活在數位時代,但是利用實體物品來幫忙提醒還是非常有效的(例如本書前面提過的迴紋針)。穆拉利相信:「如果我們每個人都更清楚自己在為公司做什麼,我們做起事來就會更有動力、更起勁且倍受鼓舞。」

> 「資訊就像用消防水管替茶杯注水般湧入我們的大腦。」
> ——史考特‧亞當斯(Scott Adams),美國漫畫家

訓練自己踩煞車

就如我們之前所說，保持專注的關鍵是抑制任何會令我們分心的事物──無論它來自內部還是外部。

神經科學家做了一項頗受歡迎的測試，稱為「史楚普叫色」測試（stroop）。實驗者會給受試者看一些以灰色或黑色印刷的文字，並要求受試者大聲說出這個字是什麼顏色（灰色或黑色），而非說出單字本身的意思。對我們的大腦來說，閱讀文字會比辨別顏色要容易得多，因此在下面的示例中，我們的大腦會非常想將第 4 項讀為「灰色」（文字本身的意思），而非它的顏色（顯然是黑色）。

1. **黑色**
2. 灰色
3. 黑色
4. **灰色**

我們必須抑制不假思索的自動回應，才不會將第 4 項脫口而出說成「灰色」。科技的進步讓科學家能使用複雜的掃描儀器，確認我們的大腦真的在積極工作，並避免做出下意識的反應。而此一活動在左腹外側前額葉皮質（ventrolateral prefrontal cortex, VLPFC）中發生得最多，大約位於太陽穴後面。

《你的大腦在工作》（*Your Brain at Work*）一書的作者大

衛・洛克（David Rock），拿汽車來比喻大腦的運作情況。**洛克指出大腦中有許多不同的加速器（油門踏板），負責處理語言、情緒、運動和記憶，但是大腦中只有一個中央控制的煞車系統，所有的煞車全靠它**；換言之，人腦中有許多油門踏板，但只有一個煞車。

如果你擁有一家汽車公司，正打算製造一種新型的車輛，你肯定會用最牢靠的材料製造煞車系統，因為煞車失靈可不是開玩笑的。然而人類大腦的運作情況卻恰好相反，**人腦的煞車系統是大腦中最脆弱、最喜怒無常且最消耗能量的區域中的一部分**，稱作「前額葉皮質」。所以你的大腦煞車系統頂多只能偶爾發揮作用，若真要開著這樣的汽車出門，恐怕有去無回了。仔細思考這一切你就會覺得難怪如此 —— 有時候你的確能抑制衝動不讓自己去做某些事情，但大多數時候沒那麼容易。有時候要自己別去想那些突如其來的惱人想法，真的很困難；至於保持專注，根本不可能。[181]

若進一步演繹洛克的比喻，要平安駕駛一輛煞車不良的汽車，關鍵是避開危險的路況，例如結冰的路面，以及避免在天黑後開車。

同樣地，我們必須留意自己當下正在做什麼，就像汽車的自動煞車系統，我們應該輕常暫停一下問問自己：我仍在繼續做著 10 分鐘前的工作還是我分心了？我現在正在做我該做的事嗎？簡言之，**生活中務必定期踩下煞車，以確保你是朝著正確的方向前進。**

像番茄農民一樣對待時間

番茄農民的成功關鍵有一部分要取決於他在一個小時內能採多少番茄，他採番茄的效率愈高，他能賣的番茄就愈多。

哈佛商學院的博士生保羅・格林（Paul Green）針對 820 位番茄農民進行一項研究，測試意外狀況會對他們造成怎樣的影響。

農民的工作被迫中斷的原因有兩個：

1. 卡車壞了，他們必須幫忙修車，或是
2. 他們必須等待下一輛空卡車到達。

上述兩種中斷情況對於生產力的影響是截然不同的，你想像得到嗎？你認為這些意外的休息，會使他們的工作效率提高還是降低？

事實證明，農民幫忙修好卡車再回去繼續採番茄時，農民的生產力降低了，格林將這種生產力的變化歸咎於必須重新聚焦：**「當你遇到一個跟工作有關的突發任務時，你必須將注意力轉移到另一項活動上；之後要將注意力帶回你平常的工作並不容易，這牽涉到重新啟動的成本，你必須花費一段時間才能重新進入流程。」**

至於等待空卡車來載貨的另一組農民，因為不需付出「重啟成本」，所以他們的生產力在休息後大為提升。因為他們不

知道究竟要等多久，所以並未進行其他活動，而他們在休息
10 分鐘後，平均生產力提高了 12.81%，格林認為這些短暫的
休息很像是「在注意力並未渙散的情況下順便充了電」。

　　但我們大多數人的工作並非採摘番茄，而是長時間盯著螢
幕做事，這項研究跟我們有什麼關係呢？同樣一組研究人員也
對辦公室的內勤人員進行了類似的測試，結果居然頗為相似。
測試的方式是利用電腦當機（相當於載運番茄的卡車沒來）打
斷工作，結果受試者在短暫休息後復工的準確度和生產力分
別提高了 15% 至 20%。就像格林所說的那樣，上班族和番茄
農民成功的關鍵在於：「他們的焦點並未改變⋯⋯腦袋仍在待
命，但這種讓頭腦放空一下的休息（mindless rest），能令身
心皆受益。」[182]

別讓壞情緒堆積

　　麥克・派瑞希・杜代爾（Michael Parrish Dudell）是暢銷
書《鯊魚幫》（*Shark Tank*）系列的作者；有許多企業家登上
屢獲大獎的電視節目，而杜代爾的書讓讀者深入了解那些企業
家的真實個性。杜代爾以驚人的效率迅速完成這系列的書——
他甚至只花 3 個月的時間便完成其中一本。

　　我向他請教如何在這麼短的時間內寫作出如此精采的內
容，他的回答是：「首先，我寫作時會心無旁騖，儘量不讓自

己分心；無論是躲到咖啡店裡，還是去佛州的某個偏遠地方，總之遠離一切干擾。其次，要是某一天我沒寫作，或是寫得很不順利，我也不會耿耿於懷，我會讓自己保持高昂的士氣，絕不讓壞情緒繼續累積。如果我的計畫是一天寫 2,000 字，但我只寫了 100 字，那麼隔天我必須回到正軌，第二天我會寫 3,901 個字——不僅補上昨天的量，還額外多寫一個字。」

　　許多頂尖人士都抱持著跟杜代爾一樣的態度。**無論我們的目標是什麼，難免會遇上無法達成目標的日子，但關鍵是第二天我們一定要奪回控制權。**如果你的目標是每天做 10 下伏地挺身，但某天你必須帶女兒去看醫生，這沒什麼大不了的，隔天嘗試做兩組 10 下伏地挺身就是了，關鍵是不要讓損失愈積愈多。如果你錯過了一、兩天，沒什麼大不了的，就當成是讓自己休息一下。但如果你連續兩週沒運動，卻妄想一天做 140 下伏地挺身「補回來」，或是一天寫 28,000 字，那恐怕是不切實際的幻想，世事不是這樣運作的。

像對待 iPhone 般對待自己

　　我們已談過意志力和自我耗竭之間的關係，如果各位能夠像使用智慧型手機那樣對待自己的身心，就能過好每一天。通常到了晚上我們就會幫手機充電，同樣地，我們也要睡飽覺為身體充電，這樣當我們隔天早上醒來時，全身就會充滿活力。

每天我們要思考無數個決定，光是做這些決定，就會令我們的身心感到筋疲力竭。

雖然大腦的重量還不到體重的 2%，卻要消耗大約 320 卡的能量。[183] 這意味著我們每天大約有兩成的能量都用在思考上。[184] 無論是洗碗這種瑣碎的小事，還是學習外語那樣複雜的大事，只要我們在思考和行動，大腦就會消耗大量的能量並耗盡我們的體力。雖然我們白天也能給身體充電，例如小憩 20 分鐘、接觸大自然、呼吸新鮮空氣、冥想、運動等，但是避免不必要的電力消耗同樣重要。少為日常小事煩心，別煩惱早餐要吃什麼、出門要穿什麼、要在哪裡停車，以及其他諸如此類的小問題，**儘量建立自動化系統，就能避免耗盡大腦的電力。**

負面的想法也非常消耗腦力，從而降低思考、推理和形成記憶的能力。[185] **儘量保持正面思考，避開嫉妒、悲觀、壓力和擔憂等負面思想，都是能延長大腦電池壽命的好方法。**

把還未達成的目標繼續留在待辦事項清單上，也會消耗我們的精力。再說一次，我們必須以使用手機的方式來對待我們的大腦，所以當我們沒在使用某些應用程式時，就把它關閉。你是否曾經開車出門，抵達目的地後一小時從包包裡拿出手機，赫然發現電池沒電了？這是怎麼一回事？原來是你在抵達目的地後，還一直讓導航地圖應用程式處於打開狀態，雖然你根本沒在用它，它卻耗光了你的電池。

我們的大腦就像手機，我們要麼把問題解決掉，要麼把它扔到一邊不予理會；千萬別讓還未解決的重要細節「在背景執

行」，結果耗盡了我們的電池。

高空喜逢老友

我在預備飛往舊金山的飛機上就坐；我們的動畫工作室正為迪士尼製作一部影片，我趕著在飛機起飛前最後一刻用手機傳送一些創意指導。飛機起飛後，我放下手機，忽然感覺有人抓住我的手臂，我的好友竟然就坐在隔著一條走道的鄰座。

過去幾週，我倆一直想要約個時間一起吃頓午飯，但因為兩人的行程都很忙，所以一直沒約成，沒想到居然在空中偶遇。我們不禁互相取笑對方，竟然過了這麼久才注意到彼此。

雖然我倆在飛機上都有很多事要做，但我們還是暢聊了兩個小時，然後還一起搭車進城。這是我這一週最開心的一件事，再忙也要跟朋友見見面、說說話。

要是當時我倆都埋首於工作，根本沒注意到我們坐得那麼近，那該有多遺憾啊。

對付壓力最好的方法就是擊退它

亞馬遜的創辦人傑夫・貝佐斯認為，對於我們想要追求的事物，我們必須正面迎擊相關的壓力。貝佐斯認為，**努力工作**

並不會產生壓力，壓力往往來自於我們明知該做的事都沒有去做；事實上，只要解決掉令你有壓力的那些事，壓力就迎刃而解了。

請記住：「壓力」一詞其實是成年人對「恐懼」的代稱。套句潛水教練的話：「恐懼就像它字面的意思 —— 只是看似真實的假證據（FEAR is simply False Evidence Appearing Real）」。

太多重點反倒眼花撩亂

當初麥當勞兄弟開設的第一家餐廳，是一間老派的汽車餐廳，商品多達 27 種。店裡的揚聲器播放著音樂，顧客只需舒適地坐在自己的車裡，把點餐單交給穿著溜冰鞋的女服務員就行了。但是開店沒多久他們就發現，87%的訂單內容都是漢堡、薯條和飲料。

> 「成功的訣竅不是增加而是減少東西。」
>
> —— 祖克柏

聰明的兄弟倆立刻改變做法，他們大幅減少菜單品項，只賣漢堡、薯條和飲料。為了集思廣益，他們去到一些無人的網

球場，規劃設計一個全新的廚房，並讓員工模擬漢堡和薯條的製作流程。他們用粉筆繪製、修改廚房的設計，直到整個作業流程變得非常順暢。新的點餐取餐流程都由走上門的顧客自行完成，不再由服務員穿著溜冰鞋送給車裡的顧客。

「簡單」和「快速」是改造後的新事業營運宗旨。

重新開業的那一天，兄弟倆舉辦了盛大的開幕活動，但蜂擁而至的不是顧客而是一大群蒼蠅。就在這令人失望的一天即將結束時，突然有個孩子走進來點了一個漢堡，然後另一個人出現了，接著又有人進來點餐，然後一個接著一個。據估計，麥當勞迄今已賣出超過 3,000 億個漢堡。

生活的關鍵

我高齡 96 歲的祖父畢業於普林斯頓大學（Princeton University），二戰期間曾在海軍服役。他是一名化學家，曾為密西根州的史特羅啤酒廠（Stroh）編寫招牌啤酒配方。他平日總是跟一些有趣的人為伍，某次我與祖父閒聊時，一個我不認識的男人加入我們的話局。我問他們幸福生活的關鍵（key）是什麼？他說：「小伙子，你自己已經說出答案啦，答案就是鑰匙（key）啊。」他邊說邊掏出一把鑰匙：「我這輩子可是非常努力工作才掙到這把鑰匙的。但你知道嗎？當你擁有的鑰匙愈多，就會有愈多東西擁有你、壓得你喘不過氣

來。你或許以為擁有房子、車子、鋪子、遊艇等許多把鑰匙，才叫成功的人生……但我現在要告訴你，事實恰恰相反。只擁有一把鑰匙是世界上最難的事情之一，但如果你能做到，在我看來，你肯定會活得很開心。」

這個「簡勝於繁」的道理不僅適用於人生，其實在商業上也擁有強大的威力。當年我在知名旅遊網站 Travelzoo 擔任行銷主管時，有位新進員工對公司的電子報提出了新的想法，我們的電子報訂戶超過 3,000 萬人，而這位新員工大膽建議，我們應該增加更多圖片和影片，讓電子報變得更時髦更有看頭。

當時整個會議室一片靜默，大家都在思考這個建議是否可行，這時我們的創辦人兼執行長開口說話了：

　　我想問一句，為什麼我們要拋棄現今這種簡單的電子報，那可是我們辛苦多年好不容易才打造出來的，我永遠都不想採用你建議的複雜內容，那會給我們的讀者帶來負擔。

踏入不適區

無論是幫助陌生人，還是改造我們的公司，或是改造自己，我們都必須學會踏入不適區。

小加圖（Marcus Porcius Cato the Younger）是羅馬共和國

末期一位力行斯多葛主義的政治家。他深信「美德便足以使人幸福」，所以聖人的情志不會因為不幸而受到摧殘。他的這番見解雖然惹惱了凱撒大帝，使他想置小加圖於死地，但卻贏得了後人的欽佩，包括羅馬皇帝馬庫斯・奧理略、義大利詩人但丁、美國前總統華盛頓、美國政治家富蘭克林等，許多開國元勛也將他視為反抗獨裁的象徵。

小加圖當年奉行一套特立獨行的行事風格，與我們想要專注的願望不謀而合。話說當時小加圖總是穿著極不討喜的黑色衣服，而非高人氣的紫色；他還經常不穿長袍和涼鞋就在路上昂首闊步。這些違反常規的行動自然引起人們的矚目，難道他是個自戀狂嗎？當然不是，他是在訓練自己。起初他也會因為穿著不受歡迎的服裝而感到不自在，但一段時間之後，他學會了不必為無聊瑣事感到羞惱，只需關注真正重要的事情即可。

多年來我一直戴著一副亮綠色外框的眼鏡，並為此「備受矚目」。有些人覺得這副眼鏡看起來很蠢，但也有人很喜歡。剛開始我也和小加圖一樣，感覺有點尷尬、可笑、羞赧。然而一晃眼幾個月過去後，我才明白小加圖當年那些奇葩行為有多天才，因為**當你學會了在眾目睽睽的不適之下昂首闊步，天底下便再無難事了**。戴綠框眼鏡還教會我辨明什麼是重要的、什麼是不重要的。機場的陌生人認為我戴著綠色外框的眼鏡看起來很蠢，我幹麼在乎？這些小事根本不重要，這副眼鏡教會我只關注生活中的重要領域。

各位不妨親自嘗試一下，下次去你家附近的咖啡店消費

時，不妨先問問店員能否給你打個 9 折？或是把你的中杯咖啡升級為大杯？

你將獲得跟古哲學家類似的發現——逼自己走出舒適區的行為，通常能讓我們頓悟很多人生哲理，並訓練自己別為小事煩心。

別再騙自己了

請想像現在是 1959 年，你是一名參與某項研究的史丹佛學生。他們要你移動放在一個盒子裡的線軸，接著又要你移動一個告示板上的圖釘。說真的，呆坐在樹下看野草長大都比做這件事有趣。

完成實驗後，研究人員對你表示感謝，還說其他參與者都覺得這項實驗既有趣又刺激，你心想：「才怪，怎麼可能會有人覺得這實驗很有趣？」但你什麼都沒說。

「專注是為了弄清楚你不擅長做什麼。」

這時實驗者面露難色，並說因為他的同事還沒來，想請你抽出幾分鐘的時間幫忙接待下一組參與者，並告訴他們待會要執行一項非常有趣的任務。

　　下一組的任務也跟你一樣是移動線軸和圖釘。為了表示謝意，你將獲得1美元的報酬，這筆費用足夠在當時享用一頓豐盛的午餐，而且下一次再有這種付費的實驗時，他們會優先考慮找你參加。聽完他的說明，你心想：「哇，這太棒了！」

　　這時有個學生走進房間，你告訴她待會要執行一個非常有趣的任務。但是當她滿懷期待地離開房間去做實驗時，你心裡卻感到有點內疚；但實驗者隨即把你帶到另一個房間進行「出口訪談」（exit interview），所以你沒時間多想。

　　實驗者在這裡詢問你執行任務的相關問題，其中之一是它有多有趣，你並沒有脫口而出心裡的話：「我還寧願呆坐著看草長高咧！」你思索了一下，認為這活動或許沒你想的那麼糟糕。仔細想想，移動線軸其實滿酷的，用不同的順序排列圖釘也有點刺激，況且這也算是對科學及人類貢獻棉薄之力；雖然你絕不會將它評為超級有趣，但你決定將它評為中等有趣。

　　活動結束後，你和一個做過相同實驗的朋友閒聊，有趣的是，她也遇到跟你類似的經驗，只不過她得到的不是1美元，而是20美元！你非常震驚，問她做了什麼任務，結果和你的完全一樣，最後她還說：「齁，那真的有夠無聊！」

　　這時你想起自己居然說出違心之論，說它其實沒那麼糟糕，有些部分還滿有趣的。

　　這個現象被稱為心理衝突造成的認知失調，該研究的重點是，我們會如何處理兩個互相矛盾的對立想法。

　　在這個案例中，你為了得到1美元而告訴下一個學生實驗

很有趣，令你的大腦陷入天人交戰。你根本沒必要為這麼小的一筆錢說謊，況且你本來就不是那種愛說謊的人，更何況還是對同學說謊。最終，大腦為了解決衝突，只好決定說實驗其實沒有那麼無聊。

但那位獲得 20 美元的同學完全不必天人交戰，因為她撒謊可以獲得 20 美元，這在 1959 年對一名學生來說簡直是筆巨款。她快速盤算了一下，覺得為了 20 美元說謊是值得的，況且她也算對研究和實驗盡了份力。只是無論研究人員怎麼說，她都覺得這個任務很無聊。[186]

自 1959 年以來，陸續有科學家對於認知失調做了類似的研究，幫助大家了解我們在面對互相矛盾的想法、信念或價值觀時，可能產生的心理壓力。以下是莫頓・杭特（Morton Hunt）在他的《心理學的故事》（*The Story of Psychology*）一書中提到的一些結論：

1. 會員資格愈難取得，就愈能獲得人們的重視。只要我們能加入某俱樂部成為會員，即使它的水準很一般，我們也會說服自己說這家俱樂部棒到不行。

2. 我們有選擇性注意，所以會尋找支持我們當前信念的事物。這解釋了在政治選舉期間，要說服「非中間選民」有多困難，所以政客才會砸錢爭取對想法抱持開放態度的中間選民。

3. 當我們的行為與自己的價值體系相牴觸時，我們會調整

自己的價值體系 —— 即使我們的行為是不道德的。如果你在電影院工作，你可能會趁四下無人時偷吃店裡的糖果或爆米花，而且你會硬拗說這裡的員工都這樣，或是我的工資過低，所以這算是一點補償，或是說這爆米花快壞了，即使我不吃它也會被扔掉，我高中在電影院打工時就幹過這事！

當我們專注於實現自己的願望和目標時，必須確保我們絕不會欺騙自己。

我們必須留意自己每天都會經歷的認知失調，其中最常見的形式包括：

- 明天我就會開始節食。
- 今天早上太累了沒辦法上健身房，但我明天一定會去。
- 今天發生了很多意料之外的事情，明天應該會好些。
- 我今天本來打算為我的劇本寫 200 字，但我真的沒靈感。等明天心情對了，我輕輕鬆鬆就能寫出 400 字。

當我們面不改色說出上述這些話時，其實就是在自欺。說實話，睡懶覺和狂吃巧克力真的很開心，但專心去做我們該做的事有時候真的很痛苦，所以我們選擇欺騙自己。

確實我們每個人都經歷過不如意的日子，例如親人去世、疫情造成隔離、孩子生病必須去醫院、車禍導致交通堵塞等，

這些都是生活中會發生的事情。然而當我們專注時，根本不可能完全忽略自己的目標，因為專注就是優先做好最重要的事。我為了撰寫本書而去採訪的人們大多都表示，**最簡單的方法就是，起床後花 30 分鐘專心處理最重要的事，以免別的事分散他們的注意力。**

有位年輕女士表示：「我必須告訴自己，我在處理某些個人狀況時，仍然可以兼顧自己的目標。這聽起來很傻，但有時我們必須允許自己在面對逆境和生活時，繼續朝目標邁進，不要放棄。」

你專注在對的事情嗎？

專注是一回事，但正確專注則是另一回事。打個比方，這就像你跑步的速度是你奶奶的兩倍，但如果跑錯方向，你認為誰會贏得比賽？

話說有兩個親兄弟，哥哥有酒癮和毒癮，喝醉後經常對家人動粗；但弟弟卻是個事業有成的商人，在社會上受人尊敬，家庭幸福美滿。

既是同父同母所生，在同樣的環境中長大的兩兄弟，人生境遇怎會如此天差地別？有人問哥哥：「你為什麼成天只知酗酒、吸毒、毆打家人，是什麼讓你變成這樣？」他回答：「是我老爸害的，他成天只知酗酒、吸毒、毆打家人，所以你期待

我變成什麼樣的人？」

弟弟也被問了同樣的問題：「為何你沒有走歪路？是什麼激勵了你？」他的回答跟哥哥一樣：「我是被父親激勵的。」

「我從小看父親總是喝得爛醉如泥、盡做錯事，所以我下定決心不要成為這樣的人，我要成為跟父親完全相反的人。」

兩兄弟獲得力量和動機的來源是一樣的，但是弟弟專注於發揮它的正面效應，哥哥卻是專注於負面的運用。你專注於哪個方向？你的身邊有其他人可以幫助你專注於正面的事情嗎？

「我發現如果你幫助別人得到他們想要的東西，你就會得到你想要的。」

別讓創意淪為大雜燴

我很幸運擁有一家小型動畫工作室，我們幫大通銀行（Chase Bank）、卡地亞（Cartier）、迪士尼等企業製作 3D 和 4D 的動畫及影片。很榮幸我們與夥伴合作愉快，但公司的事業發展並非一直一帆風順，我們之所以能處在今天這樣有利的地位，其實得「歸功於」我們早年的失敗。

我還記得最早的那批客戶中，有個客戶為了幫助他們的銷售人員找到潛在客戶，請我們製作一支兩分鐘的影片。他們

很喜歡我們給的第一個迭代（iteration）[*]，但希望我們再做一些「小更改」，然而這些更改卻演變成一改再改。

> 「選了每樣東西跟沒選是一樣的。」

　　在整個過程中，他們不斷從每個後續版本中擷取他們最喜歡的元素，並開始拼湊成佛蘭肯斯坦（Frankenstein）般的「科學怪人」。我們一直提醒他們，這樣是做不出一支好影片的。具體來說，東拼西湊的最終結果會是個四不像。這就像做菜時的邏輯：「我喜歡吃壽司，也喜歡吃巧克力鍋，那就來做個壽司巧克力鍋吧！」這絕不是個好主意。

　　但是當時我們才剛創業，他們是我們的第一批客戶，所以我們想確保他們滿意。我們在內部熱烈討論到底該怎麼做，最後決定：「反正是他們的錢，如果他們想要這樣，那我們就做給他們吧。雖然我們不同意這種做法，也不斷表達我們的擔憂，但我們必須按照他們的要求做，免得他們不高興。」**事後看來，我們當時只是一味迎合顧客提出的每一個要求，卻未盡責引導他們該注意的事項，我們其實失職了。**

　　各位可能已經猜到結局了，雙方都不高興；這不禁讓我聯想起亨利‧福特的名言：「要是我去問一個人他想要什麼，他

---

* 迭代意指為達目標而依照回饋修正的過程與活動。

可能會說他想要一匹跑得更快的馬。」

這個經驗讓我們學到了教訓，現在我們在合約中明定「修改以一次為限」，這在業界是絕無僅有的。這個嚴格的限制讓所有的關鍵決策者，從一開始就鎖定正確的焦點，避免陷入群體迷思，也避免我們做出壽司巧克力鍋式的大爛片。讓每個人從最初就保持專注，才能在動畫影片和生活中做出最佳作品。

10 月重點

懂得奉獻，更能有效運用時間

自我評分：B⁺

這個月讓我想起一句格言：「人生的真諦是付出。」能奉獻自己的時間和精力助人，是件很開心的事。儘量避免從事浪費時間的事，就能有更多的時間助人。

本月必記重點

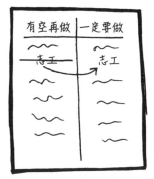

1. 把當志工的時間從「有空再做」變成「一定要做」。

2. 不准打 7 分：使用 10 分制的評分表時，嚴格規定不准打 7 分，能大幅提升評分效率。

3. 富蘭克林效應：向他人求助會令對方更喜歡你。

4. 每天都踏入不適區。

11 月

用各種方式表達感恩

　　美國人會在 11 月的第 4 個週四慶祝感恩節，還有哪個月分比 11 月更能專注於感恩？我也忙著打電話、寫卡片和發簡訊向恩人表達謝意。

　　為了彰顯本月的主題，我打算以各種方式說「謝謝」。研究顯示，一般人聽到的感謝詞，不外乎「謝謝你」和「十分感謝」。但我想趁這個感恩月，好好向我常去的那家早餐店的老闆娘表達謝意，我會誠心誠意地對她說：「每次我上門妳都記得我要點的東西，真的太酷了，非常感謝妳！」

> 「誠心道歉別找藉口。」
>
> ── 富蘭克林

把自己當作成功人士

　　澳洲的研究人員發現，**笑能增強我們的毅力**。在執行一項艱難的任務之前，觀看搞笑影片的人與觀看無聊影片的人相比，前者更能堅持下去完成任務。換言之，觀看幽默搞笑影片者的持續力較強。**好的心態能讓人在執行任務時，願意再多努力一下、再多堅持一會兒。**[187]

　　這的確呼應了現實生活中的情況，我們都曾說過：「我現在沒心情處理這件事。」所以下次要處理一項艱鉅的任務之

前，記得先看個笑話或搞笑影片，即便任務沒能順利完成，至少你開心了一下。

只要心態對了，結果就能改善，這個道理同樣適用於我們的腸胃。康乃爾大學（Cornell University）做的一項研究顯示，在採購生鮮雜貨之前，最好吃對東西。出門前吃片蘋果的人比吃片餅乾的人會多買 13％的蔬果。該研究的作者是康乃爾大學食品與品牌實驗室的主任布萊恩・萬辛克（Brain Wansink）博士，他指出：「吃蘋果會令購物者抱持注重健康的心態。」

無論是透過幽默還是食物選擇，讓自己抱持正確的心態，是幫助我們打造鋼鐵般堅強意志的一步。[188]

《一週工作 4 小時》（*The 4-Hour Workweek*）的作者提摩西・費里斯在書中強調的是效能而非效率。要是我們能一心一意專注於最重要的個人目標，而非忙著回覆每則電郵或簡訊，或是急著查看每個手機通知，就會擁有更高的效能。

> 「幸福不會使人感恩，但感恩會帶來幸福。」
> ──大衛・斯坦德爾－拉斯特（David Steindl-Rast），
> 天主教修士暨作家

《少才是力量》（*The Power of Less*）的作者李奧・巴伯塔（Leo Babauta），也呼籲大家優先處理最重要的事項。巴伯

塔建議，**你最好在每天結束時，寫下隔天一早應優先處理的那件事。**完成這項任務要不了一小時，要是你能帶著感恩的心情去做，就更可能完成它。

快樂地醒來

我的好友塞萊斯特・史丹賀珀－伍德（Celeste Steinhelper-Wood）是位了不起的人妻與人母，罹患某種侵襲性癌症的她，在進行第 11 輪化療時，向全世界吐露了她的心聲：

這次居家化療的頭一晚，我照例在凌晨 3:00 醒來。我認為，這不完全是化療的副作用，而是因為我在用點滴輸入化療藥的過程中睡了 8 小時，我的身體失調了。

既然睡不著了，我就來跟大家分享一些我年輕時的想法。我很喜歡一首名為《生日快樂》（*Happy Birthday*）的鄉村歌曲，它是由一位嶄露頭角的年輕女歌手所演唱的，不過我一下子想不起她的名字，這首生日快樂歌經常出現在我的腦海中。這週我去看牙醫時，老相識的牙科衛教助理提醒我，快快樂樂過好「我們還活著」的每一天。這讓我感覺每一天都是個迷你生日（或者說得更貼切些，是個「醒來日」），必須好好慶

祝一番。

因此，當你今天醒來時，不要被幾百萬件待辦的事情綁住，也別擔心一天內恐怕做不完它們——媽媽們的待辦清單根本不是凡人做得完的。況且你還得加上工作清單、家事清單、日用品採購清單、返校清單，多到你腦袋都暈了。

相反的，請你抽出時間來慶祝「醒來日」。哪怕只是跟朋友喝杯咖啡、講講電話、寄張卡片、互相抱抱、邊散步（或是慢跑）邊觀察大自然、小睡一下、在陽光下閱讀、到孩子的班上當義工媽媽、跟家人來場不一樣的家庭聚餐、看場電影、全家一起玩桌遊、晚餐後吃些甜點、炸薯條沾田園沙拉醬、來杯你最喜歡的葡萄酒，或是看著夕陽西下——做任何能歡慶每個「醒來日」的事情。

愛你的
塞萊斯特

塞萊斯特在發表此文後幾個月就過世了，雖然她現在已是天堂裡的天使，但我們永遠不會忘記她，在此祝福大家天天開心，以告慰塞萊斯特在天之靈。

「感恩你所擁有的,你將擁有更多;要是你只記掛你沒有的東西,你永遠都不會滿足。」

—— 歐普拉・溫芙瑞(Oprah Winfrey),

美國主持天后

以感恩取代期望

每次看我太太把洗碗機裡洗好的刀具歸位時,都會令我心煩意亂,因為她從不會物歸原位。這點真的讓我很難受,而問題可能出在我有「把事物按字母順序排放的強迫症」。

把刀子放進刀具架的刀槽裡時,露在上方的刀柄看起來是完全一樣的,根本分不出哪支是水果刀哪支是奶油抹刀,所以才需要物歸原位,把每支刀子放進它專屬的刀槽裡,等到要用的時候就可以省下找刀的時間。

不過在這個感恩月裡,我獲得了寶貴的領悟:**以感恩取代期望**。因此,我不再為了太太把水果刀放進奶油抹刀的刀槽裡而生氣,而是感謝她把洗好的餐具從洗碗機裡拿出來放好,讓我不必做這份苦差事,我也很感謝她毫無怨言地收拾孩子們的便當盒,這些都是我不擅長的事!

我體認到,水果刀確實沒放對地方,但我太太每天無私地為這個家做了好多事,所以我也開始幫忙清洗小孩的便當盒;

當我分擔的家事愈多，我太太也開始把刀子放回正確的位置。這又讓我頓悟到：**當我不再期望她正確收好刀子，並由衷感謝她所做的一切，她反而做到了我想要的結果。**

期望  感謝

　　抱怨也是一樣的道理，誠如零抱怨的世界（A Complaint Free World）的創辦人威爾·鮑文（Will Bowen）所說：「抱怨就像口臭──從別人的嘴裡冒出來時你會注意到，但出於自己的嘴巴就渾然不覺了。」總計一千一百多萬人接下了鮑文的零抱怨挑戰。你能連續 21 天都不抱怨嗎？它的挑戰方式是這樣的：把一條橡皮筋或手環戴在手腕上，每次你開口抱怨時，就把它換到另一隻手，並且重新開始挑戰。一般人需要 4 個月至 8 個月才能完成連續 21 天都不抱怨的挑戰。但是請你堅持下去！記住，光靠抱怨是無法踏上健康、幸福或成功的道路。

　　想過更快樂的生活，最簡單的方法就是用感恩取代期望。

是「為了你好」而非「衝著你來」

　　某天老農夫的馬跑了，聽到這個消息的鄰居都替他抱不平：「真不走運。」

老農夫回答：「或許吧。」

沒想到隔天早上，馬跑回來了，還帶來另外 3 匹野馬，鄰居們全都驚呼：「真幸運！」

老農夫回答：「或許吧。」

又過了一日，他兒子試圖騎一匹未經馴服的野馬，結果被甩下馬背還摔斷了腿，鄰居們又齊聲對他的不幸表示同情：「真不走運。」

老農夫回答：「或許吧。」

幾日後，軍隊的長官來村裡徵兵去打仗，他們看到那位跛腳的兒子就免了他的勞役，鄰居們見狀又齊聲向老農夫道賀。

老農夫仍舊回答：「或許吧……」[189]

這位睿智的老農夫明白，生活中很多事情的發生經常是「為了你好」，而不是「衝著你來」。所以當壞事發生時，說不定就會有好事尾隨而來，你必須睜大眼睛才能看清個中玄機。就像電影《阿甘正傳》（*Forrest Gump*）裡那句家喻戶曉的台詞：「人生就像一盒巧克力，你永遠不知道會拿到什麼口味的。」**但我們可以控制自己的想法，相信船到橋頭自然直；當你能這樣想時，麻煩確實會莫名其妙地順利解決了。**所以有機會表達感恩時，就誠心說出口吧。

> 「當我開始數算我的恩典時，整個人生便翻轉了。」
> ──威利·尼爾森（Willie Nelson），美國鄉村歌手

殘缺的微笑

女兒仔細端詳我的笑容後，一臉不解地問我：「爸比，為什麼你下面那 3 顆牙比其他的都黃？」

「哦，因為它們是假牙，真牙被撞斷了。」我解釋說。

「爸比你好可憐哦！」

「寶貝，別難過。其實它們讓我想起了我這輩子最幸運的事情之一。」

「是什麼事？」

我告訴她，我年輕的時候沒什麼大志，除了加入大學籃球校隊之外，完全沒有其他夢想。但是當我被高中校隊淘汰後，我以為我的籃球夢要破滅了……可是我真的很喜歡打籃球，所以我並未放棄。當我進入密西根州立大學後，我成了為球員們送水的打雜小弟，我的身分美其名被稱作籃球隊的經理。雖然我對這份工作樂在其中，但晚上仍不免為了成為正式球員的夢想輾轉反側。

當我得知成為籃球隊員的條件後，我不再光是做夢，而是開始抽空自己練習投球、舉重和跑步。現在回想起來，其實我

大三的時候，實力就已經好到可以加入校隊了；可惜當時缺乏自信，而且害怕高中時的舊事重演，所以我完全不敢嘗試，只是不斷質疑自己：「我這個曾經被高中籃球隊淘汰的傢伙，怎麼可能為名列全國前十強的校隊效力？」

後來因為多名球員生病和受傷，在人手不足的情況下，我終於有機會上場練習。這是我向教練展現自己實力的大好時機，雖然我很緊張，但我的表現可圈可點。

然而不幸降臨了。

我跳起來搶籃板球時，某人的肘部撞到我的嘴巴，一肘打掉我 3 顆牙齒。我原本就有一顆假牙，所以看著吐到手上的假牙，我渾然不知另外兩顆真牙也被打斷了，就掉在球員板凳附近的地板上。當時我痛極了，但一想到這是我發光發熱的大好時機，我便忍痛繼續打下去。我心想一顆假牙只要花幾週就能換好，此刻是我展現實力的機會，沒有什麼能阻止我！

但 10 分鐘後，教練在板凳旁發現了我的真牙，也注意到我還在流血，他們立刻暫停練習，要我趕緊去看牙醫。我無法相信自己的運氣怎麼那麼糟——我僅有的一次機會硬生生被打斷了，而且還得去看牙醫。隔天伊佐教練對著全隊說：「奎爾曼，我不知道你是笨還是堅強，或許兩者兼而有之吧。」

當時我完全沒意識到，牙齒被撞斷但我忍痛繼續打球，對我而言其實是件好事。因為伊佐教練最重視球員能否吃苦耐勞，那天他在我身上看到了他最重視的毅力和能吃苦的精神。我原本以為最倒楣的一天，竟成了我這輩子最幸運的一天。下

個賽季我不但順利進入球隊，而且還拿到了獎學金。

即便你的牙齒被撞斷了，那件事的發生也是「為了你好」，而非「衝著你來」的衰事。

別為小事耿耿於懷

午餐跟朋友討論事情時，大家的話鋒突然一轉，每個人都在哀嘆壓力好大啊，這時有個朋友說道：「我跟大家講一下我最近學到的跟壓力有關的知識。」

她端起桌上的一杯水，繼續說道：

別管杯子重或輕，雖然這種玻璃杯並不重，但問題的關鍵是──我能拿著杯子舉多久。

一分鐘，不成問題；但是舉一小時，我的手臂肯定會酸痛不已；要是舉一天，恐怕得叫救護車送醫。

在上述 3 種情境中，這杯水的重量是相同的，但隨著我拿著它的時間愈長，它就變得愈沉重……壓力也是如此，要是我們一直背負著所有的重擔，壓力就會愈來愈沉重，我們遲早有一天會再也撐不下去。就像這杯水一樣，我們必須把它放下並休息一會，然後才有辦法再拿起來。當我們恢復體力後，就能繼續承擔重負，並能更好地應付壓力。

所以我們晚上要儘「早」放下所有的負擔，不要帶著壓力熬夜，這樣我們明天才能繼續擔起它們 —— 如果必要的話。

> 「活著的喜悅（Joie de vivre），不單指享受人生，還包括熱情活著所帶來的巨大快樂。」

世間最美好的事

1965 年的某天，一個 10 歲的男孩走到一家汽水店的櫃檯前，他站到凳子上問服務員：「一個冰淇淋聖代多少錢？」

「50 美分。」女服務員回答。男孩把手伸進口袋，掏出一把零錢，開始數錢，女服務員不耐煩地皺起眉頭，畢竟後頭排了一堆客人。

男孩瞇起眼睛看著女服務員，又問：「那一份原味冰淇淋多少錢？」忙碌的女服務員嘆了口氣，還翻了個白眼：「35 美分。」她沒好氣地說道。

男孩又數了數手上的零錢，最後他說：「請給我一份原味冰淇淋。」他在櫃檯上放了一枚 25 美分硬幣和兩枚 5 美分硬幣，女服務員接過硬幣，拿來冰淇淋，轉身就走開了。

10 分鐘後她再回來時，發現冰淇淋碗空了，男孩也不見了，她拿起空碗收拾桌面。

　　這時她看到桌上還留下 15 美分，男孩的錢其實夠買一份聖代，但他點了原味冰淇淋，這樣他就可以給她小費。

　　如果我們每個人都能多為他人著想，而非只顧著自己，這世界將會變得多麼美好？如果我們寧願自己只吃原味冰淇淋，或者不吃冰淇淋，好讓其他人能獲得更多，這世界會是什麼模樣？許多研究指出，我們付出愈多其實得到的就愈多，這個月我親身體會到了這句話的真實性。[190]

> 「對別人好，其實對你自己最好。」
>
> ──富蘭克林

11 月重點

用各種方式表達感恩

最重要的那一件事

抱持感恩的心準沒錯。

自我評分：B

本月是我最喜歡的月分之一，我沒給自己打 A
是因為我意識到，不管是對我最在乎的人和事（我
了不起的太太和女兒），還是那些經常被我忽略的
人和事（陌生人的微笑、晴朗的好天氣），我都該
更加感恩每一天。要是我們願意打開心眼，就會明
白自己能活著有多幸福！

本月必記重點

1. 用感謝取代期望。
2. 當一個幫別人的水桶
   裝滿水的人。
3. 世事的發生往往是「為了你好」，而非「衝著
   你來」。

12 月

繼續執行對你
有用的專注習慣

　　這個月只有一句話，因為本月主題就是持續實踐對你有用的專注習慣 —— 開始專注於最重要的事情。

　　以後全看你的啦。

這個空白頁面是要提醒各位拿出勇氣和膽量，發揮「少，但是更好」的精神。

「提防忙碌生活的空虛。」

——蘇格拉底

後記
專注最重要的事，每天都過得有成就

「你好嗎？」這原本是個很容易回答的簡單問題，但是在展開這個專注計畫之前，我發現我對這個問題的回答不是「好忙」就是「忙瘋了」，忙瘋了一點也不好，它意味著「我無力掌控自己的生活」，各位也有相同的感覺嗎？

雖然我們身邊的許多人都掛著「大忙人徽章」，但這絕非我們應該追求的境界，相反的，我們每天早上醒來都應提醒自己：「要做完所有事情是不可能的。」承認這一點有助於減輕我們的負擔和壓力。況且，**知道我們不可能完成所有事情，我們會將注意力轉移到我們必須完成的事情上。**

「人生苦短」一詞就跟大多數陳腔濫調一樣，其實有幾分道理。若將永恆視為一條長鞋帶，那我們活在地球上的一生就像是鞋帶末端的小塑膠管，它的英文專門術語叫「aglet」（繩花），包含了「age」跟「let」兩個字。

要到什麼年紀，我們才不再渾渾噩噩地任憑世事發生？要等到你人生中的哪一刻，你才會開始用心認真地度過每一時每

一刻？但我的意思並不是要你行程滿檔、一刻也不得閒。每一刻都認真活著，並非要你加快呼吸次數，反倒是要放慢呼吸。要是我們一直漫無目標地活著，總有一天會幡然醒悟，發現自己平白浪費了老天賜予的天賦。**我們的人生成就取決於我們每天關注的事情，看我們如何度過每一天，就知道我們會如何度過這一生。**所以讓我們從此時此刻起，開始用心認真生活吧。正如加州大學洛杉磯分校（UC Los Angeles）的傳奇籃球教練約翰・伍登（John Wooden）的口頭禪：「讓你生命中的每一天都成為傑作。」

想要在這個充滿干擾和誘惑的世界中保持專注是很難的，真的真的很難。但是，保持專注是可以學習的，它可以成為一種習慣，專注能帶來成長，而成長會帶給你成就感。**我們每個人都希望能在身心靈三方面持續成長，要是我們日復一日活著卻毫無成長，罪魁禍首就是因為我們沒有專注於最重要的那一件事。**

幸好這個問題是可以解決的。

我們可以解決它，是因為我們可以控制它。我們必須拿回自己的生活控制權，而非任憑電子郵件、打擾、請求以及其他各種干擾來打斷我們。我們之所以會忙瘋了，是因為我們主動或是被動地讓自己承擔太多工作。

如果是自己接下太多工作，我們可以阻止這種情況繼續發生。人生的吃到飽自助餐一直都在，我們必須明白自己隨時可以去拿更多東西。換句話說，我們需要打破脫下一件衣服卻穿

上兩件衣服的舊習，我們該做完全相反的事情。

　　我的願望是這本書能幫忙引導你過上更專注的生活，活出你最棒的人生。雖然我們無法做到一切，但我們可以擁有一切，祝各位平安成功。

致謝

　　成就一本書需要動用好多人的力量，本書也不例外。首先感謝我的老婆安娜・瑪麗亞、寶貝女兒蘇菲亞和卡蒂亞願意參加我的實驗 —— 感謝妳們的耐心陪伴以及歡聲笑語。感謝老爸、老媽、岳父、岳母一直給我鼓勵，並提供編輯上的改進意見。感謝艾蜜莉・華特（Emily Welter）的積極態度，並在我裹足不前時幫助我繼續前進。書中的美麗插圖出自才華橫溢的莎蒂・如拉哈萊（Sahiti Rudravajhala）之手，以及凱西・戈麥茲（Kelsey Gomez）幫忙打點大小事。本書（原文書）封面是安東尼・奧帝斯（Anthony Ortiz）努力不懈的結果。感謝伊梵・哈爾德（Yvonne Harreld）不厭其煩地完成一輪又一輪的編輯，並為本書補上了重要的臨門一腳。感謝艾蜜莉・克勞福特－馬吉森（Emily Crawford-Margison）和雷尼・斯基爾斯（Renee Skiles）提供的編輯支持，感謝洛里・德渥肯（Lorie DeWorken）巧妙的（原文書）內頁排版設計。

　　最後且最重要的是，衷心感謝各位 —— 我的讀者和支持者，是你們的愛和鼓勵成就了這一切。

延伸閱讀書目

　　本書內容深受以下書籍的啟發，在此附上它們的參考資訊，希望各位也會喜歡：

- 亞當‧格蘭特的《給予：華頓商學院最啟發人心的一堂課》
- 提摩西‧費里斯的《一週工作 4 小時》
- 葛瑞琴‧魯賓的《過得還不錯的一年》（*The Happiness Project*）
- 蓋瑞‧凱勒與傑伊‧巴帕森合著的《成功，從聚焦一件事開始》
- 葛瑞格‧麥基昂的《少，但是更好》
- 萊恩‧霍利得（Ryan Holiday）的《駕馭沉靜》（*Stillness Is the Key*）
- 戴爾‧卡內基的《人性的弱點 III》（*Stop Worrying and Start Living*）
- 詹姆斯‧克利爾的《原子習慣》
- 奇普‧希思（Chip Heath）與丹‧希思（Dan Heath）合著的《創意黏力學》（*Made to Stick*）
- 賽斯‧高汀的《紫牛》
- 《聖經》

參考文獻

前言　專注力實驗：一心不亂的高效提案

1. Wood, Jennifer, "12 Facts about the Time to Make the Donuts Guy," *Mental Floss*, June 7, 2013, bit.ly/37FYj22

2. Hermes, Chuck, "Less, but," *Clockwork*, February 24, 2010, https://www.clockwork.com/news/2010/02/24/387/less_but_better/

3. "Top 10 Commonly Broken New Year's Resolutions," *Time*, http://bit.ly/37Xk0dY

4. *Statistic Brain*, "New Year's Resolution Statistics," December 11, 2016, http://www.statisticbrain.com/new-years-resolution-statistics/

5. Kayla Walsh, "10 Most Popular Self-Help Books Ever," *The Richest*, April 4, 2014, bit.ly/2TlMie0

6. Zameena Mejia, "What Billionaire Amazon Founder Jeff Bezos Did at 30 to Avoid Living with Regret," *com*, November 17, 2017, cnb.cx/2Tk57hV

7. Dreher, Beth, "9 Famous People You'd Never Guess Were Introverts," *Reader's Digest*, bit.ly/2tXTiDe

1 月　每天花 2 小時提升業績

8. Schwartz, Barry, "More Isn't Always Better," *Harvard Business Review*, June 2006, bit.ly/35Nwsvy

9. Tugend, Alina, "Too Many Choices: A Problem That Can Paralyze," *The New York Times*, February 26, 2010, bit.ly/35Nwsvy

2 月　少做瑣事，打理好環境和行程

10. "Admiral McRaven Urges Graduates to Find Courage to Change the World," *UTNEWS*, May 16, 2014, bit.ly/2QPbUhI

11. "Bedroom Poll: Summary of Findings," National Sleep Foundation, November 1, 2010, bit.ly/3a1ceBP

12. Rosenbaum, Mike, "What's the Proper Technique for Doing the Long Jump?" April 18, 2018. Accessed June 5, 2019. bit.ly/2TlUQ4A

13. MacLellan, Lila, "Pull the Triggers," *Quartz*, January 4, 2017, bit.ly/2tW0jEG

14. Elkins, Kathleen, "A Man Who Studied Rich People for 5 Years," *Business Insider*, March 27, 2016, bit.ly/30jArPh

15. Silverman, Rachel, "Workplace Distractions: Here's Why You Won't Finish This Article," *The Wall Street Journal*, December 12, 2012, wsj.com/30zXy8x

16. Anthony Wagner, PhD, chair, department of psychology, Stanford University, *BottomLine* and originally published in Proceedings of the National Academy of Sciences

17. "Survey Shows Increasing Worldwide Reliance on To-Do Lists," *Microsoft,* January 14, 2008, bit.ly/2RkQSX

18. Williams, Nicole. "Does Your To Do List Need a Makeover?" *LinkedIn*, May 22, 2012, bit.ly/2FVjZeI

19. Williams, Nicole, "Does Your To Do List Need a Makeover?"*LinkedIn*, May 22, 2012, bit.ly/2FVjZeI

20. Ryback, Ralph, "The Science of Accomplishing Your Goals," *Psychology Today*, October 3, 2016, bit.ly/3adEEbD

21. "What Is Dopamine and How Does It Relate to Addiction?" *The

Recovery Village, January 22, 2019, bit.ly/2tq5mNR

22. Lesonsky, Rieva, "Majority of People Don't Finish Faily To-Do Lists: Survey Says," *HuffPost,* June 13, 2012, bit.ly/2stDpnT

23. Popova, Maria, "A Brief History of the To-Do List and the Psychology of Its Success," *Brain Pickings*, May 14, 2016, bit.ly/387vtb5

24. "Zeigarnik Effect," *GoodTherapy*, February 1, 2016, bit.ly/2ReVgXO

25. Waude, Adam, "No Interruptions? How the Zeigarnik Effect Could Help You to Study Better," *Psychologist World*, April 23, 2016, bit.ly/2u3kWyO

26. Markman, Art, "How Writing To-Do Lists Helps Your Brain," *Fast Company*, September 5, 2016, bit.ly/38fiIvb

27. "Becoming Warren Buffett," *HBO*

28. MacCay, Jory, "This Brilliant Strategy Used by Warren Buffet Will Help You Prioritize Your Time," *Inc.*, November 15, 2017, bit.ly/2u76d5P

29. Jarrett, Christian, "The Scourge of Meeting Late-comers," *Research Digest*, March 20, 2013, bit.ly/38em1mr

30. Döpfner, Mathias, "Jeff Bezos Reveals What It's Like to Build an Empire," *Business Insider*, April 28, 2018, bit.ly/2t5ZHMV

31. Connley, Courtney, "Jeff Bezos' 'Two Pizza Rule' Can Help You Hold More Productive Meetings," *CNBC*, April 30, 2018, cnb.cx/2TjtXhS

32. Vohs, Kathleen D., Joseph Redden, and Ryan Rahinel, "Physical Order Produces Healthy Choices, Generosity, and Conventionality," *SAGE Journals*, August 1, 2013, bit.ly/2Nr3rPY

33. Saxbe, Darby E., and Rena Repetti, "No Place Like Home: Home Tours Correlate with Daily Patterns of Mood and Cortisol," *SAGE Journals*, bit.ly/30kyge5

34. McMains, Stephanie, and Sabine Kastner, "Interactions of Top-down and Bottom-up Mechanisms in Human Visual Cortex," *The Journal of Neuroscience*, January 12, 2011, bit.ly/3a9keAv

35. Nunes, Joseph and Xavier Drèze, "The Endowed Progress Effect," *Journal of Consumer Research*, March 2006

36. Ciotti, Gregory, "10 Psychological Research Studies to Help You Tap Into Human Behavior and Increase Conversions," *Moz*, May 15, 2012, bit.ly/2TmnzGK

37. "Focus and Concentrate," *Short Motivational Stories, Inspirational and Motivational Stories Read Success Story*, July 1, 2018, bit.ly/2Tl7TU8

3 月　別剝奪陪家人和朋友的時間

38. David Kestenbaum, "Keynes Predicted We Would Be Working 15-Hour Weeks," *org*, August 13, 2015, n.pr/3abmuaL

39. Isidore, Chris, and Tamby Luhby, "Turns out Americans Work Really Hard," *CNNMoney*, July 9, 2015, bit.ly/30iFfV8

40. Clear, James, "The Ultimate Productivity Hack Is Saying No," *James Clear*, April 23, 2019, bit.ly/2u1dCUg

41. Alpert, Jonathan, "7 Tips for Saying No Effectively," *com*, November 3, 2015, 2019, bit.ly/30iIxaW

42. Franzen, Alexandra, "How to Say No to Anyone," *Free Career Advice*, September 8, 2014, bit.ly/2spE7T7

43. "How to Say No," *Science of People*, January 28, 2019, bit.

ly/2tihh06

44. Sivers, Derek, "No Either HELL YEAH! or No," *Derek Sivers*, August 26, 2009, bit.ly/30lNU94

45. Jessi Craig, "Forget Work-Life Balance: It's All about the Blend," *Medium,* February 6, 2018, https://medium.com/taking-note/forget-work-life-balance-its-all-about-the-blend-ad3115ed1fa4

4 月　動得夠、吃得對、睡得好

46. Murray, Christopher J.L., Marie Ng, and Ali Mokdad, "The Vast Majority of American Adults Are Overweight or Obese," *Institute for Health Metrics and Evaluation*, May 28, 2014, bit.ly/2tVKqyf

47. Riccardo Dalle Grave, Simona Calugi, Elena Centis, Marwan El Ghoch, and Giulio Marchesini, "Cognitive-Behavioral Strategies to Increase the Adherence to Exercise in the Management of Obesity," *Journal of Obesity*, 2011, Article ID 348293

48. Steinhilber, Brianna, "Why It's Easier to Get Fit in a Group," *NBCNews.com*, September 15, 2017, nbcnews.to/36U2fMp

49. Wing, R.R., and R. Jeffery, "Benefits of Recruiting Participants with Friends and Increasing Social Support for Weight Loss and Maintenance," *Journal of Consulting and Clinical Psychology*, February, 1999, bit.ly/2ti4paf

50. Kerr, Norbert L., and Guido Hertel, "The Köhler Group Motivation Gain: How to Motivate the 'Weak Links' in a Group," *Social and Personality Psychology Compass*, January 4, 2011, bit.ly/2TlZMXc

51. Kerr, Norbert L, "Köhler Effect," *Encyclopædia Britannica*, February 7, 2014, bit.ly/38c3uqu

52. Feltz, Deborah and Norbert Kerr and Brandon Irwin, "Buddy Up:

The Kohler Effect Applied to Health Games," *Journal of sport & exercise psychology*, 2011, 33. 506-26. 1123/jsep.33.4.506

53. Podcast interview with Tony Robbins

54. "Sleep Hygiene Tips," *American Sleep Association*. Accessed June 4, 2019, bit.ly/2NuSLQ8

55. Weisman, Ally, "REVEALED: The Down-To-Earth Interests and Hobbies of Richard Branson," *Business Insider*, April 19, 2012, bit. ly/3aeLCgP

56. Organization, "WATCH: Is the Snooze Button the Worst Invention Ever?" *The Huffington Post*, August 19, 2013, bit.ly/30pIkCO

57. Bucklan, Erinn, "Is the Snooze Button Bad for You?" *CNN*, February 7, 2014, it/36XN8Sq

58. Winkle's, Van, "2 Ways You Harm Yourself Every Time You Hit the Snooze Button," *Business Insider*, August 20, 2015, bit.ly/2NtbFHi

59. Kovalchik, Kara and Sandy Wood, "Why Does the Snooze Button Only Give You 9 More Minutes of Sleep?" *Mental Floss*, July 6, 2016, bit.ly/38e6Ysz

60. Linda Gedes, "First Physical Evidence of Why You're an Owl or a Lark," *Health*, September 30, 2013, bit.ly/2HxQ257

61. Elkins, Kathleen, "A Man Who Spent 5 Years Studying Millionaires," *Business Insider*, April 7, 2016, bit.ly/2RnAipI

62. Benna, Steven, "9 Ways to Transform Yourself into a Morning Person," *Business Insider*, September 2, 2015, bit.ly/2QYksCY

63. Selene Yeager, "Cleanse Your Brain," *org/bulletin*, December, 2017, page 23

64. "Why Do I Think Better after I Exercise?" *Scientific American*, July 1, 2013, bit.ly/35VkZtK

65. Occhipinti, Amy, S., "The Ultimate Guide to Intermittent Fasting," *Health, Fitness & Nutrition Certifications and Courses*, December 20, 2018, bit.ly/2FS1mbp

66. Bair, Stephanie, "Intermittent Fasting: Try This at Home for Brain Health," *Stanford Law School*, January 9, 2015, https://law.stanford.edu/2015/01/09/lawandbiosciences-2015-01-09-intermittent-fasting-try-this-at-home-for-brain-health/

67. Bronwen Martin, Mark Mattson, and Stuart Maudsley, "Caloric Restriction and Intermittent Fasting: Two Potential Diets for Successful Brain Aging," *Ageing Research Reviews*, August 8, 2006, bit.ly/2FWC3Vy

68. Praag, Henriette Van, Monika Fleshner, Michael Schwartz, and Mark P. Mattson, "Exercise, Energy Intake, Glucose Homeostasis, and the Brain," *Journal of Neuroscience*, November 12, 2014, bit.ly/35ZFKEG

69. Ackerman, Courtney E., "What Is Self Concept Theory? A Psychologist Explains," *com*, August 11, 2019, bit.ly/2RkxKsD

70. Taylor, Jim, Ph.D. "Sports: Why the World's Best Athletes Use Routines," *Psychology Today*, July 16, 2012, bit.ly/3afoy1e

71. Lieber, Mark, "Maintaining a Daily Rhythm Is Important for Mental Health, Study Suggests," *CNN*, May 15, 2018, it/2ssnndP

72. Clear, James, "How Long Does It Actually Take to Form a New Habit?" *HuffPost*, June 10, 2014, bit.ly/2TCyc8z

73. Nighute, Sunita, "Immediate Effect of Exercise on Auditory and Visual Reaction Time in Medical," *International Physiology* 6, no. 3 (2018): 205-10

74. "Effects of Caffeine on Cognitive Performance, Mood, and Alertness

in Sleep-Deprived Humans," *Advances in Pediatrics*, January 1, 1994, bit.ly/3anoLzI

75. Stromberg, Joseph, "This Is How Your Brain Becomes Addicted to Caffeine," *com*, August 9, 2013, bit.ly/2QWcLgR

76. "Men More Responsive to Caffeine," *BBC News*, December 23, 2008, in/360BeWl

77. "4 Foods to Help You Focus Better," *Eating Well*. Accessed January 9, 2017, http://www.eatingwell.com/nutrition_health/ nutrition_news_information/4_foods_to_help_you_focus_bet- ter?page=2

78. Hyman, MD Mark, "10 Reasons to Quit Your Coffee," *The Huffington Post*, August 31, 2012, bit.ly/30nbGl6

79. Axe, Josh, "15 Brain Foods to Boost Focus and Memory," *Axe*, April 22, 2015, bit.ly/30wim0A

80. Bailey, Chris, "9 Brain Foods That Will Improve Your Focus and Concentration," *A Life of Productivity*, June 6, 2013, bit.ly/38l25yj

81. Bailey, Chris, "9 Brain Foods That Will Improve Your Focus and Concentration," *A Life of Productivity*, June 6, 2013, bit.ly/38l25yj

82. Morin, Kate, "25 Greatist Superfoods and Why They're Super," *Greatist*, January 31, 2012, bit.ly/2NpacSj

83. "Did You Know? 10 Surprising Facts about Blueberries," *BC Blueberry Council*, bit.ly/2u1lhlK

84. Gunnars, Kris, "How Green Tea Can Help You Lose Weight Naturally," *Authority Nutrition*, https://authoritynutrition.com/green-tea-and-weight-loss/

85. Gunnars, Kris, "How Green Tea Can Help You Lose Weight Naturally," *Authority Nutrition*, https://authoritynutrition.com/green-tea-and-weight-loss/

86. "4 Foods to Help You Focus Better," *Eating Well*. Accessed January 9, 2017, http://www.eatingwell.com/nutrition_health/ nutrition_news_information/4_foods_to_help_you_focus_bet- ter?page=2

87. Bailey, Chris, "9 Brain Foods," *A Life of Productivity*

88. Quora, "What Can I Eat to Improve My Memory and Concentration?" *Forbes*, March 4, 2017, bit.ly/362Ewsw

89. "7 Ways to Boost Dopamine, Focus and Energy," *BrainMD Health Blog*, October 9, 2018, bit.ly/2QUAQEK

90. Robbins, Ocean, "10 Healthy Reasons to Brighten Your Meals with Beets," *Food Revolution Network*, May 2, 2019, bit.ly/30p3ctI

91. Nolasco, Stephanie, "10 Foods That Boost Concentration," *Health. com*, May 10, 2018, bit.ly/2FVu2At

92. Bergland, Christopher, "Need a Midday Energy Boost? Skip the Caffeine, Take a Walk," *Psychology Today*, April 21, 2017, bit. ly/2Rp17de

93. "Adult Participation in Aerobic and Muscle-Strengthening Physical Activities," *Centers for Disease Control and Prevention*, May 3, 2013, bit.ly/2Rkz9zn

94. "Sports and Exercise: BLS Spotlight on Statistics," *S. Bureau of Labor Statistics*. Accessed May 16, 2019, bit.ly/2uSJ4om

95. Berwick, "9 Really Good Reasons to Exercise Early in the Morning," *NBCNews.com*, August 30, 2017, nbcnews.to/2TsK1Oc

96. Iwayama, Kaito, Reiko Kurihara, Yoshiharu Nabekura, Ryosuke Kawabuchi, Insung Park, Masashi Kobayashi, Hitomi Ogata, Momoko Kayaba, Makoto Satoh, and Kumpei Tokuyama, "Exercise Increases 24-h Fat Oxidation Only When It Is Performed Before Breakfast," *EBioMedicine*, October 30, 2015, bit.ly/30qcJAX

410　最有專注力的一年
The Focus Project

97. Basu, Tanya, "How the Clothes You Wear Help You Focus," *The Cut*, March 10, 2016, bit.ly/2FS0ELx

98. Coleman, Alison, "Does Your Choice of Work Outfit Make You More Productive?" *Forbes*, March 20, 2016, bit.ly/2ssFAbb

99. Coleman, Alison, "Does Your Choice of Work Outfit Make You More Productive?" *Forbes*, March 20, 2016, bit.ly/2ssFAbb

100. Fletcher, Ben C, "What Your Clothes Are Telling You," *Psychology Today*, May 27, 2014, bit.ly/2ssbbK6

101. Blakeslee, Sandra, "Mind Games: Sometimes a White Coat Isn't Just a White Coat," *The New York Times*, April 2, 2012, nyti.ms/35WnqMD

5 月　打造更密切的人際關係

102. "Rule of Three (Writing)," *Wikipedia*, January 9, 2006, bit.ly/2tlqPYb

103. Letter is here: http://media.corporate-ir.net/media_files/irol/97/97664/reports/Shareholderletter98.pdf

104. Gibbons, Serenity, "You and Your Business Have 7 Seconds to Make a First Impression: Here's How to Succeed," *Forbes*, June 19, 2018, bit.ly/2FVwrLj

105. Tamir, Diana I., and Jason Mitchell, "Disclosing Information about the Self Is Intrinsically Rewarding," *PNAS*, May 22, 2012, bit.ly/30qcKF9

106. Riggio, Ronald E, "There's Magic in Your Smile," Psychology Today, June 25, 2012, bit.ly/2tonvvj

107. Haden, Jeff, "To Be More Likable and Make a Great First Impression, Science Says First Do 1 Thing," *com*, May 2, 2018,

bit.ly/2NviVm5

108. Blatchford, Emily, "Compliments Are Good for Your Health, But Not If They're Fake," *HuffPost Australia*, bit.ly/2uKw2Jl

109. Schwantes, Marcel, "6 Things Smart People Do to Have Really Interesting Conversations," *com*, March 3, 2018, bit.ly/3agaGnl

110. "Theory Behind Mind Maps," *Theory Behind Mind Maps | Mind Mapping Theory*, bit.ly/2uSNVG6

111. "Why Mind Mapping " *IMindMap*, bit.ly/35TjcW5

112. Farrand, Paul, Fearzana Hussain, and Enid Hennessy, "The Efficacy of the 'Mind Map' Study Technique," *Medical Education*, May, 2002, bit.ly/2QYK9mU

113. Shaily, Richa, "Mind Mapping for Children | Mind Mapping Software for Kids," *Mind Vector: Mind Mapping Software Blog*, March 28, 2016, bit.ly/30mw6uL

6 月　從想要變一定要做到的學習

114. December, 2017, page 23, source: University of Birmingham in England

115. "Philo Taylor," *Philo T. Farnsworth: The Father of Electronic Television*. Accessed April 11, 2018, bit.ly/2Rjy2A2

116. Eames Yates, "Here's Why Steve Jobs Never Let His Kids Use an iPad," *Business Insider*. May 4, 2017

7 月　讓腦袋放空，把空檔排進行事曆

117. Gates, Bill, "Three Things I've Learned from Warren Buffett," *LinkedIn*, June 12, 2013, bit.ly/2TrkJA5

118. Clifford, Catherine, "What Warren Buffett Taught Bill Gates about

Managing Time by Sharing His (nearly) Blank Calendar," *CNBC*, September 7, 2018, cx/2RiVMo0

119. George R.R. Martin, "The Social Media," *Not A Blog*, February 17th, 2011, bit.ly/379yJlW

120. Kincaid, Rhune, "Surprising Facts about George RR Martin's Writing Habits," *Ranker*. Accessed July 30, 2019, bit.ly/2ssfVPU

121. Hannah Wigandt, "11 Surprising Facts about George R. Martin," *Mental Floss*, March 22, 2019, bit.ly/2tcS1IN

122. Griffiths, Sarah. "Could Listening to Miley Cyrus Make You More INTELLIGENT?" *Daily Mail Online*, September 10, 2013, dailym.ai/2TrvhPN

123. Griffiths, Sarah. "Could Listening to Miley Cyrus Make You More INTELLIGENT?" *Daily Mail Online*, September 10, 2013, dailym.ai/2TrvhPN

124. Kotenko, Jam, "Judge Miley Cyrus All You Want," *Digital Trends*, September 12, 2013, bit.ly/2RgbYGs

125. William, David K, "10 Amazing Health Benefits of Sun Exposure," *Lifehack*, August 3, 2015, bit.ly/2tknZTa

126. "A Green Scene Sparks Our Creativity," *NBC News*, March 28, 2012, nbcnews.to/2uSRegu

127. Welland, Diane, "Does Vitamin D Improve Brain Function?" *Scientific American*, November 1, 2009, bit.ly/30mqUXK

128. William, David K, "10 Amazing Health Benefits of Sun Exposure," *Lifehack*

129. "Fresh Air During the Day Means Better Sleep at Night," *Verlo*, August 6, 2018, bit.ly/35Vxhm1

8月 給予愛和展現同理心

130. "Oxytocin Pair Bonding," *Psychology Today*, 2019, bit. ly/2uSRyMe

131. "Minot's Ledge Light," *Wikipedia*, November 19, 2018, bit. ly/36YlDIq

132. Sperry, Chris, "Stay at 17 Inches" Accessed December 11, 2019, bit.ly/2NuMJ2e

133. Briñol, Petty, R. E. and Wagner, B. (2009), "Body posture effects on self-evaluation: A Self-validation Approach," *Eur. J. Soc. Psychol.*, 39: 1053-1064, doi:10.1002/ejsp.607

134. Elsesser, Kim, "Power Posing is Back," *Forbes*, April 3, 2018, bit. ly/2FTZ1Nb

135. Dean, Jeremy, "Conforming to the Norm," *PsyBlog,* November 9, 2007, bit.ly/2FSm62P

136. Tony Robbins Podcast with Dean Graziosi

9月 抱持正念，隨時隨地安定當下

137. Joe DeGutis' research

138. The Greater Good Science Center, "Mindfulness Definition: What Is Mindfulness," *Greater Good*, 2019, bit.ly/30oNrmE

139. Niemiec, Ryan M, "3 Definitions of Mindfulness That Might Surprise You," *Psychology Today*, November 1, 2017, bit. ly/2RpBUzk

140. Steakley, Lia, Bruce Goldman, and Holly MacCormick, "The Science of Willpower," *Scope*, March 5, 2018, md/36XE5AF

141. Baumeister, Roy , Kathleen D. Vohs, and Dianne M. Tice. "The Strength Model of Self-Control," *Current Directions in*

Psychological Science 16, no. 6 (December 2007): 351–55, doi:10.1111/j.1467-8721.2007.00534.x

142. Bernstein, Rebecca, "The Mind and Mental Health: How Stress Affects the Brain," *Touro University Worldwide*, July 26, 2016, bit. ly/36Xto11

143. "Focus More to Ease Stress," *Harvard Health Publishing*. Accessed August 11, 2019, bit.ly/2RlgO5h

144. Wolfe, David, "Harvard MRI Study Shows Meditation Rebuilds Brain's Grey Matter in 8 Weeks*," Davidwolfe.com*, bit.ly/374kFdO

145. Chow, Jason and Shun Lau, "Nature Gives us Strength," *Taylor & Francis Online*, bit.ly/35X4YUf

146. Gao, Hongmei, Yan Zhang, Fang Wang, Yan Xu, Ying-Yi Hong, and Jiang Jiang, "Regret Causes Ego-depletion and Finding Benefits in the Regrettable Events Alleviates Ego-depletion," *The Journal of General Psychology*, bit.ly/2TnR1vY

147. Kasee Bailey, "5 Powerful Health Benefits of Journaling," *Intermountain Healthcare*, July 2018, https://intermountainhealth-org/blogs/topics/live-well/2018/07/5-powerful-health-benefits-of-journaling/

148. Thomas, "Your Brain May Start Slowing Down as Young as Age 24," *HuffPost*, April 16, 2014, bit.ly/384vIn8

149. "New Study Shows Older Adults Have Morning Brains," *Baycrest Health Centre*, August 13, 2014 bit.ly/2QXH6f2

150. Baycrest Centre for Geriatric Care, "Older Adults Have Morning Brains," *ScienceDaily*, August 6, 2014, bit.ly/380SWuq

151. "Diderot Effect," *Wikipedia,* April 16, 2019. Accessed April 24, 2019, bit.ly/35TXu4b

152. Clear, James, "The Diderot Effect: Why We Want Things We Don't Need — And What to Do About It," *com*. Accessed July 4, 2017, bit.ly/35ZWcES

153. "10 Untranslatable Words for Relaxing Around the World," *Mahabis*, August 18, 2015, bit.ly/2Ts7gbq

154. Gilbert, Daniel and Matthew Killingsworth, "A Wandering Mind Is an Unhappy Mind," *org*, November 12, 2010, bit.ly/2Rkvz8j

155. Goleman, Daniel, "3 Ways to Focus the Wandering Mind," *Mindful*, August 9, 2015, bit.ly/2TtANkQ

156. Goleman, Daniel, "Three Quick Fixes for the Wandering Mind," *LinkedIn*, September 25, 2013, bit.ly/2RewvuQ

157. Ferriss, Tim, "The Not-To-Do-List: 9 Habits to Stop Now," *The Tim Ferriss Show*, August 16, 2007, bit.ly/2TpDdkq

158. Schwecherl, Laura, "13 Ways to Beat Distractions," *TIME,* July 23, 2012, https://healthland.time.com/2012/07/23/13-ways-to-beat-distractions-and-stay-focused-at-work/

159. Evernote, "3 Surprising Secrets to Maintaining Your Focus," *Medium*, September 12, 2018, bit.ly/2FSD6G7

160. Chou, Brian, "Deconstructing the 20-20-20 Rule for Digital Eye Strain," *Optometry Times*, February 22, 2018, bit.ly/2FV1WoY

161. Cirillo, Francesco, "The Pomodoro Technique® – Proudly Developed by Francesco Cirillo | Cirillo Consulting GmbH," *Cirillo Company*. Accessed May 23, 2019, bit.ly/362DbC1

162. Gifford, Julia, "Secret of the Most Productive People – Breaking," *DeskTime Insights*, May 14, 2018, bit.ly/360ZA2d

163. Kruse, Kevin, "Want To Get More Done? Try Taking More Breaks," *Forbes*, February 6, 2017, bit.ly/2TtFOda

164. "We Unlock Organizational Transformation & Sustainable High Performance," *The Energy Project*. Accessed May 23, 2019, bit. ly/30nKFOs

165. "Twelve-step Program," *Wikipedia*, April 17, 2019, bit.ly/2tlPNGT

166. "Twelve-step Program," *Wikipedia*, April 17, 2019, bit.ly/2tlPNGT

167. DiSalvo, David, "Can Personality Change or Does It Stay the Same for Life?" *Forbes*, August 20, 2018, bit.ly/39RX1lJ

168. Gregoire, Carolyn, "Your Personality Completely Transforms as You Age," *HuffPost*, February 28, 2017, bit.ly/2u15BPi

169. Harris, Mathew A, et al., "Personality Stability from Age 14 to Age 77 Years," *Psychology and Aging, American Psychological Association*, December 2016, bit.ly/2tnGExp

170. McLeod, Saul, "Saul McLeod," *Simply Psychology*, January 1, 1970, bit.ly/2tmg482

171. Fescoe, Kristen, "The 25 Most Influential Psychological Experiments in History," *Online Psychology Degree Guide*, January 2016, bit.ly/2QXd375

10 月　懂得奉獻，更能有效運用時間

172. Lebowitz, Shana. "Harness the Power of the 'Ben Franklin Effect," *Business Insider*, https://www.businessinsidcom/ben-franklin-effect-2016-12

173. "What Are the Most Interesting Scientific Findings about Human Behavior?" *Quora,* bit.ly/36ZK3B4

174. Schwecherl, Laura, "13 Ways to Beat Distractions and Stay Focused at Work," *TIME*, July 23, 2012, bit.ly/2Rgy4IU

175. Silverman, Rachel Emma, "Workplace Distractions: Here's Why

You Won't Finish This Article," *The Wall Street Journal*, December 12, 2012, wsj.com/361bOYF.

176. Laura Schwecherl, "13 Ways to Beat Distractions," *time.com*

177. Sullivan, Bob, and Hugh Thompson, "Opinion | A Focus on Distraction," *The New York Times*, May 3, 2013, hnyti.ms/2QZd0Yg

178. Sullivan, Bob, "Opinion | A Focus on Distraction," *The New York Times*, May 3, 2013, hnyti.ms/2QZd0Yg

179. Schwecherl, Laura, "13 Ways to Beat Distractions," *time.com*

180. Weinschenk, Susan, "Our Minds Wander at Least 30 Percent of the Time," *Psychology Today*, January 10, 2013, bit.ly/370MPX4

181. Rock, David, "Easily Distracted: Why It's Hard to Focus, and What to Do about It," *com*, October 4, 2009, bit.ly/2stFkZD

182. Heidi Mitchell, "The Benefits of Mindless Breaks," *The Wall Street Journal*, May 17, 2017, Page B6

183. Heid, Markham, "Does Thinking Burn Calories?" *Time*, September 19, 2018, bit.ly/35YZMzg

184. Raichle, Marcus E., and Debra A. Gusnard, "Appraising the Brain's Energy Budget," Proceedings of the National Academy of Sciences of the United States of America, August 6, 2002, bit.ly/36W1Fy0

185. King's College London, "Do Negative Thoughts Increase Risk of Alzheimer's Disease?" *Medical Xpress – Medical Research Advances and Health News*, November 17, 2014, bit.ly/2TqU9Hq

186. Dean, Jeremy, PhD, "How and Why We Lie to Ourselves: Cognitive Dissonance," *PsyBlog*, August 14, 2014, bit.ly/2NwjT1h

11 月　用各種方式表達感恩

187. "Simple Steps to Forge an Iron Will," *Men's Health*, May, 2017, page 86

188. "Simple Steps to Forge an Iron Will," *Men's Health*, May, 2017, page 86

189. "Maybe, Said the Farmer," *awakin.org*. Accessed April 23, 2019, bit.ly/2RmRSu1

190. Speicher, Melanie, "Who Cares?" *Sidney Daily News*, September 27, 2018, bit.ly/2Nx27ep

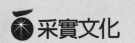

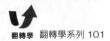

翻轉學　翻轉學系列 101

最有專注力的一年

在斜槓時代，把每件重要的事做得又快又好，
讓你一心不亂的高效提案
The Focus Project: The Not So Simple Art of Doing Less

作　　　　　者	艾瑞克‧奎爾曼（Erik Qualman）
譯　　　　　者	閻蕙群
封　面　設　計	張天薪
內　文　排　版	黃雅芬
責　任　編　輯	陳怡潔
行　銷　企　劃	陳豫萱‧陳可錞
出版二部總編輯	林俊安

出　　版　　者	采實文化事業股份有限公司
業　務　發　行	張世明‧林踏欣‧林坤蓉‧王貞玉
國　際　版　權	鄒欣穎‧施維真
印　務　採　購	曾玉霞‧謝素琴
會　計　行　政	李韶婉‧許俽瑀‧張婕莛
法　律　顧　問	第一國際法律事務所　余淑杏律師
電　子　信　箱	acme@acmebook.com.tw
采　實　官　網	www.acmebook.com.tw
采　實　臉　書	www.facebook.com/acmebook01

Ｉ　Ｓ　Ｂ　Ｎ	978-626-349-048-2
定　　　　　價	450 元
初　版　一　刷	2022 年 12 月
劃　撥　帳　號	50148859
劃　撥　戶　名	采實文化事業股份有限公司
	104 台北市中山區南京東路二段 95 號 9 樓
	電話：(02)2511-9798　傳真：(02)2571-3298

國家圖書館出版品預行編目資料

最有專注力的一年：在斜槓時代，把每件重要的事做得又快又好，讓你
一心不亂的高效提案／艾瑞克‧奎爾曼（Erik Qualman）著；閻蕙群譯 .--
初版 .-- 台北市：采實文化，2022.12
424 面 ; 14.8×21 公分 .--（翻轉學系列；101）
譯自：The focus project: the not so simple art of doing less.
ISBN 978-626-349-048-2（平裝）

1. CST: 注意力 2. CST: 成功法

176.32　　　　　　　　　　　　　　　　　　　　　　111016334

翻轉學

翻轉學